MGR DANIEL DE FRANCHEVILLE

ÉVÊQUE DE PÉRIGUEUX.

Daniel de FRANCHEVILLE
Évêque de Périgueux (1693 - 1702)
Surnommé le « Père des Pauvres »

L. ENTRAYGUES

Chanoine honoraire

Aumônier de la Visitation de Périgueux

Mgr DANIEL DE FRANCHEVILLE

Évêque de Périgueux

1693-1702

Surnommé le **Père des Pauvres**

PÉRIGUEUX

Imprimerie Périgourdine, 17, Place Francheville.

1923

RR^{mo} ET ILL^{mo}

CHRISTOPHORO-LUDOVICO LÉGASSE

EPISC. PETROCORICENSI ET SARLATENSI

D^{noque}

ALBERTO DUJARRIC-DESCOMBES

NECNON MONASTERIO MONIALIUM

VISITATIONIS

A SANCTA MARIA

AUCTOR BENEFICIORUM MEMOR

HOC OPUS

GRATISSIME

D. D.

LETTRE DE SA GRANDEUR MGR LÉGASSE

Évêque de Périgueux et Sarlat

A L'AUTEUR

Périgueux, le 8 septembre 1922.

En la fête de la Nativité de la B. Vierge Marie

A Monsieur le Chanoine Entraygues, Aumônier
de la Visitation de Périgueux.

Cher Monsieur le Chanoine,

Un évêque ne peut que se réjouir de posséder parmi ses prêtres des hommes de doctrine et d'études. La recherche des gloires familiales a toujours été le pieux souci du Chapitre et du Clergé de notre antique et beau diocèse. Vous continuez, cher Monsieur le Chanoine, la lignée de nos érudits bien renommés en ajoutant à votre premier ouvrage sur Mgr de Royère, la biographie très instructive et très séduisante de Mgr de Francheville.

Parmi tous les traits qui illustrèrent l'existence de ce grand évêque de Périgueux, je veux retenir tout d'abord sa dévotion particulière envers le Sacré-Cœur. C'est à son épiscopat que se rattachent les débuts, dans le diocèse, de ce culte providentiel. Sans doute, il n'en eut pas l'initiative : elle appartient à Mère Angélique Brulart, supérieure de la Visitation. Mais il eut le mérite de soutenir cette religieuse et de donner sa pleine approbation au mouvement surnaturel qui, autrefois comme aujourd'hui, entraînait les âmes prédestinées vers le Cœur adorable du divin Sauveur. N'y a-t-il pas dans ce souvenir d'un passé édifiant un gage de ferme espérance pour une œuvre qui m'est spécialement chère, pour que j'y voie une source de salut pour les âmes confiées à ma sollicitude : l'Intronisation du Sacré-Cœur dans les familles ?

De tout temps, les élites ont mené les masses. La gloire de mon célèbre prédécesseur est de l'avoir compris, en instituant et en multipliant dans son propre palais les retraites fermées, répandues en Basse-Bretagne par sa tante, la vénérable Catherine de Francheville. Il y convia successivement après son clergé, les gentilshommes, les bourgeois, le peuple. C'était un excellent moyen de sanctifier les paroisses et d'assurer un effet durable aux missions qui par ses soins se généralisèrent bien vite.

Vous rappelez aussi, avec une légitime fierté, l'immense charité du saint Évêque, qui lui fit mériter de son vivant le titre de **Père des Pauvres.** Il devait, du reste, mourir victime de son dévouement, à peine âgé de 54 ans. Laissez-moi vous remercier d'avoir mis en lumière ce caractère distinctif des hommes d'Église, aussi bien au XVIIe siècle que de nos jours.

Avec mes meilleures félicitations pour cette page
d'histoire ecclésiastique, écrite dans un style alerte et
très prenant, veuillez agréer, cher Monsieur le Chanoine,
la nouvelle assurance de mon paternel dévouement
en N. S.

✝ CHRISTOPHE-LOUIS,

Évêque de Périgueux et Sarlat.

Les phototypies ont été exécutées par la Maison Goutagny et Lescuyer, de Lyon.

La première, représentant Mgr de Francheville, reproduit le tableau peint à Périgueux du vivant du prélat et qui est conservé au château de Truscat, Morbihan.

La deuxième, est le portrait traditionnel de la Vénérable Catherine de Francheville, qu'on voit chez les Dames de la Retraite de Vannes.

Les troisième, quatrième et cinquième ont été obtenues sur des gravures anciennes appartenant à la précieuse collection de M. l'abbé André Saintmartin, de Périgueux.

La sixième, indiquant l'emplacement du tombeau de Mgr de Francheville, reproduit un dessin provenant de M. Albert Dujarric-Descombes.

ERRATUM

Au bas de la page 21, première ligne des notes, au lieu de *Bulles de Saint-Francheville*, lire : *Bulles de Mgr de Francheville*.

AVANT-PROPOS

Le savant historiographe du Périgord M. Dujarric-Descombes,
émule et continuateur du P. Dupuy, de l'abbé de Lespine, de
M. de Taillefer, a publié en 1874 une notice sur Mgr Daniel de
Francheville, Évêque de Périgueux (1). Cet essai inspira au jeune
écrivain une véritable passion pour son héros à peine entrevu. Il
se promit de consacrer sa vie à lui élever un monument digne de
sa légendaire charité.

M. Dujarric-Descombes a tenu parole. Quarante ans durant,
avec une persévérance infatigable et un sens critique très averti,
il a recueilli les documents relatifs à Mgr de Francheville. Il a
tout exploré : la Bretagne aussi bien que le Périgord, les archives
publiques comme les dépôts privés. Un travail intense a avancé
pour lui l'heure d'un repos qui n'est que relatif. Contrairement à
l'avis de tous ceux qui le connaissent il a cru que ses forces
n'étaient plus suffisantes pour la tâche entreprise. Comme il
aimait son héros beaucoup plus que lui-même, il s'est dessaisi
en ma faveur de son cher dossier, si laborieusement constitué, et
m'a demandé de mener son œuvre à bonne fin.

Ce n'est pas sans émotion que j'ai reçu des mains de M. Dujarric-
Descombes un tel dépôt et, de son cœur, un tel mandat. Ma
responsabilité est grande devant les admirateurs de Mgr de
Francheville encore nombreux en Périgord. Mais ce n'est pas

---

(1) Périgueux, imprimerie Dupont et Cⁱᵉ, rue Taillefer, 1874.

non plus sans gratitude. Qu'il veuille bien en trouver ici une nouvelle expression. On ne peut que gagner au contact d'une âme comme celle de l'illustre Évêque de Périgueux.

Le dossier de M. Dujarric contenait plusieurs centaines de pièces. Je l'ai enrichi de quelques documents nouveaux et je l'ai ensuite utilisé de mon mieux en écrivant la présente biographie.

*
* *

Sans nier les mérites des autres on peut dire cependant que trois évêques honorèrent particulièrement le siège de Périgueux au XVII⁰ siècle. C'est d'abord François de la Béraudière (1). Il s'efforça de relever les ruines de tous genres accumulées dans le diocèse par les guerres de religion. Poitevin comme le cardinal de Richelieu, il employa aussi dans son administration de préférence la manière forte. La fermeté lui était bien nécessaire pour ramener au devoir un peuple et un clergé atteints par le malheur des temps, en face de Protestants toujours prêts à la révolte. Sous son épiscopat les maisons religieuses se multiplièrent. Les Recollets notamment, entrés en Périgord par Thiviers, essaimèrent dans les principaux centres. Ils furent pour l'Évêque, leur bienfaiteur, ses premiers et ses plus dévoués collaborateurs.

C'est ensuite Mgr le Boux à l'épiscopat long de plus d'un quart de siècle (2). Oratorien de Paris, il amène avec lui à Périgueux quelques-uns de ses frères en religion dont il fait ses auxiliaires. L'oratorien Pierre Moreau est son vicaire général (3). Malebranche passe ses vacances au château de Montardy, en Périgord. Plusieurs prêtres du diocèse entrent à l'Oratoire. Les Oratoriens remplacent les Recollets dans la confiance de l'Évêque. Des institutions qui subsistent encore remontent jusqu'à Mgr Le Boux. Cependant il résida assez peu et laissa nos églises en l'état de délabrement dans lequel il les avait trouvées. Les dix mille

1) 1614-1646.

(2) 1667-1693.

(3) Il mourut le 8 mai 1693 et Mgr Le Boux le 7 août suivant.

livres qu'il avait reçues du Roi pour leur restauration lors de sa
nomination, n'étaient pas encore employées au moment de son
décès. Ses héritiers furent contraints de les verser au successeur.
Il a fait œuvre de paix en unissant les deux Chapitres de Saint-
Étienne et de Saint-Front (1).

Mgr Daniel de Francheville a relevé d'autres ruines. Les huit
années de son épiscopat sont parmi les plus douloureuses de notre
histoire locale (2). Le Périgord connut alors tous les fléaux à la
fois. La peste et la famine décimaient la population forte environ
de 450.000 âmes, tandis que les dragons du duc de La Force,
logés chez l'habitant, appliquaient à leur façon la révocation de
l'Édit de Nantes. Mgr de Francheville amortit les coups d'un
Pouvoir civil impolitique, pansa toutes les plaies, soulagea toutes
les misères. Il fut le saint Vincent-de-Paul du Périgord.

Il avait été élevé chez les PP. Jésuites de Vannes. Sa tante,
la Vénérable Catherine, était bienfaitrice de la Compagnie qui,
en retour, lui avait prodigué ses conseils pour la direction de sa
conscience et son concours pour l'œuvre des retraites fermées. Le
P. Huby, son dernier directeur, avait aussi décidé de la vocation
de Daniel et dirigé vers l'autel le jeune et brillant avocat général.

Sacré à Paris dans l'église de la maison professe de la Compagnie, le nouvel Évêque arrivait en Périgord avec un passé qui
laissait prévoir vers qui iraient ses sympathies. Aussitôt les
PP. Jésuites eurent dans le diocèse une situation en rapport
avec leur science et leur vertu, qu'ils conservèrent jusqu'à l'Édit
de suppression du Parlement de Guyenne. Ils secondèrent admirablement le Prélat, surtout dans l'œuvre des retraites et l'apostolat
auprès des Protestants. Le P. Lacoste était son confesseur. Le
P. Dubois fut son panégyriste. Des Jésuites étaient les orateurs
habituels de nos grandes solennités.

A la même époque une religieuse cloîtrée occupait une grande
place dans la société périgourdine. C'était Mère Françoise-Angélique Brulart, supérieure de la Visitation des Arènes. L'influence

(1) 1669.
(2) 1694-1702.

de sa vertu s'étendait bien au-delà des limites de son monastère. Profosse de Dijon, son élection à Périgueux avait précédé de peu la nomination de Mgr de Francheville à l'évêché de la même ville. Comme lui elle appartenait à une famille de noblesse de robe qui avait donné à la France un chancelier, des ministres d'État, des ambassadeurs et de nombreux magistrats. Les Brulart se succédaient à la présidence du Parlement de Dijon. Illustre dans l'État, la famille de Mère Françoise-Angélique ne l'est pas moins dans l'Église à laquelle elle a fourni des évêques et des religieux. La Supérieure de Périgueux avait deux sœurs religieuses à Dijon, Élisabeth au Carmel, Claude à la Visitation où devait bientôt la rejoindre leur nièce Marie-Renée. Un parent, le commandeur Brulart de Sillery, avait fondé l'église de la Visitation de la rue Saint-Antoine, à Paris.

La Providence ménagea entre l'Évêque et la Supérieure une entente parfaite. Grâce à cette entente le diocèse fut un des premiers à connaître les bienfaits de la dévotion au Sacré-Cœur de Jésus. C'est leur commune gloire d'avoir allumé en Périgord ce foyer d'amour divin auquel se sont réchauffés tant de cœurs et qui ne s'éteindra plus.

Le présent travail — biographie d'un Évêque — est aussi l'histoire d'une époque et un modeste essai de reconstitution de notre vie diocésaine dans les dernières années du XVIIe siècle. On se représente difficilement le Périgueux d'alors. Il était à peine le quart de celui d'aujourd'hui : ce qui ne faisait que mieux ressortir la prépondérance de l'élément religieux. Dans cette petite ville peuplée surtout de gentilshommes de vieille race et de bourgeois turbulents qui se disaient « seigneurs de Périgueux », l'Évêque était de beaucoup le personnage le plus considérable avec ses nombreux vicaires généraux, le Chapitre composé de trente-quatre chanoines, les six paroisses et toutes les communautés qui le reconnaissaient comme premier supérieur. Un organe important de l'administration diocésaine a complètement disparu : c'est la Chambre ecclésiastique ou Bureau des décimes. Le lecteur sera heureux d'en trouver, dans les pages qui vont suivre, la composition et le fonctionnement durant l'épiscopat de Mgr de Francheville.

*
* *

Si l'histoire a ses charmes elle a aussi ses exigences. Elle demande que l'on soit de bonne foi et que l'on dise tout. C'est pourquoi j'ai tout dit, le mal comme le bien. L'Église — a écrit le pape Léon XIII — n'a besoin que de la vérité. C'est un des secrets de Dieu de faire tourner toute vérité au triomphe de son Église. Aucune défaillance — quelqu'en soit l'auteur — n'autorise jamais à conclure contre la Morale catholique.

Son Éminence le cardinal Donnet, archevêque de Bordeaux, — après la lecture de la notice de 1874 — écrivait à M. Dujarric-Descombes : « Puissiez-vous un jour nous édifier par la vie détaillée de cet illustre Prélat du Périgord ! » Ce modeste travail n'est que la très imparfaite réalisation d'un tel vœu et, dans la pensée de l'auteur, un commencement de résurrection du grand Évêque trop oublié. Le bienfait appelle la reconnaissance. Lorsque ses cendres retrouvées aux Arênes auront été solennellement transférées à Saint-Front, lorsqu'un monument lui aura été élevé dans la cathédrale qui fut la sienne ou sur la place qui porte son nom, alors seulement la postérité aura rempli tout son devoir envers l'Évêque **Père des pauvres**.

MGR DANIEL DE FRANCHEVILLE

Évêque de Périgueux

CHAPITRE Ier

La Famille. — Le Magistrat.

Le xvII^e siècle fut marqué en France — notamment en Bretagne — par un grand mouvement de renaissance religieuse. Dans cette province, à physionomie si particulière, ce mouvement était servi par une pléiade de vrais apôtres. Saint-Vincent Ferrier (1) revivait en Maunoir (2), Michel Le Noblez (3), le P. Huby (4), M. de Kerlivio (5). Hommes providentiels qui créèrent alors une foule

---

(1) Dominicain espagnol, né à Valence, en 1357. Consacra les deux dernières années de sa vie à évangéliser la Bretagne. Mourut en 1419, à Vannes, où son tombeau est toujours en grande vénération.

(2) Jésuite né à Saint-Georges-de-Raintambaut, diocèse de Rennes, en 1606. Prêcha toute sa vie des missions en Bretagne. Mort à Plévin, 1683, en réputation de sainteté.

(3) Missionnaire né en 1577, au château de Kerodern, diocèse de Léon. Mort au Conquet, où l'on voit encore son tombeau, en 1652. De son vivant, infatigable apôtre de l'Armorique, il est toujours dans ce pays l'objet d'une vénération égale à celle des saints canonisés.

(4) Né en 1608, à Hennebon, diocèse de Vannes. Jésuite en 1625, consacra la seconde partie de sa vie à l'apostolat en Bretagne. Le diocèse de Vannes lui doit, notamment, l'œuvre des retraites fermées qu'il établit de concert avec M. de Kerlivio et Mlle de Francheville. Il mourut à Vannes — 1693 — en réputation de sainteté.

(5) Né aussi à Hennebon, en 1621. D'abord disciple de saint Vincent de Paul, il fut le prêtre le plus remarquable du diocèse de Vannes, au xvII^e siècle. On le trouve à l'origine de toutes les œuvres religieuses et charitables. Mourut à Vannes — 1685 — en réputation de sainteté.

d'institutions admirables, dont beaucoup subsistent encore. La Bretagne à la foi de granit, la Bretagne des Chouans, qui traversera sans faiblir la Révolution, date de cette époque.

Toutes les classes participèrent au mouvement. Parmi les familles nobles qui en prirent la direction, les historiens de la basse Bretagne s'accordent à nommer la maison de Francheville, à laquelle appartient l'Évêque de Périgueux.

Famille probablement originaire de Normandie, qui aurait suivi en Angleterre Guillaume-le-Conquérant. Au début du xve siècle, Pierre de Francheville est échanson d'Hanon, roi d'Écosse. En 1442, il accompagne la fille de ce roi, Ysabeau, venant en Bretagne épouser le duc François I, et remplit auprès de la nouvelle duchesse la même fonction qu'à la cour du roi son père. Ses services lui valent des lettres de naturalisation et de confirmation de noblesse. Par son mariage avec Marguerite de Trélan, fille du gouverneur et capitaine du château de Sucinio et ile de Rhuys, il a été la souche d'une famille dont plusieurs membres se sont distingués au service des ducs de Bretagne et des rois de France. Pendant deux siècles les Francheville se succèdent tant à la Cour des Comptes de Nantes qu'au Parlement de Rennes.

Au début du xviie siècle, un arrière-petit-fils de l'échanson d'Ysabeau d'Écosse, Daniel de Francheville, possédait déjà le château et la seigneurie de Truscat, dans la presqu'île de Rhuys et la paroisse de Sarzeau. Resté dans la famille jusque vers 1860, le château de Truscat a été chanté par son avant-dernier propriétaire, le comte Amédée, élégant traducteur de Virgile et de Thompson :

> Au fond de ce beau golfe orné de chènes verts
> Au bas de ces coteaux de vignobles couverts,
> Le château de Truscat seul et riant s'élève,
> Joignant son vaste ombrage aux sables de la grève...
> On admire à l'entour des collines, des plaines,
> Un horizon immense et des iles lointaines.
> Et deux fois chaque jour brumeux ou transparent
> Le flot baigne ses pieds de sa frange d'argent (1).

---

(1) *Les Bucoliques*, de Virgile, suivies de *L'Hymne à l'Éternel*, de Thompson, traduites en vers français par le comte Amédée de Francheville. Vannes,

La Vénérable Catherine de FRANCHEVILLE
Fondatrice de la Congrégation des Filles de la Sainte Vierge
de la Retraite de Vannes
(1620-1689)

Daniel de Francheville eut de son épouse, Julienne de Cillart, trois enfants : l'aîné Claude, père de l'Évêque ; Thomas, officier au régiment de Navarre, et Catherine, la gloire de la famille, à laquelle le bénédictin dom Lobineau — devançant l'Église qui, sans doute, la canonisera un jour — accorde place dans ses *Vies des Saints de Bretagne*.

On a dit de l'Évêque de Périgueux qu'il fut la plus belle œuvre de sa tante. Catherine eut en effet sur lui une influence prépondérante. Le rôle de la tante en Bretagne n'est que la préface de l'apostolat du neveu en Périgord.

*
* *

Elle naquit en 1620, au château de Truscat (1). On raconte un joli trait de son enfance. Ayant appris à lire, selon l'usage d'alors, dans les *Quatrains de Pibrac* (2), elle aimait à les réciter en présence des hôtes de la famille et avait déjà assez de discernement pour dire à chacun ce qui lui convenait. A un conseiller au Parlement de Bretagne, dont l'intégrité était sujette à caution, Catherine, âgée de quatre ans, servit la strophe suivante :

> Si, en jugeant, la faveur te commande,
> Si, corrompu par or ou par présens,
> Tu fais justice au gré des courtisans,
> Ne doute point que Dieu ne te le rende.

Eugène Lafolye, libraire-éditeur, 1884, page 141 : *Une traversée sur le Morbihan.*

Le comte Amédée de Francheville était ami de Frédéric Ozanam. Au tome II de la correspondance de ce dernier, page 269, est une lettre à son frère Charles Ozanam, datée du château de Truscat, 10 septembre 1850. Ozanam décrit la fête patronale de l'île d'Artz et une noce bretonne, double plaisir que M. de Francheville lui a procuré. Cette même année 1850, Ozanam fit un second séjour à Truscat, car, le 15 octobre, nouvelle lettre dans laquelle il dit : « Nous voici chez notre excellent ami Francheville. J'y resterai probablement jusqu'à dimanche soir. »

(1) Les détails qui suivent sur Catherine de Francheville sont empruntés à la « Vie de la Vénérable Catherine de Francheville, fondatrice des retraites de femmes et de la congrégation des Filles de la Sainte-Vierge de la Retraite de Vannes », publiée par les soins du postulateur de la cause de béatification. Rome, Typographie Vaticane, 1907.

(2) Abrégé en vers de la Morale chrétienne, qui servait aux enfants de premier livre de lecture, œuvre du conseiller Pibrac.

Et l'enfant grandit. Les portraits de la vénérable religieuse font encore souvenir des charmes très grands de la jeune fille. Les partis affluant, son choix s'arrêta sur un conseiller au Parlement. Elle se rendait à Rennes pour préparer le mariage, quand elle rencontra un convoi funèbre. C'était celui de son fiancé ! Aussitôt Catherine de se consacrer à Dieu pour toujours. Désormais plus de bijoux, plus de riches vêtements, plus de réunions mondaines. Une seule chose lui tient encore au cœur : sa belle chevelure. Elle prie dix ans pour obtenir la force d'en faire le sacrifice. Enfin, à la suite d'une prédication sur la nécessité de conformer ses œuvres à sa foi, Catherine de Francheville se coupa elle-même les cheveux, à la grande consternation de toute sa maison. Cet acte héroïque fut le point de départ de sa vie parfaite. Elle avait alors trente-un ans.

Depuis quelque temps la servante de Dieu, quittant le château de Truscat, s'était établie à Vannes, où son zèle avait un champ plus vaste et sa piété des secours plus abondants. Dirigée par le P. Darran (1), elle partageait ses journées entre la prière et les œuvres de charité. Son hôtel était ouvert à tous les malheureux. On y soulageait toutes les infortunes.

A Vannes, occupant les premières charges de la magistrature, résidait aussi le frère aîné de Catherine, Claude de Francheville. Il avait épousé Perrine Huart (2), fille d'un conseiller au Parlement. Lui-même, conseiller du Roi en ses conseils, était maître des requêtes ordinaires de la reine-mère, Anne d'Autriche, sénéchal et lieutenant général au présidial de la ville.

Claude de Francheville habitait un hôtel donnant à la fois sur la

---

(1) Jésuite de la résidence de Vannes. Auparavant avait travaillé à la conversion des Hurons, au Canada, et avait vu deux de ses compagnons brûlés par les Iroquois.

(2) Fille de Gervais Huart, seigneur de la Grandrivières, fils d'un greffier en chef criminel du Parlement de Bretagne. Fut conseiller au même Parlement, de 1624 à 1659, et eut de deux mariages deux fils qui siégèrent en même temps que lui dans la même compagnie. La famille Huart n'était pas moins bien partagée du côté de l'Église. De 1613 à 1736, trois de ses membres ont été trésoriers et chanoines du Chapitre cathédral de Rennes et se sont succédé sans interruption dans cette double dignité.

place des Lices et celle du Poids-du-Roi (1). Dans cette aristocratique demeure naquirent la plupart de ses huit enfants (2). L'aîné, futur évêque de Périgueux, vint au monde le 2 juin 1648. Baptisé le 17 septembre suivant, dans l'église paroissiale de Sainte-Croix, aujourd'hui cathédrale et paroisse Saint-Pierre, il eut pour parrain son grand-père, Daniel de Francheville, dont il reçut le nom (3).

Destiné, comme aîné, à être de robe et non d'église, l'enfant eut une formation de nature à préparer en lui le futur magistrat. Les

---

(1) Cet hôtel où est né Daniel de Francheville n'existe plus. Son père Claude le fit rebâtir entièrement, en 1666-68, sur le même emplacement. Le nouvel hôtel est une des maisons intéressantes de Vannes, avec une fort jolie tourelle d'angle.

En 1675, Claude acquit de René de Sérent la charge de président au présidial de Vannes, pour son fils Daniel et, pour lui-même, le célèbre hôtel dit Château-Gaillard, dans la rue Noé. Daniel vint donc habiter Château-Gaillard. Celui-ci renferme un cabinet où des panneaux sur bois, dans des encadrements Louis XIII, représentent toute la série des Pères et des Saintes Femmes de l'Orient, d'après l'Histoire Lausiaque. Ces peintures sont attribuées, par M. de Lamartinière, l'éminent archiviste du Morbihan, au grand-père de René de Sérent, qui eut un fils carme et se fit prêtre lui-même. C'était l'époque où la Contre-Réforme amenait en Bretagne une efflorescence inouïe de vie religieuse, où les couvents de Carmes et de Capucins se fondèrent dans toute la province. Daniel dut travailler dans ce cabinet ; c'est, en tout cas, la seule des pièces de Château-Gaillard qu'on inventoria après sa mort. Il s'en était donc, même évêque, réservé l'usage. Les figures en camaïeu de Sérapion, de Thaïs et de tant d'autres prennent par suite une valeur toute particulière quand on pense qu'il les a eues sous les yeux, qu'il a médité devant elles et qu'elles ont pu contribuer, pour leur part, à déterminer sa vocation. C'est là que se trouvait son portrait, aujourd'hui encore conservé à Truscat.

(2) Un au moins n'est pas né à Vannes. C'est Pierre-Marie de Francheville, seigneur de Pellinec, benjamin de la famille, né et baptisé à Sarzeau, le 20 septembre 1668. Il succédera à Daniel, comme avocat-général. (Registres secrets du Parlement de Bretagne.)

(3) Voici son acte de baptême, extrait des anciens registres paroissiaux de Sainte-Croix de Vannes : « 17 septembre 1648. Baptême de Daniel de Francheville, né le 2 juin, fils de Messire Claude de Francheville, sgr du dit lieu, conseiller du Roi en ses conseils et son sénéchal au Présidial de Vannes, et de dame Perrine Huart. Parrain : Messire Daniel de Francheville, sgr de Truscat. Marraine : Dame Jeanne Loreys, femme de Messire Gervais Huart, sgr de Grandrivière, conseiller au Parlement de Bretagne. »

(Archives départementales de Vannes.)

Jésuites dirigeaient à Vannes un collège déjà célèbre (1). Daniel y fut placé et voua dès lors à ses maîtres un attachement qui ne se démentit pas. On sait de ses jeunes années qu'il avait une dévotion très tendre pour la Sainte-Vierge, un goût prononcé pour les belles-lettres et une grande charité pour les pauvres. Entre ses mains tout se changeait en aumônes.

Catherine fut sa mère spirituelle. Débordée par les soucis de ses fréquentes maternités, Perrine Huart se déchargea sur sa belle-sœur de l'éducation de son fils aîné. Les entretiens de sa tante et le spectacle de ses œuvres orientèrent définitivement Daniel vers l'apostolat de la charité. Pour être pleinement exercé, un tel apostolat suppose le sacerdoce. Auparavant, il dut être magistrat. Ainsi l'exigeait la volonté paternelle.

Sur ces entrefaites, un événement important s'était produit en Bretagne. A court d'argent, le Roi y avait imposé le timbre, le tabac et la vaisselle d'étain. Les Bretons refusèrent de payer. Le sang coula sur de nombreux points, notamment à Rennes, en avril, juin et juillet 1675. Le duc de Chaulnes, gouverneur de la province, avait reçu les pires injures (2). Pour punir Rennes révoltée, le Roi transféra à Vannes le siège de la Cour, composée d'une centaine de magistrats. On devine aisément le vide fait à Rennes par le départ de tous ces graves personnages avec leurs familles. Ce que Rennes perdait, Vannes le gagnait. Ce n'était encore qu'un grand village. Pour abriter dignement le Parlement exilé, elle devint tout à coup une ville. L'exil dura quinze ans, de 1675 à 1690.

En cette même année 1675, Daniel de Francheville débuta dans

---

(1) Fondé en 1577, par René d'Aradon, sous l'épiscopat de Louis de la Haye, le collège de Vannes fut confié aux Jésuites en 1631, par l'évêque Sébastien de Rosmadec. Ils eurent bientôt l'église la plus élégante et la plus fréquentée de la ville, édifiée surtout par les largesses de Catherine de Francheville. En souvenir d'elle, on grava sur le frontispice l'inscription qu'on y lit encore : *Fundavit eam Altissimus.*

(2) Cf L'exil du Parlement de Bretagne à Vannes, par M. Ropars. Saint-Brieuc, imprimerie Prudhomme, 1875. Petit in-8º, 96 pages.

la carrière comme président du présidial de Vannes (1). Le 10 juillet 1678 il fut pourvu de la charge d'avocat général au Parlement de Bretagne (2). Il devait l'occuper treize ans.

Tout en soutenant les droits du Roi devant la Cour, le jeune magistrat fut aussi le conseiller et le collaborateur de sa tante dans ses œuvres de charité. C'était l'époque où la Compagnie de Jésus multipliait en Bretagne les maisons de retraite pour les hommes. Vannes avait la sienne (3), due à la générosité de M. de Kerlivio, grand vicaire de Mgr de Rosmadec. Le P. Huby y donnait les exercices spirituels aux retraitants qui, chaque année, s'y succédaient par milliers.

Émule de M. de Kerlivio, Mlle de Francheville construisit pour les femmes une maison pouvant recevoir à la fois quatre cents retraitantes. L'œuvre, faite jusque-là dans des locaux de fortune, s'y établit le 5 mai 1679 et s'y poursuivit jusqu'à la Révolution. Dieu seul sait le bien opéré dans cette maison, aujourd'hui palais de

---

(1) Il acheta cette charge, vendue par autorité de justice, par suite de la déconfiture du titulaire, René de Sérent. Ce Sérent avait contracté de nombreuses obligations et mené un train hors de proportion avec ses moyens. Originaire de la presqu'île de Rhuys, comme les Francheville et leur allié, — sinon leur parent — il avait eu recours à eux. Quand se produisit sa vente judiciaire, Claude de Francheville, ancien sénéchal de Vannes, et sa sœur Catherine, pour rentrer en possession de leurs avances, acquirent certains des biens de René de Sérent. Claude devint propriétaire de son hôtel, Château-Gaillard (prix : 5,500 livres), et son fils Daniel entra en possession de la charge de président au présidial (prix : 36,200 livres). Certains indices font croire que Catherine contribua à faire de son neveu le premier magistrat de Vannes — le président de Vannes — comme on disait de René de Sérent et de son père, présidents avant lui. Claude dut avoir une satisfaction d'amour-propre à voir son fils dans cette charge. Il avait eu d'assez grosses difficultés avec ses collègues du présidial. Après sa démission de sénéchal il était même entré en procès avec eux. (Détails fournis par M. de la Martinière, le distingué archiviste du Morbihan, auquel je suis heureux d'exprimer ici toute ma gratitude.)
Daniel prêta serment devant la Cour le 16 janvier 1676.

(2) Le décret de nomination, signé par le Roi, à Saint-Germain-en-Laye, figure au registre des enregistrements du Parlement de Bretagne, tome XXIV, f° 93. Daniel succédait à François de Montigny, son parent, démissionnaire en sa faveur. Il entra en charge à l'audience du 11 août 1678.

(3) Contiguë au collège des Jésuites. Ce fut — dit-on — la première maison de retraite ouverte en France, 1660.

justice de Vannes. « Catherine de Francheville, dit dom Lobineau, ne se contenta pas d'avoir bâti et meublé un si vaste logement. Elle engagea son neveu à fonder de ses biens un prédicateur et un chapelain. »

Mais les retraitantes se présentaient si nombreuses que la maison édifiée pour elles ne suffisait pas à les recevoir. Les saints exercices furent également donnés dans un château (1), près de la ville, et dans le séminaire que Catherine acheva à ses frais à condition de pouvoir y faire des retraites pendant cinq ans (2).

Le bruit de tant de merveilles se répandit au loin. Sollicitée de toutes parts, Catherine de Francheville parcourut la Bretagne, regardée partout comme une sainte et provoquant de telles affluences que, selon le même dom Lobineau, beaucoup cherchaient en vain un logement dans les villes où elle passait.

La renommée s'emparait du nom de Francheville. Daniel, pressé de conclure un beau mariage, ne se laissa séduire ni par les charmes de la personne ni par les avantages de la fortune. A la suite d'une retraite sous la direction du P. Huby, il décida qu'il serait prêtre. Les parents supplièrent leur fils aîné de réfléchir encore. Ce fut en vain. La décision prise était irrévocable.

Son exemple fut contagieux. René, son frère, devint prêtre et chanoine de Rennes. Trois de ses sœurs se consacrèrent également à Dieu : Vincente et Gabrielle aux Ursulines, Madeleine à la Visitation. Un autre de ses frères, Gervais, avait embrassé la carrière des armes. C'est en faveur du plus jeune, Pierre-Marie, que Daniel résignera sa charge d'avocat général, ne gardant pour lui-même que le titre de conseiller d'honneur au Parlement de Bretagne (3) auquel

---

(1) Château du Pargo, aux portes de Vannes. 46 dames s'y réunirent et en sortirent transformées en apôtres.

(2) Catherine de Francheville acheva la construction du séminaire, en 1674. La chapelle qui y fut annexée, 1720-1742, remplace une ancienne église paroissiale.

(3) 29 novembre 1690. — Lettres royales données à Versailles par lesquelles le Roi, malgré la résignation qu'il a faite de son office en faveur de Pierre de Francheville, autorise Mᵉ Daniel de Francheville, avocat général au Parlement de Bretagne, à continuer pendant huit ans, à partir de la réception et installation de son successeur, l'exercice et fonction d'avocat général près

il joindra plus tard celui de conseiller d'honneur au Parlement de Guyenne (1).

Le magistrat dut se faire, à l'insu de son père, étudiant en théologie. Ses projets de vie ecclésiastique rencontraient chez Claude une opposition que Daniel ne voulut pas combattre ouvertement. La preuve en est dans la hâte avec laquelle — aussitôt ce père disparu — le fils reçut les saints Ordres. Le 17 février 1682, Claude de Francheville mourait et, le 20, il était inhumé dans l'église des Carmes (2). Vingt-sept jours plus tard, 19 mars 1682, Daniel était ordonné prêtre par Mgr Caset de Vautorte et nommé vicaire général (3). Il avait reçu les Ordres mineurs et le sous-

---

ledit Parlement, avec les mêmes droits, pensions, gages... Qu'avant sa résignation, passé lequel temps il pourra continuer à se dire conseiller avocat général au Parlement de Bretagne, comme les autres conseillers honoraires. Ces lettres du Roi ont été présentées au Parlement qui, par arrêt du 8 février 1691, en a ordonné l'enregistrement.

(Registres secrets, vol. CCL XXVI, f° 3 verso).

Il ressort de la note ci-dessus : 1° Que Daniel a résigné sa charge avant le 29 novembre 1690 ; 2° Qu'il a obtenu une faveur spéciale; n'ayant été en fonctions au parlement que pendant douze ans, il ne pouvait être nommé conseiller avocat général honoraire, ce qui exigeait vingt ans de service. Afin de lui donner le moyen d'acquérir ce titre, le roi lui permit de garder ses fonctions pendant huit ans de plus et, par suite, d'arriver à remplir les conditions de l'honorariat. Il est probable que Pierre de Francheville, par suite d'un arrangement secret, bénéficiait des émoluments de la charge, qui étaient de 1100 livres et en remplissait effectivement les obligations.

C'est grâce à ces lettres du roi, du 29 novembre 1690, que Daniel de Francheville conserva entrée et séance au Parlement de Bretagne.

(1) Les enregistrements des édits royaux au Parlement de Guyenne manquant de 1689 à 1695, il n'a pas été possible de retrouver l'édit royal concernant Francheville. Mais on a l'édit royal concernant Pierre Clément, son successeur sur le siège de Périgueux.

(2) La cérémonie des funérailles de Claude de Francheville fut faite par Mgr de La Baume Le Blanc, ex-évêque de Nantes, destiné à tenir tant de place dans la vie de Mgr de Francheville.

(3) Voici l'acte de son ordination, tel qu'il est conservé dans les archives de l'évêché de Vannes : « Clarissimum virum Danielem de Francheville, in supremo Britanniæ senatu advocatum generalem, diaconum nostræ diœcesis ad sacrum presbyteratus ordinem, virtute indulti, extra tempora a jure statuta, promovimus in sacello palatii episcopalis, die decimâ nonâ mensis martii, anno millesimo sexantesimo octogesimo secundo.

» † Ludovicus, episcopus Venetensis. »

diaconat le 14 mars et le diaconat le lendemain. Le tout s'était accompli dans la chapelle du palais épiscopal.

A la fois grand vicaire et avocat général (1), ce lui fut un double motif de faire le bien. Il sauva les habitants de Belle-Isle en proie à la famine, restaura l'hôtel-Dieu de Vannes, à moitié démoli par une inondation et bâtit l'église des Pénitents dont, par modestie, il refusa le titre de fondateur.

Le 23 mai 1689 mourut Catherine de Francheville. Bien que très occupée par son œuvre des retraites et souvent prise de fièvre, elle n'avait rien supprimé de ses dévotions ni de ses austérités. Elle jeûnait au pain et à l'eau quatre fois la semaine et se donnait, deux fois le jour, la discipline jusqu'au sang. Inquiet pour sa vie, Daniel pria son directeur de lui prescrire la modération. Aussi mortifié que sa pénitente, le P. Huby répondit : « Laissons-la courir à pas de géant vers l'éternité ! »

A sa mort, Catherine de Francheville laissait cinq maisons de retraite (2) en pleine prospérité et, pour les desservir, une nouvelle famille religieuse connue sous le nom de *Filles de la Sainte Vierge*

Il s'agit de Louis de Vautorte, alors évêque de Vannes.

On lit dans les anciens registres paroissiaux de Sarzeau : « 10 octobre 1683. Bénédiction de la cloche du petit Dôme de l'église paroissiale de Sarzeau, qui reçoit les noms de Danièle-Jacquette. Parrain : Très noble et très illustre seigneur Messire Daniel de Francheville, vicaire général de Vannes et avocat général du Parlement de Bretagne. Marraine : Noble Dame Jacquette Le Gouvello de Francheville, dame de La Motte. »

Le 10 octobre 1683, seize mois après son ordination, Daniel de Francheville cumulait donc à la fois les fonctions de vicaire général et d'avocat général au Parlement.

Jacquette Le Gouvello de Francheville était la propre tante de Daniel par son mariage avec Thomas, frère de Claude. Elle avait pour fils Claude-Vincent de Francheville, auquel Daniel, son cousin-germain, vendit sa charge de président au présidial, le 1er janvier 1684.

(1) L'exercice simultané des deux fonctions ne saurait faire de doute. Daniel suivit même le Parlement revenu à Rennes et occupait dans cette ville, au bas des Lices, un appartement qui fut inventorié après sa mort. C'est vraisemblablement à Rennes que vint le trouver sa nomination à l'évêché de Périgueux.

(2) Vannes, Quimper, Saint-pol-de-Léon, Rennes et Saint-Malo. La sixième Maison fut fondée à Paris, au début du XVIIIe siècle, par Mesdames de Pontchartrain et de Miramion.

ou *Dames de la Retraite (1)*. Ces maisons se multiplièrent après elle et, malgré les ruines de 1792 et de 1901, il existe encore en France et à l'étranger plusieurs de ces saints asiles. « Les maisons de retraite fondées au xviie siècle, dit un historien, furent comme autant de citadelles de la foi bretonne qui repoussèrent les attaques de l'impiété française au siècle suivant ». Les Évêques de Bretagne ont donné de nos jours une grande autorité à cette opinion en n'hésitant pas à déclarer qu'ils regardaient leur fondation comme une des principales causes du maintien de l'esprit religieux dans la province.

Avant tout femme d'action, Catherine de Francheville a très peu écrit. Quelques fragments d'instruction religieuse et les Constitutions de son Institut sont toute son œuvre littéraire. En 1906, le Saint-Siège l'a déclarée Vénérable. Auparavant, en 1887, il avait approuvé sa famille religieuse et les règlements pleins de sagesse qu'elle lui a donnés. Un article mérite de retenir l'attention : celui qui prescrit aux *Dames de la Retraite* de travailler au salut des âmes par toutes les œuvres spirituelles et corporelles de miséricorde. En vertu de cette disposition, les filles de la Vénérable Catherine de Francheville peuvent modifier leur apostolat suivant les besoins des temps. Aussi aux retraites ont-elles joint parfois l'enseignement et, si une épidémie vient à sévir, vite elles se transforment en Sœurs de charité. Dérogeant à ses habitudes, le Saint-Siège a approuvé cet article éminemment représentatif de la charité de la fondatrice.

*
* *

En 1693, l'abbé de Francheville fut nommé, par Louis XIV, à l'évêché de Périgueux. Il aurait été sans doute promu plus tôt s'il n'avait pas été prêtre si tard. Les Évêques de l'Ancien Régime,

---

(1) Le 21 octobre 1675, deux notaires dressèrent le contrat de fondation de la congrégation consenti entre Mademoiselle de Francheville et Mgr Louis Caset de Vautorte, évêque de Vannes. C'est seulement en 1703 que Mgr d'Argouges approuva le règlement de la congrégation. Auparavant, en 1683, Louis XIV, par lettres patentes, lui avait donné une existence légale. Après la mort de la fondatrice, Mgr d'Argouges nomma Mlle de Kerderff supérieure à vie.

préparés à leurs fonctions dès la jeunesse, sont généralement promus avant la quarantaine que Francheville avait dépassée de cinq ans. Celui qui devait être un prélat si extraordinaire n'a pas, pour son ascension, suivi les voies communes. Héritier de l'amour de sa tante pour les pauvres, il est prêt à être le digne pasteur de l'infortuné Périgord. A la province éprouvée, qui allait donner à la France Fénelon et Belsunce. par un juste retour, Dieu envoyait Francheville (1).

CHAPITRE II

L'Évêque de Périgueux

Chef de sa maison par la mort de son père Claude, Daniel de Francheville, engagé dans les Ordres, avait pris les dispositions suivantes : il avait pourvu à l'établissement de l'aînée de ses sœurs (2) — la seule restée dans le monde — en l'unissant à M° Trévegat, de Limoges. conseiller au Parlement. Ensuite se sentant comptable envers sa race du nom qu'il portait il permit à son frère cadet de soutenir l'éclat de ce nom par la cession qu'il lui fit de la majeure partie de son patrimoine. Héritier des titres et des biens de Daniel, Gervais de Francheville fut capitaine de chevau-légers et lieutenant des Maréchaux de France au tribunal desquels était réservée la

---

(1) Fénelon, né en 1651, fut nommé à l'archevêché de Cambrai le 4 février 1695. A cette même date, Belsunce était encore dans la Compagnie de Jésus, où il resta douze ans, de 1689 à 1701. C'est le 5 avril 1709 qu'il fut promu à l'évêché de Marseille. Né le 4 décembre 1670, au château de La Force, de parents protestants, il se convertit avec eux, en 1685, lors de la révocation de l'Edit de Nantes.

(2) Dlle Françoise-Ursule de Francheville mariée en 1686. Limoges est le nom du château voisin de Vannes, qui appartenait aux seigneurs de Trévegat. Le parc communique avec le jardin des Capucins de Vannes dont les de Trévegat étaient fondateurs. On voit encore dans la chapelle la pierre tombale de René-François de Trévegat mort en 1711 et de son épouse Ursule de Francheville.

connaissance des affaires d'honneur entre gentilshommes et officiers. Il avait épousé la fille unique de Louis du Breil, seigneur de Pontbriand, et de dame Françoise Auchet de la Bedoyère, qui lui donna sept enfants. Les aînés furent élevés à Périgueux (1).

L'évêché de cette ville dont le Roi venait de pourvoir M. de Francheville constituait une charge encore plus qu'un honneur. Estimé 25,000 livres par l'*Almanach Royal* de 1641, il comptait parmi les plus pauvres du royaume. Suivant le terme alors reçu c'était un évêché *crotté*.

Le *Mercure galant* annonça ainsi la nomination : « Le mardy 8 de ce mois de septembre 1693, le Roy fit la distribution des bénéfices et nomma M. l'abbé de Francheville, avocat général de Bretagne, à l'évêché de Périgueux. Le grand désintéressement qu'il a marqué en cédant la plus grande partie de son bien à sa famille fait connaître combien il est digne du choix que le Roy a fait de luy, pour luy confier la conduite de ce diocèze. » Dangeau, dans son *Journal*, est plus laconique : « Mardi 8 septembre 1693, à Versailles, le roi donne l'évêché de Périgueux à l'abbé de Francheville ».

Il reçut l'institution canonique du Pape Innocent XII par une bulle datée de Rome le 17 novembre suivant. Le 17 janvier 1694, dans l'église de la maison professe des Jésuites de la rue Saint-Antoine, à Paris, il fut sacré par l'archevêque d'Albi, Le Goux de La Berchère (2), assisté de Henri de Briqueville de La Luzerne (3),

---

(1) Le chef actuel de la famille, comte Pierre de Francheville, a épousé une demoiselle de Pontbriand, petite-nièce du grand évêque missionnaire. Leur union a été bénite par Mgr Morelle, évêque de Saint-Brieuc, dans l'église de Trégon, le 8 octobre 1919.

(2) Né à Nuits, en Bourgogne en 1647, d'une famille de robe. Evêque de Lavaur en 1677, Archevêque d'Aix en 1685, d'Albi en 1687, de Narbonne en 1703. Mort à Narbonne le 2 juin 1719. Grand bibliophile, il avait constitué une riche bibliothèque qu'il légua aux Jésuites dont il fut toujours le défenseur et l'ami. Elle est en partie aujourd'hui à la ville de Toulouse. Mgr Le Goux avait donné à Mgr de Francheville son portrait peint à l'huile. Avant 1906 il ornait la salle des exercices du grand séminaire de Périgueux. Il est actuellement à l'évêché de Périgueux.

(3) Normand né en 1638. Nommé à Cahors en 1693, la même année que Francheville à Périgueux. Fut le digne successeur d'Alain de Solminihac et de Nicolas Sevin. Mort à Cahors en 1741.

évêque de Cahors, et de Jacques-Joseph de Gourgues (1), évêque de Bazas. Ces trois prélats, également dévoués à la Compagnie, furent heureux de donner la consécration épiscopale au disciple du P. Huby, dans cette église Saint-Louis où eux-mêmes avaient été sacrés. Trois jours après, le Roi entendant la messe dans la chapelle du château de Versailles, Mgr de Francheville prêta à Sa Majesté, en présence de Pierre du Cambon de Coislin, évêque d'Orléans et premier aumônier, qui en dressa acte, le serment de fidélité conçu en ces termes : « Sire, je, Daniel de Francheville, évesque de Périgueux, jure le très saint et sacré nom de Dieu et promets à Votre Majesté que je luy seray, tant que je vivray, fidèle sujet et serviteur ; que je procureray son service et le bien de son État de tout mon pouvoir ; que je n'assisteray jamais à aucun conseil, dessein ny entreprise au préjudice d'iceux et, s'il en vient quelque chose à ma connaissance, je le feray savoir à Votre Majesté. Ainsy Dieu me soit en ayde et ses saints évangiles par moi touchés. »

Des lettres royales, signées le lendemain, mirent et installèrent de Francheville « en la pleine, libre et paisible jouissance des fruits, maisons et autres lieux dépendans du dit évesché. » En conséquence, par acte du 5 février, la Cour des Comptes manda au sénéchal de Périgord ou son lieutenant à Périgueux, procureur du roi, receveur ordinaire des domaines et autres qu'il appartiendra, que Mgr de Francheville, ayant prêté le serment de fidélité au Roi à raison de la temporalité de l'évêché de Périgueux, il y avait lieu de le laisser jouir et disposer des fruits et revenus du dit évêché, « à la charge de faire les foy et hommage pour les terres et fiefs qu'il tient du Roy à cause du dit évesché. »

Le 1er février, suivant procuration rédigée par Me Chartroule, notaire et secrétaire du Chapitre de Périgueux, de Francheville avait chargé Messire Antoine de Jay, chanoine et grand archidiacre, de prendre possession de son évêché. Cette formalité eut lieu

---

(1) Né à Bordeaux d'une ancienne famille parlementaire. Nommé à Bazas en 1684, mais ne reçut ses bulles que 9 ans plus tard. Sacré à Paris le 15 novembre 1693, trois mois avant Francheville. Prélat très recommandable. Mourut à Bazas en 1724.

devant la grande porte du chœur de la cathédrale, en présence de Pierre et Hélie de Méredieu, Nicolas et Jean d'Alesme, Jean de Massiot, Arnaud d'Alby, Jean de Vincenot, Guillaume Chastanet de Mazavard, prieur de Sept-Fonts ; Hélie de La Garde, Jacques Coignet, Dominique Dejehan, Jean Guimbelet, Jean-Georges d'Aubusson, Gaston Saulnier, Pierre Considin, Jean Puy-Bertrand, Pierre Chalup, Antoine Bureau, Hélie Bouchier, Michel Joujay, Raymond Martial, Pascal Martin et Joseph Lavaux, chanoines prébendés de ladite église.

Les provisions de la Cour de Rome furent insinuées le **21** février au greffe des insinuations ecclésiastiques du diocèse de Périgueux (1).

Le **30** mai 1694 l'Évêque arriva à Périgueux. Aussitôt la municipalité présidée par Jean-Baptiste Duchesne, comte de Montréal, maire perpétuel de la ville, s'assembla dans la maison commune pour aller en corps recevoir le serment que tout nouvel évêque est tenu de prêter lors de son entrée solennelle. Maire et consuls, revêtus de leur livrée, se rendirent à la porte de Taillefer où un prie-Dieu, recouvert d'un carreau de velours, avait été préparé. Dès que l'Évêque parut, la municipalité s'avança vers lui. Le maire l'invita à « prester le serment suivant la coutume observée par ses prédécesseurs. » De Francheville s'agenouilla et étendit les mains

---

(1) Bulles du Saint-Francheville
      Pape Innocent

Datées de Rome, près Sainte-Marie-Majeure 1693 5 des ides de novembre, 3e année du pontificat de ce Pape.

Visées à Paris à la Chancellerie le 12 janvier 1694. L'original sur parchemin. Insinuées au Greffe des insinuations ecclésiastiques du diocèse de Périgueux le 21 février suivant.

Enregistrées au greffe du présidial à la requête d'Antoine de Jay de Beaufort, chanoine et grand archidiacre de l'église Saint-Etienne-Saint-Front, le 1er mars 1694. Texte latin en entier :

« ... Te presbiterum ex nobilibus et catholicis parentibus et legitimo
» matrimonio in civitate Venetensi natum, in quadragesimo sexto vel cir-
» citer tuæ ætatis anno constitutum, decimo et ultra presbiterum et jusjure
» canonico doctorem... Apud nos de nobilitate generis, litterarum scientiâ,
» vitæ munditiâ, honestate morum spiritualium providentiâ et temporalium
» circumspectione aliisque multiplicium virtutum dona fide digna testimonia
» perhibentur... te episcopum profecimus et pastorem, curam et administra-
» tionem ipsius Ecclesiæ Petragoricensis... »

sur les saints évangiles tandis que le missel, surmonté d'une croix d'argent, était tenu par le substitut du syndic de la communauté. Le maire lui dit : « Vous promettés fidélité au roy, nostre souverain, et de maintenir, suivant vostre pouvoir, son authorité et son service dans cette ville et vostre diocèze, de conserver les privilèges, franchizes, libertés, immunités, prérogatives et autres droits et honneurs de cette ville, citté et banlieue et juridiction d'icelle, de procurer le soulagement et advantages de la communauté et des habitants en bon et véritable pasteur ? »

A quoi l'Évêque répondit :

« Ouy je le promets et je le jure de bon cœur. »

Le comte de Montréal le remercia et protesta de l'entière affection et dévouement de la communauté pour sa personne. De tout quoi procès-verbal fut dressé.

Acte fut également dressé de l'intronisation du nouvel Évêque par le Chapitre. Dans une note manuscrite conservée au *Fonds Périgord*, l'abbé Lespine raconte que de Francheville reçut la députation de trois chanoines dans la chapelle du palais épiscopal d'où il fut conduit par eux jusqu'à la porte de la cathédrale de Saint-Front. Là, les chanoines en corps l'attendaient. Ils l'invitèrent à prendre à sa charge le tiers de toutes les réparations qu'il conviendrait de faire à la dite église et qui excéderaient la somme de trois cents livres. Il fut remarqué qu'à sa prestation de serment l'Évêque répondit : « Je promets et jure en tant que rien ne sera contraire à mes droits et aux coutumes de toute l'Eglise Gallicane » : enfin, qu'il ne frappa trois fois avec le bâton pastoral qu'à la porte du chœur, avant le salut des chanoines.

La ville de Périgueux, qui n'ignorait rien du passé de son Évêque, l'acclama comme un sauveur. Décimée par les épidémies, désolée par la famine, c'est bien d'un sauveur en effet qu'elle avait besoin. De plus, elle était sous le coup de la suppression du régime communal dont, de tout temps, elle s'était montrée si jalouse. Avec une indignation frémissante elle avait vu ses franchises foulées aux pieds devenir l'objet d'une véritable exploitation. Un édit royal avait retiré à toutes les villes du royaume la nomination des officiers municipaux pour les reconstituer sous le titre d'officiers héréditaires et les mettre en vente. Les communes de Bergerac et de Périgueux avaient été trop pauvres pour racheter leurs magistratures devenues vénales tandis que de simples bourgeois, comme Pierre Gonthier de Biran (1) à Bergerac, et Duchesne, à Périgueux, avaient été assez opulents pour acquérir le droit d'administrer perpétuellement les deux cités sous le titre imposant de conseillers du Roi (2). Les Périgourdins ne pouvaient pas se consoler de cette audacieuse confiscation au profit du trésor royal. Une sourde hostilité régnait entre les consuls élus et le maire qui tenait de sa fortune ses fonctions et son titre. L'arrivée d'un évêque dont toute la France publiait les bienfaits, sembla une compensation aux épreuves présentes. Un contemporain s'est fait en ces termes l'interprète du sentiment général : « Dans les temps que nous avons cru que nos maux iroient toujours en empirant, le ciel a eu pitié de nous et nous a voulu consoler en choisissant pour successeur de Guillaume Le Boux décédé, Daniel de Francheville. »

*
* *

Quelle fut, à Périgueux, sa demeure épiscopale ?

L'ancien palais des évêques, situé au nord de la cathédrale de la Cité, avait été brûlé par les Protestants. Près de l'emplacement où s'élève aujourd'hui la caserne Bugeaud, l'évêque François de Bourdeilles fit construire la demeure plus modeste, résidence de ses successeurs jusqu'à Guillaume Le Boux. Ce dernier habita en effet le Puy Saint-Front dont l'église était sous lui devenue cathédrale. La demeure épiscopale délaissée par Guillaume Le Boux avait été érigée en abbaye et rattachée au monastère de Peyrouse, situé dans la paroisse de Saint-Saud. C'était l'hôtel des abbés de Peyrouse

---

(1) Pourvu de la charge de maire de Bergerac en titre héréditaire, le 18 septembre 1693. L'exerça jusqu'à sa mort. Son fils Hélie-Joseph Gonthier de Biran, lieutenant criminel et subdélégué, trouva la charge dans l'hérédité paternelle, mai 1710, et l'exerça jusqu'au 1er décembre 1717, date de la suppression des maires perpétuels.

(2) La finance de la charge de maire perpétuel de Périgueux était de 16,000 livres.

durant leurs séjours à Périgueux. Depuis 1665 Thibaut de **La Brousse de Verteillac** (1), chanoine et chantre de la cathédrale de Périgueux, détenait, par la cession que lui en avait faite Nicolas de La Brousse (2) son oncle, le monastère de Peyrouse dont dépendait l'ancienne demeure épiscopale. Cet abbé offrit gracieusement la jouissance de son hôtel de la paroisse Saint-Jean de la Cité à Mgr de Francheville qui y résida jusqu'à sa mort.

C'est ce qu'atteste l'acte suivant, daté du 9 août 1700, extrait des minutes de M⁰ Vigier, notaire à Périgueux : « Le sᵍʳ abbé de Peyrouse a déclaré vouloir qu'après sa mort mondit sᵍʳ l'Évêque de Périgueux demeure, sa vie durant, dans ledit hôtel de Verteillac dans lequel il est présentement logé : veut ledit sᵍʳ abbé de Peyrouse que ledit hôtel soit occupé par ledit sᵍʳ Évêque en son entier après la mort de luy, abbé de Peyrouse, si elle arrive avant celle dudit seigneur Évêque, en sorte que personne n'y ait aucun logement que du consentement dudit sᵍʳ Évêque, à qui il veut qu'il en soit laissé la jouissance en entier, ensemble de tous les bas timents, des basse-cours, des jardins et généralement de tout ce qu'occupent maintenant ledit sᵍʳ Évêque et monseigneur l'Évêque de Nantes, ledit sᵍʳ abbé de Peyrouse et personnes de leur suite, mesmes des logements réservés pour les étrangers.

» Voulant qu'il dépende absolument de luy de conserver audit sᵍʳ Évêque les logements qu'ils occupent luy, monseigneur de Nantes et leurs trains et en faire seul sa vie durant réparation.

» Comme ledit hôtel est grevé de substitution, assure des revenus suffisants aux héritiers substitués pour qu'ils laissent tranquille ledit seigneur Évêque qui s'est obligé de faire dire deux messes de *Requiem*, s'il survit, dans la chapelle de la maison, toutes les semaines, pour le repos de l'âme dudit seigneur abbé de Peyrouse et ce tant et si longtemps que vivra ledit sᵍʳ Évêque de Périgueux... »

Mgr de Francheville n'était pas seul à l'hôtel de Verteillac. Nous

---

(1) Mort le 10 mai 1719 et enterré le lendemain dans son tombeau de famille situé en l'église Saint-Jean de la Cité.

(2) Chanoine sous-chantre du Chapitre de Saint-Front. Mort à Paris dans un âge fort avancé, le 23 février 1724.

l'avons vu par l'acte de Me Vigier : il y habitait avec un vénérable prélat, Gilles de La Baume Le Blanc de La Vallière, ancien évêque de Nantes. Il l'avait emmené de Bretagne en Périgord et l'associait à son administration.

Singulière existence que celle de ce tourangeau né en 1616, successivement chanoine et doyen de Saint-Martin de Tours, évêque de Nantes pendant dix ans, missionnaire pendant plus de trente, auxiliaire bénévole de l'Évêque de Périgueux, jésuite à 91 ans et mort à 93 en réputation de sainteté. Son frère Jacques de La Baume, missionnaire aux Antilles, fut martyrisé par les Caraïbes. Jean-François de Beauvau, évêque de Nantes à 25 ans, Pierre-François de Beauvau, évêque de Sarlat, et René-François de Beauvau, évêque de Bayonne, étaient ses neveux. Mais la plus célèbre de toute la famille est incontestablement sa nièce, Louise de La Vallière, carmélite au faubourg Saint-Jacques après avoir joué dans la vie de Louis XIV le rôle que chacun sait.

Comment se lia-t-il avec Daniel de Francheville, qui avait trente ans de moins, au point de venir habiter avec lui à Périgueux ?

Gilles de La Baume aimait beaucoup les Jésuites. En 1671 il les avait appelés à Nantes. Évêque missionnaire, plein de zèle pour les retraites, il avait souvent travaillé de concert avec Mlle de Francheville et le P. Huby. Sa venue en Périgord ne paraît pas avoir d'autre motif que le désir de servir de mentor au neveu de la Vénérable Catherine. Les Périgourdins virent avec satisfaction ce prélat apporter à leur nouvel Évêque sa vieille expérience. L'historien anonyme déjà cité traduit en ces termes l'impression générale : « Daniel de Francheville pour surcroy de bonheur a attiré en ce pays Monseigneur l'Évêque de Nantes, de l'illustre maison de La Baume Le Blanc, des prières et de la sainteté duquel nous attendons mille bénédictions. » (1)

A la différence de son prédécesseur, l'oratorien Le Boux, qui

---

(1) Extrait de la chronique manuscrite intitulée : *Histoire des Évesques du Périgord*, sans nom d'auteur, que possède la bibliothèque municipale de Perigueux.

avait surtout fait appel aux prêtres de l'Oratoire (1). de Francheville
s'adressa aux Jésuites qu'il trouvait à Bergerac et à Périgueux. Dans
cette dernière ville ils dirigeaient le collège avec leur succès habi-
tuel, tandis qu'à Bergerac ils s'adonnaient à la prédication et à la
direction des âmes. D'ailleurs il est facile de reconnaître les méthodes ignatiennes tant dans la piété que dans l'apostolat de Mgr de
Francheville. Il étendit à la plupart des paroisses du diocèse l'adoration perpétuelle du Saint-Sacrement. établie dans quelques rares
églises par Le Boux et. là où elle ne fut pas érigée. elle fut du
moins annoncée avec un cœur débordant d'amour pour l'Eucharistie
et que n'effleura jamais le moindre Jansénisme (2). Il promouvait
aussi l'établissement des congrégations de Notre-Dame. Son apos-

---

(1) Aussitôt après la révocation de l'Édit de Nantes l'Oratoire, à la demande de Mgr Le Boux, envoya comme missionnaire à Bergerac, sous la
conduite du P. de Sainte-Marthe, les PP. Bachelerie, David, de Moré et
Légier. Le Boux alla les accueillir et les visita souvent durant la mission qui
fut fort longue. Les débuts furent peu encourageants. Le succès ne vint qu'à
la fin.

Malebranche passa au château de Montardy l'automne de 1688.

Déjà Mgr Philibert de Brandon. ami de saint Vincent de Paul, avait eu
comme vicaire général le célèbre P. Amelote, de l'Oratoire, son ancien
professeur et qui fut son auxiliaire dans la publication des livres diocésains.

Le Périgord donna alors à l'Oratoire le P. Ruben, originaire de Vézac,
converti par le P. Lejeune.

(2) De temps immémorial des confréries du T. S. Sacrement existaient
dans plusieurs paroisses du diocèse, notamment à Saint-Front de Périgueux.
Le Boux établit l'Adoration perpétuelle qui débuta à Saint-Jacques de
Bergerac, mai 1669. De là elle se répandit plus ou moins dans tout le diocèse.

Par ordonnance du 9 juin 1694. Mgr de Francheville établit la *Confrérie de
l'Adoration perpétuelle de Notre Seigneur Jésus-Christ dans le Très Saint
Sacrement de l'autel* : « ... Si Dieu a tant aimé le monde qu'il nous a donné
son Fils unique, le Fils unique de Dieu nous a aymé si tendrement qu'il a
voulu demeurer avec nous dans le Sacrement de nos autels jusques à la
consommation des siècles. la reconnaissance doit donc exiger de nous un
hommage perpétuel envers cet auguste Sacrement. Nous n'avons rien jugé
de plus propre pour en faciliter les moyens, que d'establir dans cette ville et
dans nostre diocèse la Confrérie de l'Adoration perpétuelle du T. S. Sacrement. Dans ce dessein nous exhortons tous les fidelles de suivre les pieuses
intentions du R. P. Chastain de la Compagnie de Jésus et de seconder par
leur piété les soins qu'il nous a promis de donner à cet establissement en
faisant imprimer et distribuer le livre qu'il a composé sur ce suiet... »

(*Semaine Religieuse* de Périgueux, année 1905, page 767.)

tolat marial était singulièrement moderne. Il s'en allait les mains pleines de médailles de la Vierge et d'opuscules à sa louange qu'il distribuait à profusion. C'était une de ses façons de lutter contre l'envahissement du Protestantisme distributeur de bibles et grand ennemi de la Vierge et de l'Eucharistie.

On connaît plusieurs de ses actes motivés par sa dévotion à Marie. C'est, d'abord, une ordonnance relative à Notre-Dame de Lorette. Louis XIV avait autorisé en faveur de ce célèbre sanctuaire des quêtes dans le royaume. L'Évêque de Périgueux fit publier par son vicaire général, Jacques Coignet, une lettre datée du 6 décembre 1694 pour recommander au clergé les Frères François Laborie et Jacques Bareilhe chargés de recueillir dans le diocèse les aumônes en faveur de Sainte-Marie de Lorette. En retour, le Pape accordait aux bienfaiteurs de nombreuses indulgences.

Louis XIV, ayant appris que la procession du 15 août établie à l'occasion de sa naissance par feu le roi son père, tombait en désuétude, écrivit à tous les évêques du royaume pour la fidèle exécution du vœu paternel. Le 3 août 1700, Francheville porta l'ordonnance royale à la connaissance du diocèse et sollicita pour la prochaine fête de l'Assomption les splendeurs de jadis. « Souvenez-vous de la terminer, écrivait-il, par des prières publiques pour la conservation de la sacrée personne de Sa Majesté et pour toute la famille royale. »

*
* *

Le breton devenu périgourdin garda-t-il la résidence ? Ne l'aurait-il pas gardée qu'on ne saurait l'en blâmer beaucoup, tant l'exemple alors était fréquent et venait de haut. Dans un passage qui va autant à la satire des vivants qu'à l'éloge du mort son panégyriste (1) dit : « qu'il était éloigné de ces prélats qu'on appelait autrefois prélats de cour. » Et Louis XIV qui a dit de Francheville : « C'est un saint ! Voulussent tous nos prélats suivre son exemple ! »

---

(1) P. Jean Dubois S. J. : *Éloge de Mgr de Francheville prononcé au service de quarantaine dans l'église de la Manufacture.* Périgueux, 1702.

N'a-t-il pas fait cet aveu si flatteur parce qu'il ne le voyait jamais à Versailles ? Il renonça deux fois à représenter sa province aux grandes assemblées du clergé tenues durant son épiscopat, en 1697 et 1702.

A cette résidence assidue les contemporains ont un peu attribué sa mort prématurée : « Hélas ! s'écriait le P. Dubois, il vivrait encore parmi nous s'il eût moins aimé à vivre avec nous ; s'il eût voulu aller par office où d'autres vont quelquefois par ambition, il n'aurait pas gaigné sa dernière maladie à visiter son troupeau dans un temps chaud et incommode, et il serait encore l'appui et la consolation de nos églises s'il n'avait voulu être le martyr de sa résidence. »

Si l'Évêque de Périgueux n'alla jamais à Versailles ni à Paris, le breton revint une seule fois dans sa chère province. Son absence, motivée par les intérêts de la religion, dura cinq mois et se place au début de 1695.

Le 17 janvier il est à Rennes, chez son frère, l'avocat général. Le Parlement, rentré d'exil, a réintégré depuis déjà cinq ans son magnifique palais. L'Évêque fait toujours partie de la famille judiciaire. Lors de la cession de son office il n'avait pas les vingt-cinq ans de service exigés pour l'honorariat. Sur sa demande, le Roi, par lettres du 29 novembre 1690, lui a permis de continuer son service, nonobstant sa résignation, pendant huit années à l'expiration desquelles il aurait tous les droits des conseillers honoraires. Une visite à la grave assemblée s'imposait donc. Un extrait sur parchemin des registres du Parlement en donne le récit détaillé :

« Ce jour — 17 janvier — le sieur Évêque de Périgueux, ci-devant avocat général et conseiller honoraire, est entré en la Cour, y a pris place en qualité de conseiller d'honneur et a dit :

« Messieurs, l'on sent croitre les sentiments de respect et de
» vénération qu'on a pour cette auguste Compagnie à mesure qu'on
» s'en approche et qu'on la considère de plus près, semblable à ces
» objets qui frappent les yeux d'aussi loin qu'on les regarde, mais
» qui les charment au moment qu'on les observe et qu'on en peut
» découvrir les proportions et les beautés. Vous avez, Messieurs,
» donné partout de hautes idées de vous sur le seul récit de vos

» vertus. Que seroit-ce si ceux qui n'en jugent que par la foi d'au-
» trui entroient comme j'ai l'honneur de le faire aujourd'hui dans
» ce sanctuaire auguste de la justice ; s'ils étaient témoins de votre
» pénétration dans les affaires les plus difficiles, de votre fermeté
» dans les plus sollicitées et de votre désintéressement si général
» et si parfait qu'il vous met au-dessus de toutes sortes de veües
» d'interest et d'ambition et n'a d'autre principe que la noblesse de
» sang, de cœur et de mœurs qui forme votre propre caractère,
» vous égale à toutes Compagnies du Roïaume et vous met au-dessus
» de plusieurs ? Ce sont là, Messieurs, les véritables causes de
» l'estime universelle que vous vous êtes acquise, et le sujet de la joïe
» que je ressens aujourd'hui d'être admis à prendre place parmi
» vous, et de pouvoir concourir à rendre des arrests qui établissent
» partout le repos et la tranquilité.

» C'est à vous, Monsieur, de prononcer ces arrests, et vous le
» faites avec un agrément qui se sent et qu'on ne peut exprimer,
» après y avoir eu toute la part que votre capacité, votre longue
» expérience et votre droiture naturelle vous donnent à tout ce
» qu'on décide dans la Compagnie. C'est aussi, Monsieur, que vous
» succédez à des hommes illustres et que vous leur succédez par le
» choix du Prince qui nous gouverne, qui a cru ne pouvoir plus
» dignement remplir la place que vous tenez qu'en vous la don-
» nant. Ce serait ici, Monsieur, le sujet d'un grand éloge si votre
» modestie et la crainte que j'ai de ne pouvoir pas donner un assez
» beau jour à ce que je pense de vous ne m'obligeait pas de finir
» pour vous assurer, Messieurs, de mon attachement inviolable et
» très respectueux pour cette auguste Compagnie et pour tous ceux
» qui la composent, heureux si, en laissant mon frère dans la même
» place que j'ai eu l'honneur de tenir parmi vous et dans les mêmes
» sentiments que j'ai eu pour vous, je puis vous inspirer pour lui
» les mêmes bontés et la même indulgence que vous avez toujours
» eu pour moi. »

A quoi, par Messire René Le Feuvre, premier président, a été
répondu que : « Ledit sieur Évêque de Périgueux ne doit pas douter
du plaisir que la Compagnie reçoit aujourd'hui de voir en ce lieu un
ancien confrère dont la réputation est si bien établie et dont le Roy
vient de couronner la vertu et le mérite par le caractère dont il est

revêtu et dont on a ressenti une très sincére joïe, aussi bien que d'apprendre comme il persévére et avec accroissement dans toutes les bonnes actions et la charité qui ont édifié tout le monde en cette province. Que la satisfaction publique eût été entière si la Providence qui l'a destiné évêque d'un grand diocèse éloigné d'ici l'eût placé dans un de ceux de ce païs, mais qu'on ne doit pas désespérer que cette même Providence secondant enfin les souhaits publics ne le mette en une place où la Compagnie puisse avoir une plus facile correspondance avec lui. Qu'au reste elle se conjouit avec lui du successeur qu'il a laissé en la personne de Monsieur de Francheville, avocat général, qui marche sur ses traces et remplit ses fonctions avec une approbation universelle et un agréable souvenir de celui qui l'a précédé, souvenir que la Compagnie conservera toujours chérement ainsi que le désir sincère de donner audit sieur Évêque de Périgueux des marques de la considération qu'elle a pour sa personne. »

Trois mois après, en avril, le Prélat est à Vannes, sa ville natale.

A la maison de retraite dont elle fut fondatrice et première supérieure, Catherine de Francheville avait annexé une importante fondation. Son neveu crut devoir approuver et ratifier de nouveau cette fondation en sa qualité d'héritier de Catherine et d'aîné de la famille. Voici le texte de cette ratification dont l'original est conservé aux archives du château de Truscat : « Je soussigné déclare approuver et ratifier la fondation faite par demoiselle Catherine de Francheville, ma tante, de la maison de retraite pour les femmes à Vannes, et de six cents livres de rentes y annexées, voulant qu'elle ait son plain et entier effet : me réservant toutefois à moi et à mes héritiers la faculté de la révoquer et d'y rentrer de plain droit au cas que le dit établissement vint à dégénérer de son premier esprit ou qu'au mépris de la volonté de la fondatrice on l'appliçât à quelque autre objet que celluy auquel elle l'a destiné. Fait à Vannes, ce 29 avril 1695. De Francheville, évesque de Périgueux. »

Au cours de ce voyage, l'Évêque demanda au P. Champion d'écrire la vie de sa tante. La biographie de la Vénérable Catherine, par ce savant jésuite qui l'avait beaucoup connue, a pris place dans le même volume à côté des biographies de M. de Kerlivio et du P. Huby. Nouveau témoignage de reconnaissance des Péres de Vannes envers la principale fondatrice de leur église déjà dépositaire de son cœur et ornée de ses armoiries. Ce cœur y resta jusqu'à la Révolution. Alors les *Dames de la Retraite* s'en emparèrent de nouveau et, le calme revenu, le déposèrent dans leur église où l'épitaphe suivante consacre le souvenir de leur Mère révérée : « Ci-gît Catherine de Francheville, fondatrice de cette maison de retraite. Elle est morte le 23 mars 1689, âgée de 68 ans, dans l'exercice de toutes les vertus. »

Une semaine après avoir ratifié la fondation de sa tante, l'Évêque se rendit, en compagnie de son frère l'avocat général, à Notre-Dame de Guyaudet. C'était une chapelle bâtie sur sa terre du Pelinec, dédiée à la Vierge-Mère — *Virgini post partum* — et très fréquentée par les pèlerins (1). Il y venait sans doute en humble pèlerin. Il y venait aussi — comme l'événement va le montrer — dans l'intention d'être un bienfaiteur insigne. La chapelle était pauvre, sans aucune dépendance. Vraiment les pèlerins s'y trouvaient trop à l'étroit. L'acte suivant passé devant notaire le 5 mai 1695, remédia

---

(1) Voici l'origine de ce pèlerinage : En 1692 une grande famine désolait la pauvre Cornouaille. Les plaintes de ses malheureux habitants montèrent jusqu'au Roi qui s'en émut et puisa largement dans ses trésors. Mais les prières des Bretons pénétrèrent encore plus haut et allèrent frapper au cœur de la Mère des affligés. Un pauvre tailleur, père de douze enfants, n'avait plus dans sa chaumière qu'une écuellée de farine pour nourrir tant de bouches. Claude Alain prend dans l'armoire son dernier écu et se dirige vers le moulin voisin pour acheter de nouvelles provisions. Entre temps il priait dévotement la Sainte Vierge Mère de Dieu et récitait, selon sa coutume, force *Ave Maria. Me ho salud Mari.*

Arrivé à l'endroit où s'élèvent maintenant les fontaines et où coulait alors sous l'herbe un tout petit ruisseau, Claude Alain s'arrête. Il entend une voix d'une douceur infinie. Il regarde et voit sur le bord du ruisseau une statue de la Vierge. La voix partait de là : « Allez à Bothoa. Dites au recteur que je veux une chapelle ici en mon honneur et en l'honneur de l'apôtre bien aimé de mon Fils. Et pour que vous croyiez que je suis la Mère de Dieu, Dieu fera aujourd'hui un miracle pour vous. Avec l'écuellée qui vous reste vous vivrez tous, vous, votre femme et vos douze enfants pendant une semaine. »

Claude Alain alla à Bothoa mais trouva le recteur, Grégoire Raoult, incrédule. Un second messager envoyé par Marie fut encore plus mal reçu. Alors Marie frappa de cécité le recteur. Il ne recouvra la vue que lorsque, guidé par la main de Claude Alain, il conduisit son peuple en procession au Guyaudet.

à cet état de choses : « Regardant, y est-il dit, le concours extra-ordinaire qui se fait des peuples de cette province dans une chapelle appelée Notre-Dame de Guyaudet, bâtie sous le fief du Pélinec appartenant audit seigneur évesque, comme une preuve certaine que Dieu veut que sa très sainte Mère soit honorée en ce lieu là, puisque par ses prières il accorde plusieurs grâces à ceux qui vont y implorer sa protection ; désirant le dit seigneur évesque donner aux pèlerins qui s'y rendent en foule les moyens de faire avec plus de commodité leurs dévotions, il a par ces présentes déclaré abandonner les terres qui environnent ladite chapelle, jusqu'à la concurance de quarante pieds de circuit, en tout sens, qui aura la même figure que ladite chapelle en sorte que les pèlerins puissent facilement y faire la procession.

» Pour la commodité desquels ledit seigneur Évêque abandonne pareillement cent huit pieds de largeur vis-à-vis la face du portal de ladite chapelle dans la pièce de terre qui est au devant pour servir d'avenue, laquelle avenue sera plantée de deux rangs d'arbres de chaque côté qui mettront les pèlerins à couvert pendant les chaleurs de l'esté. »

Cette donation comportait les obligations suivantes : Tout prêtre, célébrant dans la chapelle, demanderait les prières des pèlerins pour le donateur et sa famille. Les deux tiers des oblations seraient consacrés d'abord à terminer et meubler la chapelle puis à fonder un chapelain. Ce chapelain, à la nomination du seigneur du Pélinec, serait tenu, moyennant cent écus l'an, de dire personnellement chaque jour la messe dans la chapelle sans recevoir aucun honoraire des pèlerins.

Les armoiries de l'Évêque furent gravées sur son banc et sur les murs de la chapelle. Le terrain donné en 1695 a été vendu à la Révolution comme bien national. Mais la chapelle est encore debout et la Vierge Mère y reçoit chaque année les hommages des Bretons. Le 27 mai 1892, Mgr Faillères, évêque de Saint-Brieuc, a tenu à s'y rendre pour célébrer le deuxième centenaire de l'apparition de la Très Sainte-Vierge et de la donation Francheville.

*
* *

Éloigné du Périgord, le Pasteur ne perdait pas de vue son troupeau. La preuve en est dans la correspondance qu'il entretint alors avec son official, l'abbé de Méredieu. C'était un des membres les plus distingués du Chapitre qui lui avait autrefois confié la défense de ses privilèges dans sa lutte contre Guillaume Le Boux. Le Roi, informé de son mérite, lui offrit un évêché qu'il refusa.

En mars 1695 ce chanoine était à Bordeaux pour représenter le diocèse à l'assemblée provinciale du clergé. A la date du 6, l'Évêque lui écrivit de Rennes une lettre, destinée à lui servir de procuration, dans laquelle il lui disait de prendre en toutes choses l'avis de l'Archevêque. Quelques jours après il lui écrivait encore, lui recommandant de voter pour Mascaron, évêque d'Agen, et Bénard de Rézay, évêque d'Angoulême, comme députés du premier ordre, et pour l'abbé de Beauvau du Rivau, vicaire général de l'évêque de Sarlat, son oncle, et l'abbé de Gourgues, neveu de l'évêque de Bazas, comme députés du second ordre à la future assemblée générale du clergé de France. L'abbé de Gourgues, persuadé qu'il devait son élection à l'Évêque de Périgueux, lui adressa une lettre de remerciement qui a été conservée.

Mgr de Francheville députait les autres — à leur grande satisfaction — à l'assemblée générale du clergé : lui-même s'en tenant toujours éloigné. Tout au plus allait-il parfois à Bordeaux, métropole de la province, où il entretenait de bonnes relations avec trois personnages dont l'influence pouvait singulièrement servir son ministère en Périgord.

C'était d'abord son métropolitain Mgr Armand Bazin de Bezons (1), archevêque de Bordeaux, puis de Rouen, et futur consécrateur du

---

(1) Né à Paris en 1655, frère du maréchal Jacques Bazin de Bezons et de Louis, intendant de Guyenne. Agent général du clergé en 1682, évêque d'Aire de 1693 à 1698. Transféré à Bordeaux. Y établit en 1715 l'hospice des Enfants trouvés. Fit adopter par une assemblée du clergé la nouvelle édition de la *Gallia Christiana*. Membre du Conseil de Régence. Transféré en 1719 à Rouen. Mourut en 1721. Sa mémoire est fortement entachée de jansénisme et de népotisme. Oncle de Le Blanc, évêque de Sarlat.

cardinal Dubois. Il réunit notamment ses suffragants pour une circonstance qui mérite d'être rapportée.

La même année 1695 vit l'élévation de Fénelon au siège de Cambrai et celle de Noailles, ancien évêque de Cahors, au siège de Paris (1). Francheville félicita-t-il Fénelon ? Tout porte à le croire bien qu'aucun document ne le prouve. Le nouvel élu faisait trop d'honneur à la province pour que celle-ci, par l'organe de son Évêque, ne réclamât pas le mérite de lui avoir donné le jour. Mais s'il ne félicita pas Fénelon, il adressa au maréchal de Noailles, frère de l'archevêque, une lettre (2) que son orthodoxie dut regretter :

« Monsieur, c'a esté une joie parfaite dans cette province d'y apprendre que le Roy a donné à monsieur vostre frère la première place ecclésiastique de son Estat. Les merveilles de sa vie pendant qu'il a conduit l'évesché de Cahors, voisin de celui de Périgueux, ont fait que tous les peuples de mon diocèse ont appris sa promotion avec un sensible plaisir. J'en aurai toujours, Monsieur, de vous marquer le parfait respect et l'attachement sincère avec lesquels je suis, Monsieur, votre très humble et très obéissant serviteur. »

« La première place ecclésiastique de l'Estat » était en effet attribuée au fauteur le plus ardent du Jansénisme, au défenseur de Quesnel, à l'adversaire le plus irréductible de la bulle *Unigenitus*. Francheville n'était pas seul dans son mauvais cas : le 22 avril 1695 Fénelon écrivait au maréchal de Noailles, au sujet de la nomination de son frère à Paris : « C'est un coup de bénédiction pour l'Église ! »

A la demande de Louis XIV le pape Innocent XII, sans blâmer l'amour désintéressé, avait condamné 23 propositions extraites du livre de Fénelon : *Explication des Maximes des Saints sur la Vie Intérieure*. Le Roi, qui aurait voulu davantage, adressa aux archevêques du royaume le document pontifical en leur enjoignant d'assembler leurs suffragants pour recevoir et accepter le bref et convenir ensemble des moyens les plus propres à le faire exécuter.

---

(1) Né à Paris en 1651. Évêque de Cahors de 1679 à 1680. Transféré à Châlons-sur-Marne, puis à Paris en 1695, par la faveur de Madame de Maintenon. Janséniste et gallican enragé. Mourut repentant en 1729.

(2) Archives Historiques de la Gironde, tome XV, page 531.

Les évêques de France s'assemblèrent donc par provinces. A Bordeaux ce fut le 1er juin 1699. Étaient présents, outre l'Archevêque : Mascaron, évêque d'Agen, de Gessé, évêque de Saintes, de Rezay, évêque d'Angoulême, de Beauvau, évêque de Sarlat, de Francheville, évêque de Périgueux, Milon, évêque de Condom, de La Frézélière, évêque de La Rochelle, Girard, évêque de Poitiers et le prévôt — le siège étant vacant — du Chapitre de Luçon.

Déjà, le 9 avril 1699, Fénelon, au grand désappointement de ses ennemis, s'était soumis solennellement en lisant lui-même du haut de la chaire de sa cathédrale le bref qui le condamnait. Bien plus, un mandement était venu confirmer son discours du soir de Pâques à la cathédrale.

Les évêques de la province de Bordeaux sont heureux de prendre acte de cette soumission. « Tous unanimement ont loué Dieu — dit le compte-rendu — le Dieu de toute consolation qui les a consolés dans la douleur que leur causait le malheur d'un confrère qui, en courant après l'idée trompeuse d'une perfection chimérique de la Vie intérieure, s'était écarté des sentiers anciens marqués aux Fidèles par Jésus-Christ qui est lui-même la Voie, la Vérité et la Vie. Cette consolation est d'autant plus grande que l'on a lieu d'espérer que l'exemple d'une soumission si publique et si sincère ramènera dans les justes bornes de la Vie mystique tous ceux qui s'en étaient écartés en s'attachant aux sentiments outrés contenus dans le livre et condamnés par Sa Sainteté... »

Le mercredi 3 juin, les évêques décidèrent que « ladite Constitution serait publiée, avec traduction française, dans toutes les églises de la province et qu'à cet effet chaque évêque ferait un mandement pour défendre aux Fidèles de son diocèse de lire et de garder ledit livre et pour ordonner de le remettre à son évêque sous peine d'excommunication encourue *par le seul fait*, comme il est porté par ladite Constitution... »

L'assemblée terminée, l'Archevêque en fait rapport au Roi, lui rendant « de très humbles actions de grâces de la protection dont Sa Majesté continue d'honorer l'Église. »

Le mandement de Francheville est perdu. Nous avons celui de Beauvau, évêque de Sarlat. Il se distingue par une sage mesure et un bel éloge du caractère du pontife dont les opinions sont blâmées.

Louis Bazin de Bezons, frère de l'Archevêque, était intendant de Guyenne (1). Sa qualité de représentant du Roi en faisait le premier personnage de la province. L'Évêque de Périgueux avait avec lui des rapports fréquents et pleins de cordialité. Tous deux aimaient le peuple. S'agissait-il d'obtenir un dégrèvement d'impôts ou bien un secours extraordinaire ? Vite l'Évêque recourait à l'intendant. En 1699 notamment il obtint par lui du Roi 30,000 livres pour le Périgord.

A cette époque, le port d'une lettre de Paris à Périgueux coûtait 7 sous, tandis que celui d'une lettre de Périgueux à Paris n'en coûtait que 5. La poste partait de Paris pour Périgueux trois fois la semaine, lundi, mercredi et vendredi, à minuit. Mgr de Francheville avait signalé vainement cette différence de prix au ministre Ponchartrain. Il demanda alors à Louis Bazin de Bezons d'intervenir. L'intendant en écrivit, le 27 décembre 1698, au directeur général des postes. En une lettre du 4 janvier 1699, Rouillé du Coudray convint du fait. Mais... l'abus continua.

Après l'Archevêque et l'Intendant venait le Premier Président. Ce grand poste était fort bien tenu par Jean-Baptiste Le Comte, captal de la Tresne. Mgr de Francheville — on l'a vu déjà — était conseiller honoraire au Parlement de Guyenne. Titre purement honorifique dont le Roi accordait toujours les provisions aux évêques de la province, leur donnant ainsi entrée et séance à la cour « comme une marque bien convenable à leur dignité. »

Francheville justifiait ce titre par sa science du Droit et ses

---

(1) Conseiller au Parlement de Paris en 1666 et reçu maître des Requêtes en 1674. Appelé à l'intendance de Limoges en 1678, d'Orléans en 1681, de Bordeaux en 1686. Mourut le 9 août 1700. Dangeau dit de lui : « M. de Bezons, intendant de Guyenne, ayant eu plusieurs attaques d'apoplexie, a demandé au Roi permission de se retirer de son emploi, ce que le Roi lui a accordé avec douleur, car pas un intendant ne fut plus estimé de la Cour ni plus aimé des peuples. »
En 1697 il avait rendu une ordonnance réduisant de 7 à 4 les consuls de Périgueux.

précédentes fonctions. Une noble amitié ne tarda pas à s'établir entre le premier président et l'ancien avocat général. L'Évêque s'intéressait avec compétence aux procès que le diocèse avait à soutenir au Parlement et le Premier Président faisait grand cas des avis de l'ancien magistrat.

Ces relations amicales avec les premières autorités de la province, comme l'estime dont le Roi l'honore, l'Évêque les utilisera parfois en faveur de son peuple éprouvé, jamais pour lui sinon pour obtenir de rester toujours dans son cher et malheureux Périgord.

CHAPITRE III

Mgr de Francheville intime

L'Évêque de Périgueux fut surtout un homme d'action. Il a fort peu écrit. Quelques rares lettres, deux ou trois ordonnances, autant de préfaces de livres sont tout ce qui reste de son œuvre littéraire. Avant de le suivre dans son apostolat et son administration, essayons de le surprendre dans l'intimité de sa demeure et de son âme. Étude pleine d'intérêt mais qui n'est pas sans danger. Il est si facile de croire que les choses sont ce qu'on voudrait qu'elles soient ! Aussi laisserons-nous parler les documents.

Mgr de Francheville était particulièrement lié avec deux Jésuites du collège, le P. Lacoste, son confesseur, et le P. Jean Dubois, docteur en théologie, qui l'accompagnait parfois dans ses tournées pastorales, l'assista à ses derniers moments et prononça son oraison funèbre, au service de quarantaine dans l'église de la Manufacture. Il avait fait promettre au confesseur de ne jamais rien révéler à son sujet. Le P. Lacoste a tenu parole. Quant au P. Dubois, heureusement pour nous, il n'était pas tenu à la même discrétion. D'après le discours qu'il lui a consacré, il est facile de reconstituer l'emploi du temps du Prélat. Levé de bon matin, il passait dans son oratoire et de l'oratoire à l'autel où il célébrait tous les jours. Après une station à l'autel de la congrégation de la Sainte Vierge, il assistait à la grand'messe capitulaire. L'après-midi était employée à visiter un hôpital ou les prisons, entendre une prédication ou présider une cérémonie dans une des nombreuses églises de la ville. La soirée, il lisait ou écrivait. Aux heures canoniales, il ajoutait chaque jour les litanies du saint Nom de Jésus et les litanies — alors très en vogue — de l'Amour de Dieu.

Son portrait (1) — peint à Périgueux — nous le montre pourvu d'une abondante chevelure frisée encadrant un large front. La physionomie est agréable, les yeux pleins de vivacité. Le dessin du nez et du menton et le pli des lèvres décèlent une grande force de volonté. L'ensemble s'accorde bien avec le tempérament ardent et enthousiaste que lui prête le P. Dubois. Il était très mortifié et évitait la compagnie des dames. Il n'en admis jamais aucune à sa table. Sa modestie le rendait à tel point ennemi des éloges qu'il reprit un jour publiquement un prédicateur qui l'avait loué au début de son sermon. Le compliment d'usage à l'évêque présent fut dès lors aboli dans toutes les chaires du diocèse.

*
* *

Mgr de Francheville avait-il un grand train de maison ? Tout porterait à le croire. Aîné d'une famille opulente, il jouissait de beaux revenus personnels, auxquels s'ajoutaient 25.000 livres de l'évêché de Périgueux et 7,000 de l'abbaye du Tréport durant les deux années dont il en fut abbé commendataire. Sans doute il avait bien quatre chevaux à l'écurie et un carrosse doublé de drap bleu à frange isabelle, avec deux places dans le fond et un strapontin sur le devant. Quatre rideaux de taffetas en garnissaient les portières fermées par des glaces de Venise. Carrosse et chevaux connus de tout le Périgord : pas un chemin, pas un sentier qui ne les eût vus passer. Lors de son arrivée, Francheville avait fait dresser avec beaucoup de soin et de frais une carte géographique du diocèse. C'est sur elle qu'il organisait ses tournées pastorales. Tournées méthodiques qui procurèrent à la paroisse la plus reculée comme

---

(1) Conservé au château de Truscat, Morbihan.

à la chapelle la plus humble, au moins une fois, la visite de l'Évêque (1). Si les chevaux et le carrosse constituaient un luxe, c'était un luxe nécessaire qui n'évitait pas toujours à l'Évêque les longues courses à pied, tant les chemins étaient défectueux.

Il n'était magnifique que dans l'exercice de la charité. Trés modeste dans ses goûts, il dépensait ses revenus en aumônes. Malgré le secret rigoureux imposé à ses familiers on sait notamment qu'il payait la pension de la Sœur de Bar au couvent de Saint-Benoit et celle de l'écolier Laval au petit séminaire. Dans plusieurs paroisses il prenait à sa charge le traitement du vicaire, comme à Issac pour le s^r Lagarde. Chaque année il rétribuait les prédicateurs invités par lui pour donner à Saint-Front l'avent et le carême. C'est ainsi qu'au moment de la mort, il devait 300 livres au P. Jammes S. J. Son choix se portait habituellement sur des hommes remarquables. Périgueux eut ainsi la bonne fortune d'entendre le P. Ignace de Montaigne, petit-neveu de l'auteur des *Essais*. Il prêcha le carême de 1697 et prononça à Bordeaux en 1703 l'oraison funèbre de Jean-Baptiste Le Comte, captal de la Tresne, premier-président au Parlement. On entendit aussi le P. Pierre Lassudrie (2), originaire du Sarladais, le P. Antoine Orfaure (3), périgourdin de naissance, et le P. Barthé-

---

(1) Les documents le montrent notamment à Thonac où il baptise, assisté de M. Selves, curé de la paroisse « Jean Gontier, né depuis trois jours, fils d'Anthoine et de Catherine Audy, conjoints, habitants du village des Vignes. A esté parrain Jean Audy et marraine Marguerite Gontier, » (3 novembre 1701).

Remplaçant l'Évêque, l'archidiacre Daniel de Sainte-Aulaire est à Vicq le 30 août 1694. Il renouvelle à Gontier du Soulas, avocat au Parlement, un droit de banc, de tombeau et de litre dans l'église de Vicq en considération des bienfaits de Hélie Gontier du Soulas et Marie de Pourquery, ses père et mère, à ladite église de Vicq.

L'autre archidiacre Jacques Coignet visite la cure de Nanteuil-de-Bourzac tenue par le sieur Chazelles.

(2) Attaché à la résidence de Périgueux et professeur au collège. Mort à Toulouse 15 mai 1737. Sa fiche dans les archives de la Compagnie porte : « Semper et magisterio et concionnando occupatus fuit. »

(3) Nous trouvons trois Orfaure prêtres à la même époque. Jean Orfaure S. J., né à Périgueux 27 septembre 1642. Entré dans la Compagnie 25 juillet 1660. Profès à Bordeaux le 2 février 1676. Mort à Bordeaux le 7 septembre 1720. Ne paraît pas avoir exercé le ministère en Périgord. — Antoine Orfaure S. J. né à Périgueux 15 juin 1641. Entré dans la Compagnie 8 novembre 1658. Profès

lémy Lacoste (1), tous Jésuites et fort éloquents. L'année de sa mort — 1702 — vingt Capucins, sous la direction du P. Jean-Chrysostome de Bourges, donnèrent la mission à Périgueux.

Quant à son ameublement, l'inventaire dressé au décès en a révélé la pauvreté. Encore s'il lui avait appartenu ! Mais hôtel et mobilier étaient à l'abbé de Peyrouse. Toute sa magnificence allait aux pauvres et aux églises. Il contribua largement à l'achat d'un grand autel de marbre et de porphyre pour sa cathédrale.

Pour cette même cathédrale il passa un contrat, retenu par M⁰ Vigier, le 8 août 1700, avec Martin Montastier, maître-architecte de Périgueux. Ce dernier fera la face de trois galeries, ou tribunes de pierre, dans l'église Saint-Front, la première depuis la pile où est l'autel de sainte Catherine jusqu'à celle où est l'escalier conduisant à l'évêché ; la deuxième depuis la pile où est cet escalier jusqu'à celle à main gauche en entrant par la place de la Clautre ; la troisième du coin de cette pile à celle qui joint l'autel de sainte Marguerite.

Ces galeries, dans le même alignement, de chacune trois arcades soutenues par deux colonnes et deux demi-colonnes toscanes, dans le genre de celles qui soutiennent les tribunes de l'église des Jacobins. Chacune d'une seule pierre longue « blanche et bien conditionnée et sans caillou. »

Ledit Montastier ôtera un reste de mur à la première entrée des cloîtres et fera toutes réparations nécessaires aux charpentes, au pavé de l'église et aux degrés proches du clocher. L'œuvre sera achevée dans huit mois. L'Évêque lui promet mille livres payables à proportion du travail. En outre, ledit Montastier aura pour lui et

---

15 août 1674. Mort à Bordeaux 31 octobre 1717. En résidence à Sarlat en 1698, y prêcha le carême de 1699. En résidence à Périgueux en 1699. Prêcha le carême à Bergerac en 1700. Sa fiche porte : « Ingenium optimum, judicium bonum, prudencia cauta, experientia sufficiens. Talentum ad plurima. » A prêché un peu partout. — Gabriel Orfaure était en 1655 curé de Grand-Brassac. Baptisa le marquis d'Allemans.

(1) Né à Limoges 25 novembre 1641. Entré dans la Compagnie 25 août 1660. Ordonné prêtre 15 août 1673. Exerça le ministère en Périgord de 1696 à 1705 où il mourut le 1ᵉʳ juillet. Intelligent « non supra mediocritatem », mais très prudent et d'un bon jugement.

SAINT-FRONT de Périgueux avant sa restauration
Les bords de l'Isle avant la construction des Quais

les siens, près de la base du clocher, un droit de tombeau de six
pieds et demi au carré et, à sa mort, ses funérailles seront célébrées
gratis « en considération dudit travail et pour l'obliger à le faire
avec perfection et diligence. L'Évêque se charge de la ratification
par le Chapitre ».

Deux prêtres étaient attachés à sa maison. L'un, son intendant ou
économe, avait soin du temporel. L'autre, son aumônier, l'assistait
aux offices et, entre temps, instruisait ses neveux (1). Cette charge
était occupée par le sr Chéreau, plus tard curé de Coursac (2), qui
a consigné sa reconnaissance sur les registres paroissiaux en termes
bien touchants. Il était aidé dans sa fonction éducatrice par le
sr Villot, maître-ès-arts qui avait aussi son logement à l'évêché.

Le personnel domestique était composé d'un portier : Jean Petit,
d'un maître d'hôtel : Mathurin Bonnet appelé aussi Chamier, du
nom de la métairie de l'évêché située dans la paroisse Saint-Jean de
La Cité, d'un valet de chambre : Duclaud, d'un maître-cuisinier :
Bernard, d'un cocher : Lalande, des srs Picard dit d'Estrées, Lagarde,
Lespérance, Pierre, Jean et Guillaume Sénat, domestiques, laquais
et garçons d'offices. Ce personnel ne paraîtra nombreux qu'à
quiconque aura oublié ce qu'était alors un évêque. Tous le servaient
sans salaire et par pur dévouement. Le maître payait leurs services
en intérêt affectueux, se préoccupant d'améliorer leur situation
comme il fit pour Alexis Bourges, son ancien domestique, dont il

---

(1) Il les avait ramenés de Bretagne en 1695. A sa mort ils furent placés au
séminaire. Aussi l'économe, le sr Armaud, figure-t-il parmi les créanciers
payés par les héritiers de l'Évêque ainsi que le sr Villot qui accepta du vin
en paiement de sa pension. La succession réglée, les enfants repartirent avec
leur père, le comte de Francheville, pour la Bretagne.

(2) Les registres paroissiaux de Coursac mentionnent plusieurs visites
faites dans l'intimité par le Prélat à son ancien secrétaire. Il apaisa
un différend entre le curé et le seigneur du lieu à propos de la clôture du
cimetière et des noyers de la lampe du sanctuaire. « Le 25 février 1702, après
avoir fait fermer le cimetière de muraille, j'y ai fait planter quinze noyers. »
Abbé Chéreau, Inventaire Villepelet, série E, supplément, page 185.

Pour remédier au manque de sacristie le Prélat en constitue une avec le
fond de l'abside qu'il fait séparer par une cloison du reste du sanctuaire,
mettant ainsi dans la sacristie la coupole romane qui est la partie la plus
intéressante de l'église.

Parfois l'ex-Évêque de Nantes accompagne Mgr de Francheville à Coursac.

assurait l'apprentissage chez un maitre-chirurgien de Limoges. Un autre, Julien Guimard, eut son mariage avec Anne Basset béni à Saint-Front par Mgr l'ancien Évêque de Nantes.

.*.

Mgr de Francheville n'aimait pas les procès. Élevé dans la basoche il en connaissait tous les méfaits. Il était toujours pour la conciliation qui sauvegarde le Droit. Sous son administration, de sérieuses difficultés furent aplanies. A Verteillac, les chanoines réguliers de l'Ordre de Sainte-Croix sont rassurés au sujet de la fondation de leur couvent. Justice est rendue aux chanoines de Ribérac, maltraités par les gens du Comte, pour avoir remontré à des maçons qu'ils n'avaient pas le droit de murer la porte faisant communiquer l'église avec la chapelle de saint Antoine (1). Justice est rendue aussi au prieur de Saint-Jean-de-Côle qui avait à se plaindre du seigneur de La Marthonie. Ce dernier avait démoli en partie un portail de l'ancienne clôture du prieuré pour paver l'église et restaurer la porte du cimetière de Saint-Jean. Ainsi se terminèrent à l'amiable de nombreux procès que la fureur de la chicane voulait éterniser.

Mais il était intraitable quand il s'agissait des droits de son Église de Périgueux. Les paroissiens de Preyssac (2), vassaux et tenanciers de l'Évêque, étaient obligés de faire moudre leurs grains au moulin de Château-l'Évêque. Banalité de tout temps reconnue aux évêques de Périgueux. En 1699 plusieurs voulurent s'y soustraire et s'adresser au moulin de leur choix. Mgr de Francheville les assigna en reconnaissance de ses droits. Par acte devant Me Vigier, du 7 mars 1699, les habitants de Preyssac s'obligent, tant pour eux que pour leurs successeurs, de continuer ladite banalité en faisant conduire leurs grains au moulin de Château-l'Évêque pour y être moulus et retirés dans les 24 heures, sous le droit ordinaire dû pour la mouture.

De même, dans la paroisse de Saint-Astier, le repaire noble de

---

(1) Voir note complémentaire à la fin du volume.
(2) Aujourd'hui Preyssac-d'Agonac. Toujours paroisse mais non commune. Fait partie de la commune de Château-l'Évêque.

Crogniac relevait à foi et hommage de l'Évêque de Périgueux. La Béraudière et Le Boux avaient reçu l'hommage de François Perrot, de leur temps seigneur de Crogniac. Le seigneur actuel Henri de Gentil, commissaire établi pour la régie des revenus, refusa l'hommage à Mgr de Francheville. Le châtiment ne se fit pas attendre. Le 30 septembre 1697, Philippe Lefebvre, huissier aux eaux et forêts au siège de la Table de marbre, saisit au nom de l'Évêque le repaire de Crogniac. Un mois ne s'était pas écoulé que le seigneur récalcitrant faisait sa soumission. Par acte du 31 octobre devant Me Roubert, il offre de rendre à l'Évêque le même hommage que ses prédécesseurs.

Il n'était pas toujours nécessaire de recourir à des mesures de rigueur. Parfois la simple menace suffisait. Le 12 avril 1697 il y avait séance solennelle dans la salle haute de l'hôtel de Verteillac. Mgr de Francheville présidait, assisté de M. de Saint-Aulaire, vicaire général et supérieur de la Mission, de M. Coignet, également vicaire général et du R. P. Brézets, recteur du collège. Aux pieds de l'Évêque était agenouillé un fier gentilhomme du Nontronnais. C'est François Autier, écuyer, sr de Boslaurent, demeurant dans la paroisse de Jumilhac « lequel avouant l'irrévérence qu'il a commise » depuis quelques mois dans l'église paroissiale du Petit-Jumilhac, a » très humblement supplié mondit sgr Évêque de ne point faire les » poursuites qu'il est en droit de faire contre luy pour ce sujet, » offrant ledit sr de Boslaurent de faire telles réparations et aumônes » qu'il plaira à mondit sgr Évêque. »

Derrière le coupable se tient — garant de son repentir — Jean Dumonteil de Bolent, son oncle, curé de Saint-Front-de-Champniers.

La faute reconnue et confessée, Boslaurent et le curé qui l'accompagne quittent la salle. En leur absence le conseil délibère et promet l'absolution aux conditions suivantes :

« Pour expier une faute aussi grande et scandaleuse que celle qu'il a commise dans ladite église de Jumilhac », le coupable se mettra dimanche prochain à deux genoux au pied du grand autel de la paroisse, dira hautement, à l'issue de la grand'messe, qu'il demande pardon à Dieu et à l'Église de l'irrévérence publique qu'il a commise. Le curé invitera les paroissiens à joindre leurs prières aux siennes, récitant dévotement le *miserere*. Pour pénitence il dira tous les dimanches pendant un an les sept psaumes pénitentiaux à genoux et abandonnera sa maison et son jardin dans le bourg de Jumilhac pour le logement à perpétuité des curés de Jumilhac. Il donnera 500 livres pour l'entretien à perpétuité d'une lampe devant le T. S. Sacrement, et le surplus des revenus sera consacré à dire des messes pour sa famille.

Boslaurent accepte les conditions posées. Il s'engage à les exécuter sur le champ et est aussitôt relaxé. En 1710 il était mort depuis déjà longtemps, car son épouse Jeanne de Ravine était veuve non seulement de lui, mais aussi de Pierre Combaud, sieur de Puygaullier, qu'elle avait épousé en secondes noces. Pierre de Méredieu, seigneur de Sanilhac, chanoine official du diocèse, lui accorda, cette année-là, des lettres de rémission (1).

Il est un autre procès, particulièrement célèbre dans les annales judiciaires du Périgord, auquel Mgr de Francheville fut profondément mêlé. Si l'amitié a des droits elle a aussi des devoirs. L'Évêque ne s'y déroba pas quand il vit le marquis Dulau d'Allemans, son ami, traîné dans la boue par toute une province qui assouvissait sur le petit-fils la haine suscitée par l'ancêtre. Un Dulau, protestant, avait largement participé au sac de Périgueux en 1575. Les Périgourdins ne l'avaient pas oublié, et ni l'amitié de Malebranche ni celle de Francheville ne protégèrent son descendant contre leurs tenaces rancunes.

De son mariage avec sa cousine germaine Suzanne de Jaubert, D'Allemans avait un fils et trois filles sourds-muets. Vers la fin de 1699, une personne, fille de mauvaise vie, originaire du Rouergue, Marie Poupart, qui avait eu déjà affaire avec la police de Montauban,

---

(1) Les Boslaurent étaient coutumiers du fait.

Déjà, en 1680, Antoine de Beaupoil, seigneur de Boslaurent, écuyer, pénètre dans l'église de Cornille, près de Périgueux, pendant que le curé Antoine Dupuy est au confessionnal. Il crie que le curé est un méchant homme et veut empêcher ses gens de se confesser à lui de peur qu'ils ne lui révèlent les secrets de sa maison. Le curé intervient, le prie de se taire. Boslaurent persiste et, par ses cris, rend impossible toute confession. Le curé demande justice. (Archives criminelles du présidial de Périgueux, 1680.

vint à Périgueux portant un enfant qu'elle allaitait. Elle contrefaisait la sourde-muette et se prétendait fille du marquis D'Allemans. Elle tint si bien le rôle que lui avaient assigné les ennemis du marquis qu'elle gagna son procès devant le présidial de Périgueux et qu'il fallut toute la sagacité du Parlement de Guyenne pour découvrir la supercherie et rendre à l'infortuné marquis son honneur.

Dès le début de l'affaire, Mgr de Francheville avait fait enfermer Marie Poupart dans l'hôpital de la Manufacture. L'ordre avait été exécuté par les soins de Martin Cœuilhe, curé de la Cité, également ami du marquis D'Allemans. Après quelques jours de détention, toutes les religieuses de l'hôpital avec leur supérieure Marie de Langlade, en religion sœur de l'Humilité, prenaient fait et cause pour l'aventurière contre son prétendu père. La ville fit de même, traduisant son opinion en manifestations violentes qui affligèrent douloureusement l'Évêque. Cela ne put abattre son courage ni entamer sa fidélité à l'ami malheureux. Il se rendit à l'hôpital avec plus de vingt gentilshommes dont D'Allemans. Il les fit tous défiler devant Marie Poupart. A la vue du marquis elle ne donna aucun signe particulier de connaissance. Il renouvela ses visites afin de faire éclater davantage encore l'imposture de cette fille. Au cours de l'une d'elles, comme il la menaçait de la faire incarcérer si elle persistait dans son mutisme, il la vit enfin se jeter à ses genoux et le supplier de n'en rien faire. Francheville produisit aussi le sr Marsac de Lestang, gentilhomme du Rouergue, qui assurait reconnaître la muette pour l'avoir vue à Saint-Antonin.

Enfin, après trois ans d'enquêtes et de plaidoiries et plus de 100,000 livres dépensées, le procès fut gagné à Bordeaux, et Marie Poupart condamnée à être fustigée par les carrefours de la ville. Le marquis prit sa revanche en faisant emprisonner les principaux officiers du présidial de Périgueux, ses premiers juges, qui l'avaient iniquement condamné. Il obtint aussi de relever à l'avenir de la juridiction de Limoges. (1)

_____

1) Le ressentiment des gens de la justice était loin d'être calmé quand, un an plus tard, Francheville mourut. Ils ne pouvaient lui pardonner son dévouement à l'homme qui les avait fait incarcérer. Il ne faudrait peut-être

Hélas ! ce n'était plus le temps où, en une fête splendide dont le souvenir s'est conservé dans le pays, Mgr de Francheville donnait la confirmation, dans la cour du château de Montardy, aux enfants de la paroisse de Brassac parmi lesquels étaient confondus ceux du seigneur D'Allemans.

*
* *

Tous ses amis ne procurèrent pas à l'Évêque de Périgueux autant de déboires. L'un d'eux, François du Cluzel, seigneur de La Chabrerie, premier président en l'élection et subdélégué de l'intendant en la sénéchaussée, lui prodiguait un dévouement sans borne. Dès son arrivée, l'Évêque l'avait choisi comme mandataire pour défendre ses intérêts dans la succession de son prédécesseur. Reconnaissant ses bons offices, il voulut bénir lui-même, dans sa chapelle particulière, le mariage de Jeanne du Cluzel, sa fille ainée (1) avec Bernard du Chayron, seigneur de La Loubarie, magistrat au

---

pas chercher ailleurs la cause de l'acharnement avec lequel furent accomplies les formalités judiciaires consécutives au décès de l'Évêque.

Ce procès avait ôté le sens au premier président lui-même, M. de La Tresne qui, par une erreur inconcevable, avait autorisé, avec ses collègues de la grand'chambre, les adversaires de D'Allemans à réclamer de Mgr de Francheville un mandement épiscopal pour obliger, sous peine de censures, les prêtres à révéler de prétendus faits criminels à la charge du marquis. M. de La Tresne reconnut sa faute et présenta humblement ses excuses. Les nombreuses corrections du brouillon de sa réponse trahissent sa préoccupation de ne pas blesser le Prélat.

     « Mgr,

» Quand j'ay eu l'honneur de vous rendre compte de l'arrêt rendu en notre grand'chambre sur le monitoire demandé par la partie de M. Dalmans, j'avoüe que ma sincérité est allée trop loin et qu'elle l'a emporté sur des raisons de bienséance qui devoient prévaloir en écrivant à l'illustre chef de la justice. Je me suis aussi flatté en croyant que dans un manquement comme cellui-là vous pourriès demêler mon zèle pour la justice et qu'il n'avait été permis de laisser faire ce petit mal pour qu'il en arriva un grand bien. Vos lumières, Mgr, auxquelles rien n'échappe me font reconnaitre ma faute... »

(Archives de la famille de Francheville.)

(1) En 1708, Marie du Cluzel, sœur de Jeanne, épousera à Périgueux le poète Lagrange-Chancel.

présidial (4 juin 1697). Le 8 août suivant il bénissait, de même, dans sa cathédrale, le mariage de François-Louis de Ranconnet, marquis d'Escoire, avec Charlotte-Antoinette d'Hautefort, fille du comte de Bruzac, ancien brigadier des armées du Roi. Il honora de sa présence, à Saint-Front, le mariage de Jean-François de La Baume de Forsac, marquis de Saint-Germain et d'Ataux avec Honorée Souc, demoiselle de Barnabé (18 février 1696), et celui de Martial de Jehan, sr de Monplaisir, avec Anne de Tourtel (8 avril 1698) et tint à signer les actes de célébration.

Deux autres amis de Mgr de Francheville sont encore à citer qui ne lui donnèrent, après les vies les mieux remplies, que le chagrin de les voir mourir.

C'est Joseph de Bodin. En 1653, par un extraordinaire fait d'armes, il délivra la ville des Frondeurs et la remit sous l'autorité royale. On ne sait ce qu'il faut le plus admirer de son courage ou de sa piété. En reconnaissance il fit une neuvaine de pèlerinages à Notre-Dame de La Garde, bâtit une chapelle à Notre-Dame des Vertus avec fronton sculpté aux armes de Périgueux et fit vœu d'un pèlerinage annuel au nom de la cité qu'il avait délivrée. Il mourut pieusement le 14 mai 1700 et fut inhumé dans le cloître de Saint-Front en présence du curé Rossignol (1).

C'est là que devait le rejoindre, le 28 mars 1702, un autre ami de Mgr de Francheville, Joseph Chevalier, seigneur de Cablanc, ancien maire et historien de la ville, qu'à plusieurs reprises il avait fort bien administrée. Son insigne piété et son dévouement à l'Église l'avaient fait choisir, dès 1688 par le Provincial de Bordeaux, comme syndic du couvent des Recollets de Périgueux (2). Le 11 octobre 1694

---

(1) Rossignol François, nommé curé de la paroisse de Saint-Front, le 11 juillet 1696. Mourut le 22 septembre 1722.

(2) « Frère Honoré de La Rigaudie, provincial des Frères Mineurs Recollets en la province de l'Immaculée-Conception de la glorieuse Vierge Marie Mère de Dieu, en Guyenne ;

A noble Joseph Chevalier sgr de Saint-Mesme, Cablanc et Puymarteau.

Ne pouvant sans transgression de leur règle vendre, acheter, changer, aliéner, transiger et faire autres actes semblables ; étant quelquefois nécessaire de les faire selon l'occurence de leurs établissements, bâtiments, legs et autres choses qui les concernent ; les Souverains Pontifes auxquels appar-

Mgr l'Évêque l'autorisait à faire célébrer la messe dans sa chapelle domestique de Sainte-Marie de Grun.

Ces deux hommes Bodin et Cablanc figurent honorablement dans nos annales. Ils étaient dignes d'avoir leurs tombeaux près du glorieux tombeau de saint Front autour duquel était née et avait grandi la ville de Périgueux. Le tombeau de l'Évêque, leur ami, a plus souffert de l'injure des révolutions. Abrité dans une chapelle monastique dont il ne reste rien, il est aujourd'hui dans un complet oubli. C'est pour éviter un tel malheur à sa mémoire et aider les Périgourdins à se souvenir que ces pages sont écrites.

CHAPITRE IV

Mgr de Francheville et le Clergé

Pour nous renseigner sur l'état du diocèse de Périgueux au moment où Mgr de Francheville en prend la direction, les archives départementales — si pauvres cependant en documents ecclésiastiques — nous offrent un cahier intitulé : *Régistre des curés pour le livre des mariages, baptêmes et mortuaires de la sénéschaussée de Périgueux pour l'année 1694.* Ce cahier énonce pour chaque paroisse le nombre de feux, la part contributive dans les décimes

---

tient la propriété de tout ce que lesdits Frères Mineurs ont en usage ont ordonné des économes, procureurs ou syndics lesquels puissent en leur nom vendre, acheter, changer, engager, aliéner, emprunter, transiger, recevoir et accepter les biens meubles et immeubles, legs et autres choses données ou léguées aux Religieux dudit Ordre en une manière licite et dont ils puissent avoir l'usage, ensuite en ont déféré la nomination et institution aux supérieurs majeurs et prélats réguliers dudit Ordre. Pour ce nous occupant quoique indignement cette charge dans cette province, étant assuré de votre piété, zèle, fidélité et affection envers notre Ordre, nous vous nommons par ces présentes et instituons Syndic de notre couvent de Périgueux avec pouvoir général et spécial de gérer les susdites affaires.

» En notre couvent de Bordeaux ce 16 octobre 1688. »

(Sceau de la Vierge Immaculée de l'Ordre.)

de l'année avec, souvent, la date du paiement. Document utile à connaître quoi qu'il s'applique — comme il résulte du titre — à la sénéchaussée dont la concordance avec le diocèse était loin d'être absolue.

*
* *

« Le diocèse de Périgueux comprenait la partie du département actuel de la Dordogne située à l'ouest de la Vézère et au nord de la Dordogne à l'exception du canton de Bussière-Badil en entier et de celui de Nontron, moins Connezac, dont les territoires appartenaient au diocèse de Limoges. En revanche, il s'étendait hors des limites du département à trente-une localités de la Charente et à une de la Gironde. Les trente-unes localités charentaises se décomposent ainsi : douze du canton d'Aubeterre-sur-Dronne, neuf de celui de Villebois-Lavalette, cinq de celui de Montmoreau, quatre de celui de Chalais, une dont la situation n'a pu être exactement définie. La localité girondine est comprise dans le canton de Coutras. La statistique des bénéfices donne — sauf erreur — les résultats suivants : 1 évêché, 4 chapitres, 3 archidiaconés, 1 archiprêtré, 423 cures, 54 chapelles, 9 abbayes, 70 prieurés ou prévôtés, 2 préceptoreries de l'Ordre de Saint-Antoine-de-Viennois. Il y avait, en outre, 23 communautés religieuses. » (R. Villepelet, *Bulletin historique et archéologique*, tome XXX, page 144.)

Des 423 cures 200 environ étaient à portion congrue, c'est-à-dire que les revenus allaient de droit non aux prêtres qui les desservaient mais à divers décimateurs. Ceux-ci, après avoir abandonné au desservant la part nécessaire à sa subsistance, gardaient le surplus pour eux. De même, quand les revenus de la paroisse n'égalaient pas la portion congrue, il appartenait aux décimateurs de combler le déficit. S'ils avaient les profits ils subissaient aussi les pertes. La portion congrue eut un taux variable. Elle était de 300 livres lors de l'épiscopat de Mgr de Francheville. D'où il suit que les bénéficiaires de cures à portion congrue n'y avaient réellement un avantage que lorsque les produits de la paroisse étaient supérieurs à ce chiffre.

L'évêché, dont le revenu s'élevait à 25.000 livres en 1641 et à

18.000 en 1760, était décimateur dans nombre de paroisses et possédait un foncier considérable. Mais les nombreux vicaires à portion congrue, qui étaient à sa charge, en absorbaient une grosse part. Il en était de même du Chapitre cathédral, qui avait un revenu de 23.000 livres en 1755 et de 23.800 en 1760. Cependant, après l'évêque, il était de beaucoup le corps le plus important. Il comptait 34 membres et se recrutait lui-même. Étaient seules à la nomination de l'évêque les deux premières stalles vacantes après son intronisation.

L'harmonie n'avait pas toujours régné entre le Chapitre et le chef du diocèse. Du temps de Mgr de La Berandière la lutte était ouverte. Le Chapitre, qui se disait exempt, prétendait ne relever que du Pape. L'Évêque voulait étendre sur lui sa juridiction. D'où un interminable procès qui fut clôturé par un arrêt du Parlement de Guyenne — 16 juin 1677 — reconnaissant le bien-fondé des prétentions épiscopales et déboutant le Chapitre. L'évêque était alors Mgr Le Boux, d'origine plébéienne et fort bien en cour en sa qualité de prédicateur ordinaire du roi. Il reçut, le premier, le titre de *Monseigneur*, au lieu de celui de *Révérend Père en Dieu*, que les évêques avaient porté avant lui. C'était un combatif. Il lutta contre son Chapitre avec une ardeur poussée jusqu'aux dernières limites. Il lutta contre les maire et consuls. Il plaida même avec des particuliers qui braconnaient sur ses terres ou pêchaient dans la Beauronne traversant ses domaines de Château-l'Évêque et d'Agonac. Trois chanoines, MM. Pierre de Méredieu (1), François Jay de Beaufort (2) et Nicolas de La Brousse de Verteillac, même après l'arrêt, continuent la résistance. Il obtint contre eux des lettres de cachet les exilant à Quimper-Corentin, Saint-Flour et autres

---

(1) Seigneur de Sanilhac et de la Goderie, bachelier en théologie de la faculté de Paris, chanoine official du diocèse, fut quelque temps vicaire général de Mgr de Francheville. Il l'était de Mgr Clément en 1749. Ne pas le confondre avec son oncle Pierre de Méredieu, également chanoine, mort en 1671.

En 1697, nous trouvons encore Hélie de Méredieu, seigneur des Blanchards, également chanoine de la cathédrale. C'était sans doute le frère de Pierre.

(2) Il y avait alliance de famille entre les Jay et les Méredieu. Élie de Méredieu, sieur de La Goderie, avait épousé Marie-Arsène Jay de Beaufort.

villes reculées du royaume et il excommunia M. de Méredieu. Sur l'intervention du maire Simon, sgr de Châtillon (1), les lettres de cachet ne furent pas exécutées et la paix se fit. Elle se fit si bien que Mgr Le Boux légua sa bibliothèque au chanoine de Méredieu.

Souvent en opposition avec l'évêque, le Chapitre n'était pas toujours d'accord avec la municipalité (2). Cette dernière, recrutée dans la bourgeoisie, était par principe ennemie des privilèges et considérait le Chapitre comme un corps singulièrement privilégié. En 1696, les maire et consuls voulurent assujettir les chanoines au paiement des francs-fiefs, au logement des gens de guerre et à l'imposition sur les bois, le charbon, le vin et autres denrées. Le Chapitre défendit ses privilèges devant la cour de Bordeaux. On possède le recueil de ses lettres au Chapitre de la primatiale Saint-André pour obtenir son appui auprès du Parlement.

Chaque fois que la fête de saint Silain — 2 janvier — tombait un dimanche, l'usage était que les maire et consuls rendissent hommage au Chapitre de Saint-Front pour la viguerie de Saint-Silain. Semblable hommage était rendu pour la justice du cellérier lorsque la fête de saint Front — 25 octobre — coïncidait avec le dimanche. En 1695, le 2 janvier fut un dimanche. Le Chapitre refusa de recevoir l'hommage parce que, dans l'acte notarié de la prestation dudit hommage, les consuls exigèrent qu'on leur attribuât la qualité de seigneurs de Périgueux et que, d'autre part, on omit de mentionner que le maire s'agenouillait « sans carreau » devant le président du Chapitre.

La vénérable Compagnie était aussi en proie aux divisions intestines. Déjà, en 1698, le grand archidiacre, chanoine Antoine Jay de Beaufort, avait introduit une action devant la cour présidiale, pour la sauvegarde de prérogatives que lui contestaient ses confrères, les chanoines Pierre Chalup et Pascal Martin, syndics du Chapitre.

---

(1) Dame Angélique Simon de Châtillon, en 1700 abbesse du monastère de Sainte-Claire de Périgueux, était fille du maire de la ville et sœur de Gabrielle et de Josèphe, religieuses à la Visitation.

(2) 1693. Sieur Orfaure, consul, étant décédé, le Chapitre refusa de faire sonner à deuil, malgré l'usage observé : ce qui occasionna quelques voies de fait entre consuls et chanoines. D'où long procès que la communauté perdit contre le Chapitre.

Par arrêt rendu la même année, la cour fixa les attributions de chacun, maintint au chanoine hebdomadier le droit de précéder le grand archidiacre à la tribune, les jours de sermon, de donner la bénédiction au prédicateur et d'entonner le *Te Deum* au chœur : comme aussi elle confirma le droit du syndic de prendre la parole, au nom du Chapitre, dans les solennités publiques ou les feux de joie prescrits par Sa Majesté. Il appartient au grand archidiacre d'allumer lesdits feux de joie, de recevoir les nouveaux évêques et gouverneurs et de rendre visite aux princes et autres personnes de qualité (1).

Mgr de Francheville fut un prélat pacifique. Le contraste avec son prédécesseur fait qu'on a célébré avec quelque insistance la bonne entente qui régna, sous son épiscopat, entre le clergé et la noblesse, entre les séculiers et les réguliers. Cette ère de paix, survenant après de si longues divisions, apporta un vrai soulagement. Il laissa les chanoines poursuivre contre les maire et consuls de Périgueux la revendication des hommages pour lesquels une sentence du sénéchal leur donna gain de cause — 4 mai 1697. — Il les laissa également libres de régler, à la suite d'arbitrages, les difficultés qui s'étaient élevées entre eux et le sieur Texier, maître de musique de l'église cathédrale (1701). Il ne voulut jamais lancer l'anathème ni lever le glaive de l'excommunication. Il ne rencontra d'opposition sérieuse qu'une seule fois, en 1698, lorsqu'il tenta de réunir les deux couvents de Sainte-Claire d'Aubeterre et de Sainte-Claire de Périgueux et voulut transférer aux rives de l'Isle les clarisses des bords de la Dronne.

Son but principal était la réforme du clergé. Il avait beaucoup à faire malgré les efforts de ses prédécesseurs. Sa première année en Périgord — 1694 — fut attristée par les débats d'un procès criminel qui aboutit à la condamnation à mort d'un prêtre, le sieur Dubet, curé de Bussac, convaincu d'avoir assassiné Charles de Silhac. Il fut exécuté sur le lieu même du crime, près du village de Lasvaux (2). L'Évêque ne négligeait ni les exhortations ni les

---

(1) Archives civiles de la sénéchaussée et présidial de Périgueux, année 1688. (Arch. Dép.).

(2) Archives criminelles de la sénéchaussée et présidial de Périgueux, année 1693. (Arch. Dép.).

remontrances pour obtenir un adoucissement dans les mœurs et retracer l'image de la discipline si effacée dans certaines paroisses. Il tint, à cet effet, sans parler encore des retraites, plusieurs conférences et assemblées. Le 9 juin 1698, il présida un important synode dont la date a été conservée. Il ne recourait à la rigueur pour réprimer la licence qu'après avoir épuisé toutes les ressources de la douceur ; mais quand l'honneur de la religion l'exigeait il n'hésitait plus. C'est ainsi qu'en 1701, il permit au promoteur du diocèse d'informer contre le s[r] Lamarre, curé de Romain, qui avait laissé mourir par sa faute, sans sacrements, plusieurs de ses paroissiens, exigeait des droits exorbitants, tenait des conversations peu honorables pour son caractère et, de plus, vivait dans le désordre : le tout au grand scandale de sa paroisse. Sa fermeté pour faire respecter l'autorité n'était pas moindre que les ménagements dont il usait envers les personnes. La lettre suivante au président de La Tresne, nous le montre faisant appel au bras séculier pour mettre fin aux regrettables difficultés que lui causait un prêtre :

« Un curé m'a fait, Monsieur, signifier des lettres de la Chancélerie, que je vous supplie de lire, après que vous aurez veü l'information que j'ay faite contre luy et mon ordonnance rendüe dans le cours de mes visites. J'envoye, Monsieur, pour vous montrer ces pièces et vous demander très humblement justice. Il m'est de la dernière conséquence pour le bon ordre de mon diocèse de ne pas demeurer dans le silence à la veüe de l'ordonnance rendüe par la Chancélerie. Je ne crois pas qu'elle fust en droit de prononcer ainsi. Je suis, Monsieur, avec un parfait respect, votre très humble et très obéissant serviteur.

» D. evesque de Périgueux.

» Périgueux, le 6 mars 1702. »

Il s'agit de Jean Chabaneau, bachelier en théologie, curé de Manzac. Mgr de Francheville, visitant la paroisse le 15 octobre 1701, a dispensé la paroisse de l'obéissance due au curé, ce dernier ayant encouru la suspense pour s'être absenté plus de 15 jours. Le sieur Chabaneau prétend que c'est le seul prétexte que Mgr ait pu trouver pour contenter la passion des ennemis du curé, « que Sa Grandeur est accusée de tout le monde d'aller un peu vite dans les affaires, d'écouter trop légèrement les faux rapports et de se laisser pré-

venir » ; ne compte pour rien les peines qu'il fera « mal à propos »
à un pauvre curé s'il n'obéit pas à son ordonnance. Pour soutenir
son honneur et sa réputation, il a fait appel de l'ordonnance signifiée
le jour même de la visite. L'appel est suspensif de l'exécution.
D'ailleurs, absous en vertu du jubilé — 1701 — de toute censure et
peine ecclésiastique il peut, sans scrupule de conscience, faire les
fonctions curiales. Sinon qu'il plaise à Mgr d'assurer à ses frais le
service de la paroisse, puisque c'est par sa faute que le curé en est
empêché..... C'est contre de tels procédés et de si pauvres raisons
que Mgr de Francheville prie le président de La Tresne de le
protéger (1).

Il éprouvait aussi parfois des difficultés à faire accepter aux curés
d'indispensables collaborateurs. Agonac (2) comptait, en 1697, de
13 à 1.400 communiants. Le curé, Gabriel Durou, est invité à
recevoir un second prêtre, demandé par la population, dont l'entretien sera à sa charge en sa qualité de principal décimateur. Gabriel
Durou refuse ; son revenu — dit-il — n'excédant pas ce qui est
porté dans la déclaration du roi. c'est-à-dire 300 livres. Mgr passe
outre et envoie le sieur Tardit à Agonac, en qualité de vicaire, et le
fait héberger chez le juge, à l'hôtel de Verteillac (3). Durou ne
tarde pas à venir à composition. Il nourrira et logera le vicaire. Si
ce dernier perçoit du casuel, il lui en sera tenu compte pour son
traitement. Mgr fera le reste.

Une notice biographique, parue en Bretagne presque au lendemain
de la mort de Mgr de Francheville, contient cette phrase : « Il
acheta les greffes ecclésiastiques pour le soulagement du clergé. »
On était au plus fort de la guerre de la Ligue d'Augsbourg — 1688-
1697 —. La lutte contre la Coalition épuisait la France. Pour tenir,
le Roi aliénait ses domaines, terres et seigneuries, en attendant
d'envoyer à la monnaie sa vaisselle d'or. Il créait une multitude
d'offices, aussi onéreux qu'inutiles, qui alimentaient le Trésor.

---

(1) Minutes Maillat, 17 avril 1702. (Arch. dép.).
(2) Minutes Vigier, 2 décembre 1697. (Arch. dép.).
(3) 1er janvier 1696. Ordonnance de Mgr de Francheville, nommant juge de
sa juridiction et chatellenie d'Agonac, François Durouchail, sieur de La
Meynardie, avocat.

Tout diocèse comportait une série d'offices dont les titulaires étaient aux gages et à la nomination de l'évêque. Il y avait, notamment, les greffiers conservateurs des registres des curés (1), les greffiers des domaines des gens de mainmorte, le greffier des insinuations (2), les notaires apostoliques, l'économe-sequestre du diocèse (3). L'édit de décembre 1691 retira aux évêques tous ces offices pour les mettre à la disposition du roi et les rendit vénals et héréditaires. Les besoins augmentant toujours, l'édit d'août 1692 opérera la même réforme pour les offices municipaux en retirant aux communes le droit d'élection des maires et en créant les maires perpétuels. Mgr de Francheville résolut de racheter ces offices ecclésiastiques, de crainte qu'ils ne tombassent aux mains de laïques qui auraient pu s'en servir pour pressurer le clergé. Ils étaient adjugés au plus offrant et dernier enchérisseur. De ses deniers personnels il paya l'office de greffier des insinuations 8,500 livres, ceux de notaire apostolique 3,000 livres chacun, et celui d'économe-sequestre 3,500 livres. Impossible de retrouver le prix du greffe des registres des curés. Il fallait aussi songer aux paroisses du diocèse de Périgueux qui dépendaient de l'élection d'Angoulême. Le 25 janvier 1697, Mgr de Francheville acheta, au prix coûtant, le greffe de ces paroisses à Jean Arnault, intéressé dans les fermes du roi, mandataire de Charles Guyon, s^r de Marcois, propriétaire des offices de greffier-conservateur des registres des curés qui composent la généralité de Limoges. Il ajouta 100 livres pour les droits qui pouvaient être dus jusqu'au 1er janvier. En droit de disposer de six offices de notaires royaux apostoliques, il en confia quatre à Mes Pierre Médas, François Deyzurat, Bernard Audebert, procureurés-sièges royaux de la ville, et Nicolas Sigaud, bourgeois. Le bail

---

(1) Les greffiers conservateurs des registres des curés étaient au nombre de quatre dans le diocèse. En décembre, ils fournissaient à tous les curés 2 registres pour lesquels ils percevaient des droits lors de l'apport de ces mêmes registres. Les gages de chaque greffier étaient de 300 livres.

(2) Enregistrait tous les actes administratifs de l'évêque, tels que nominations, etc... Gages : 250 livres.

(3) Administrait le temporel de l'évêché et des bénéfices à la nomination du roi et les revenus sequestrés de tous autres bénéfices. Gages : 250 livres, comme pour le greffe des gens de mainmorte. Les titulaires desdits offices n'étaient pas obligés de prendre les provisions du roi.

était conclu pour cinq ans et imposait à chaque titulaire une rede-
vance annuelle de 600 livres, payables à l'Hôpital Général « pour
aider à y faire subsister les pauvres qui y sont ou y seront renfer-
més. » L'Évêque a signé avec les parties prenantes en présence de
Pierre Bertin, clerc tonsuré (1).

Ces offices ecclésiastiques étaient si bien la propriété personnelle
de l'Évêque qu'à sa mort, en 1702, ils passèrent — comme nous le
verrons — à ses héritiers naturels, MM. Gervais et Pierre de Francheville. Ceux-ci les cédèrent au prix coûtant — soit 15.000 livres —
à Pierre Cercilly (2), prieur de Sainte-Aulaye.

Un parent, peut-être même un frère de ce dernier, Jean Cercilly,
était agent des affaires de Mgr de Francheville. Le 17 juin 1696, il
somme Raymond Gasquet, greffier de la sénéchaussée, de lui livrer
copie de l'inventaire après le décès de feu Guillaume Le Boux. Par
son retard à livrer ledit inventaire, il fait perdre à Monseigneur la
mouvance de plusieurs terres dépendant de l'évêché. Cercilly
proteste contre ce mauvais vouloir et se réserve d'introduire au
Parlement de Bordeaux une demande de dommages et intérêts. Il

---

(1) 31 décembre 1696. Ordonnance de Mgr de Francheville nommant Nicolas
Sigaud, bourgeois de Périgueux, économe-séquestre « en ce qu'il emploie
l'argent qui en proviendra à la subsistance des pauvres et le remettra entre
les mains de M. le Curé de Saint-Front, de 3 mois en 3 mois, avec consentement que ledit Sigaud jouisse du privilège de l'exemption du logement
effectif des gens de guerre et autres charges publiques suivant et conformément à l'édit de création de la dite charge et arrêt confirmatif. »

21 janvier 1697. Même ordonnance pour Pascal Suringou, bourgeois de
Périgueux, en faveur de qui Sigaud avait démissionné.

Le curé de Saint-Front était alors — le lecteur s'en souvient — François
Rossignol, docteur en théologie (11 juillet 1696 - 22 septembre 1722.)

(2) Originaire de Valeuil, canton de Brantôme. 1704, enterrement dans
l'église de Valeuil, de Marie Gay, veuve de Charles Cercilly, intendant des
hôpitaux d'armée du roi, 75 ans. 1710 enterrement de Pierre Cercilly,
économe et greffier des insinuations ecclésiastiques du diocèse, marié à
Jeanne du Sol, du bourg. Leurs enfants : Françoise et Henri.

Il y avait aussi un Jean Cercilly, agent des affaires de Daniel de Francheville.

En outre, les archives de la Corrèze contiennent (E. 792), l'acte de vente
1703, par Pierre Cercilly, prieur de Sainte-Eulalie, à André-Daniel de Saint-
Aulaire, évêque de Tulle, des ornements de feu Mgr de Francheville, pour le
prix de 2,000 livres.

Guillaume LE BOUX
Évêque de Périgueux (1667-1693)

réclame, en outre, 13 livres 10 sols indûment perçus par le greffier pour les droits de deux sentences d'audience rendues en la sénéchaussée.

*
* *

L'Église de France présentait, sous l'Ancien Régime, un caractère parlementaire que le Concordat de 1801 a complètement fait disparaître. Outre le Chapitre, aux attributions purement religieuses, il y avait la Chambre ecclésiastique ou Bureau des décimes, qui représentait le clergé du diocèse, faisait la répartition des décimes et autres taxes établies par le roi sur les gens et biens d'Église. Juridiction royale et ecclésiastique tout ensemble, créée pour exécuter les édits et déclarations du roi et les arrêts du Conseil et juger les différends entre receveurs et particuliers pour le paiement des décimes.

Le Bureau diocésain se composait d'un président, évêque ou vicaire général, de 6 conseillers députés — les deux premiers députés étaient des dignitaires — et d'un syndic du clergé, qui faisait fonction de procureur du roi. Du temps de Mgr de Francheville, la charge de procureur fut tenue par Jean de Vincenot, docteur en théologie, chanoine, archidiacre en l'église cathédrale, commis par Sa Majesté à la nomination des vicairies de Saint-Antoine (1), vicaire général du diocèse.

Ordre privilégié, le clergé était censé exempt d'impôts. Exemption purement fictive qu'il payait en contributions volontaires. Il offrait avant que le roi ne demande. Votées par les assemblées générales du clergé, ces contributions étaient ensuite réparties entre les divers diocèses du royaume.

En 1551, Henri II créa dans chaque diocèse les receveurs des impositions du clergé. Dix ans plus tard, le clergé assemblé à Poissy, s'engagea à payer au roi, pendant 6 ans, 1,600,000 livres et

---

(1) Il s'agit des chanoines réguliers de l'Ordre de Saint-Antoine-de-Viennois. Cet Ordre possédait en Périgord un certain nombre de vicairies dont les titulaires étaient alors nommés par Jean de Vincenot.

à racheter dans 10 ans 630.000 livres de rente au capital de 7.500.000 livres. De ce fameux contrat de Poissy tirent leur origine les décimes ordinaires, les assemblées du clergé, les Chambres ecclésiastiques ou Bureaux des décimes et toute la série des agents des finances ecclésiastiques.

La subvention promise à la royauté, d'abord pour 6 ans seulement, fut renouvelée et s'est maintenue à peu près la même, sous le nom de décimes ordinaires ou *décimes du contrat*, jusque vers la fin du xviie siècle. Le clergé y ajouta alors des décimes extraordinaires, des dons gratuits quinquennaux et autres contributions diverses.

Quelques semaines après sa prise de possession, Mgr de Francheville réunit la Chambre ecclésiastique — 1er juillet 1694 —. Il l'invita à l'aider à racheter les offices. L'assemblée donna mandat au syndic, Jean de Vincenot, d'emprunter 1.800 livres à Françoise de La Cropte, marquise de Sallegourde, Marsac, Le Tranchard et autres places, veuve de feu Joseph de Raymond de Maconan (1), et 1.000 livres à Jean de Bérard, docteur en théologie, archiprêtre de Vélines, pour payer le greffe des domaines des gens de mainmorte.

La Chambre se réunit encore, le 19 janvier 1695, en l'absence de Monseigneur qui était en Bretagne. Jean Fournier, syndic de la communauté de Périgueux, procédant à une taxe imposable pour les francs-fiefs, sur la ville et la banlieue, voulait comprendre dans le rôle tous les ecclésiastiques et bénéficiers. La Chambre proteste hautement contre une entreprise si injurieuse à l'Ordre et si contraire à la volonté du Roi. Elle nomme un député à l'assemblée provinciale de Bordeaux, annoncée pour le 5 avril prochain. Le clergé de la province élit à son tour des députés à l'assemblée générale du clergé de France, tenue à Saint-Germain-en-Laye, le 21 mai suivant. Furent désignés pour le premier Ordre : Mascaron, d'Agen, et Bénard de Rézay, évêque d'Angoulême (2). Pour le

---

(1) Un membre de cette même famille, Christophe de Raymond de Maconan de Sallegourde, écuyer, sieur de Saint-Paul et religieux chanceladais, avait fondé l'Hôpital Général de Périgueux, inauguré le 22 février 1667. Le fondateur mourut dans l'hôpital même, le 10 juin de la même année.

(2) Nommé en 1689, mort en 1737. Opposant déclaré à la bulle *Unigenitus*. Les Jésuites qui dirigeaient le collège d'Angoulême furent interdits par lui en 1726.

second Ordre : Louis-Armand de Gourgues, sous-diacre de Paris, prieur de Cambes en Agenais, réunit tous les suffrages. Les voix se partagèrent ensuite entre Jean-Luc d'Arche, doyen de Saint-André de Bordeaux, et Bernard Belot, abbé de Notre-Dame de Madiau, diocèse de Saintes. L'assemblée provinciale laissa à l'assemblée générale le soin de choisir entre les deux. Belot s'étant désisté, d'Arche fut admis. Pour poursuivre la guerre, le Roi venait d'établir l'impôt de la capitation, qui ne souffrait aucune exception. Il changea la capitation du clergé en une offre volontaire de quatre millions par an, toute la durée de la guerre, dont il lui laissait le recouvrement.

La Chambre ecclésiastique se réunit de nouveau le 15 septembre 1695. Elle donne mandat au chanoine Pierre de Méredieu, de verser à Lavès, receveur des décimes, la somme de 573 livres, 6 sols, 8 deniers pour le pacte de février.

Elle se réunit encore le 16 décembre. Elle fulmine contre le Corps de ville et son syndic Jean Fournier. La communauté a offert au Roi une certaine somme pour la suppression des offices de jurés compteurs, mouleurs, mesureurs, peseurs et visiteurs de tous les bois à brûler et charbons. Le syndic veut étendre la taxe de remplacement aux ecclésiastiques et bénéficiers. C'est contraire — dit la Chambre — au contrat renouvelé le 26 juillet 1695, entre le Roi et le clergé de France, contrat confirmatif de tous les privilèges ci-devant accordés par le Roi et ses prédécesseurs.

Vingt-sept ans auparavant — 1668 — la Chambre ecclésiastique avait accordé à la Chartreuse de Vauclaire la faculté d'envoyer un député aux assemblées synodales et particulières avec voix active, passive et délibérative et tous les droits et privilèges des députés et définiteurs du clergé. La Chartreuse, reconnaissante, avait prêté au pauvre diocèse de Périgueux 30.000 livres. En considération de la peine des Chartreux pour réunir la somme, fort considérable pour l'époque, et la faire porter à Périgueux ; en considération aussi des autres bons services reçus ou à recevoir, l'assemblée diocésaine aurait — disait-on — définitivement confirmé, par acte synodal, le privilège de 1668. Mais voici qu'à l'assemblée du 30 janvier 1696 la Chambre, redoutant un empiètement des Chartreux, refuse d'admettre leur syndic. Celui-ci trouva le procédé injuste. Il se pourvut devant le Parlement de Bordeaux qui lui donna gain de cause par arrêt du 10 juillet 1697. Le syndic du diocèse, Jean de Vincenot, en appela au Conseil du roi. C'était un interminable procès en perspective. Une très opportune concession du diocèse vint rétablir la paix : La Chartreuse de Vauclaire aurait désormais le droit de se faire représenter à la Chambre, et son député jouirait des prérogatives reconnues à ceux du clergé séculier.

Le droit de visite troubla un instant les bons rapports entre l'Évêque et la Chambre ecclésiastique. Déjà, au début de son épiscopat, Mgr Le Boux avait prétendu percevoir une taxe sur les églises à l'occasion des visites pastorales. La Chambre avait admis ce droit, mais en obligeant l'Évêque à consacrer la taxe perçue à réparer les églises (1). C'était donc un droit illusoire. Au synode du 9 juin 1698, Mgr de Francheville sollicita de nouveau l'établissement du droit de visite en déclarant qu'il acceptait d'avance la décision de la Chambre. Le synode laissa, en effet, à la Chambre le soin de répondre à la demande épiscopale et remit à Pierre Souc, curé de Coulounieix, la défense de ses intérêts au sein du Bureau. La Chambre proposa à Monseigneur la transaction suivante : Le droit de visite pourrait être payé, mais il resterait facultatif jusqu'à la sentence rendue par le Parlement de Bordeaux, devant qui l'affaire serait portée. L'Évêque approuva la transaction, mais, au moment de la signer, il biffa la réserve. Aussitôt, une scission se produisit dans le Bureau, qui eut sa répercussion dans le diocèse : les uns acquittent le droit de visite ; les autres, avec Pierre Souc, le refusent. Ils protestent contre ce droit nouveau, alors même que l'Évêque « en gratifie ceux qui le traitent et charge les autres de l'employer en réparations dans leurs églises. » Ainsi Mgr de Fran-

_____

(1) Ce qui ne l'empêcha pas de laisser, à sa mort, dans un grand délabrement, les églises dépendant de l'évêché. Aussi François du Cluzel de La Chabrerie, président de l'élection, au nom et comme fondé de pouvoir de Daniel de Francheville, par acte du 5 octobre 1693, s'opposait-il énergiquement à la main-levée sur les biens de l'évêché, avec défense formelle à tous débiteurs, fermiers et tenanciers de payer, jusqu'à ce qu'il en fût autrement ordonné par la justice.

cheville n'avait pas même la satisfaction purement platonique accordée jadis à Mgr Le Boux (1).

Cela se passait à l'assemblée du 8 octobre 1698. La Chambre ecclésiastique se réunit encore le 30 août 1701 (2), au palais épiscopal, paroisse Saint-Front. L'Évêque préside. Les s^{rs} de Méredieu, Chastanet, de Jéhan, de Salleton représentent le Chapitre cathédral ; Faure et Château-de-Lestang, le Chapitre de Saint-Astier ; Planche, le Chapitre de Larochebeaucourt ; Drapeyroux, curé de Bellon, et Urgel, archiprêtre de Pilhac, représentent l'archiprêtré de même nom. Colin, curé de Sarrazac, est député par l'archiprêtré de Thiviers ; Desganes par l'archiprêtré de Goûts, Cœuilhe par celui de La Quinte, et Vergnes par celui du Bugue. Vélines a envoyé son archiprêtre, de Bérard, auquel il a adjoint Coustou, curé de Saint-Martin-de-Gurçon. Le s^r Rey représente seul Chantérac. Il s'agissait de régulariser une importante opération financière. L'assemblée générale du clergé de France avait frappé le diocèse de Périgueux d'une imposition annuelle de 4.096 livres, 12 sols, 2 deniers destinée à augmenter les gages des contrôleurs des décimes. La Chambre avait donné mandat au s^r Reling de racheter cette rente par un versement en capital. Le s^r Reling présente une quittance de remboursement de 18,102 livres, 1 sol, 1 denier entre les mains de M. de Pennautier, receveur général du clergé de France. L'auguste assemblée lui donne décharge.

La France sortait à peine de la guerre de la Ligue d'Augsbourg, lorsqu'éclata la guerre pour la Succession d'Espagne. Le clergé concourut, avec les autres Ordres, aux frais de la lutte en offrant au Roi 1,500,000 livres pour 1701, et 4.000.000 pour chacune des années suivantes, en remplacement de la capitation qui venait d'être rétablie. Moyens que le Roi trouva insuffisants, car il convoqua une assemblée générale pour le 25 mai 1702, dans le but de s'en faire donner de plus considérables. Les assemblées préliminaires se tinrent à Bordeaux, le 29 avril et, à Périgueux, le 4 du même mois. Sous le présidence de l'Évêque, sont réunis les quatre députés déjà

---

(1) Minutes Monfumat, notaire, 8 octobre 1698. (Arch. dép.).

(2) Minutes Vigier, notaire, secrétaire du clergé, 30 août 1701. (Arch. dép.).

nommés du Chapitre cathédral. La collégiale de Saint-Astier n'a envoyé que le chanoine de Lestang. Les collégiales d'Aubeterre et de Larochebeaucourt ne sont pas représentées. Il en est de même des archiprêtrés du Peyrat, Vanxains, Pilhac, Chantérac, Vieux-Mareuil, Vélines, Villamblard, Saint-Marcel, Thiviers, Valeuil, Saint-Méard, Champagnac et Le Bugue, qui ont été cependant dûment convoqués. La Quinte a envoyé Souc, curé de Coulounieix ; Goûts, Desganes, curé de Villetoureix ; Audrix, Villate, curé de Plazac ; et Vauclaire, son prieur dom Jacques Delord. Jean de Vincenot, syndic général du clergé, est aussi présent. Mgr de Francheville donne connaissance des lettres du Roi, des Agents Généraux du clergé de France et de l'Archevêque métropolitain. La Chambre décide de députer à Bordeaux le chanoine Pierre de Méredieu et lui donne procuration « pour nommer telles personnes qu'il jugera à propos » pour assister à l'assemblée de Paris.

Le 29 avril 1702, la province de Bordeaux désigna Paul de Chaulnes, évêque de Sarlat, comme député du premier Ordre et, pour le second, Antoine de Boisvin de Vauroüy, abbé de Brignon, diocèse de Poitiers.

L'assemblée générale, réunie à Paris le 25 mai — veille de la mort de Mgr de Francheville — abandonna le droit de rachat du clergé sur les biens ecclésiastiques aliénés depuis 1556. Dès le milieu du XVIᵉ siècle, les guerres avaient obligé les rois à demander à l'Église des subsides extraordinaires. Pour la mettre en état de les fournir on lui permit d'aliéner ses biens, si elle ne pouvait satisfaire autrement aux exigences du Souverain. Les Papes approuvèrent ces aliénations, toujours précaires par la possibilité du rachat. Les détenteurs des biens d'Église aliénés depuis 1556 furent donc confirmés dans leur jouissance, rendue définitive, à condition d'abandonner au roi la sixième partie des biens acquis de la sorte.

*
**

Outre le Chapitre et le Bureau des décimes, Mgr de Francheville trouva à Périgueux un établissement ecclésiastique important, de création relativement récente, avec lequel il eut de fréquents rapports. Il s'agit du séminaire des ordinands.

Dès l'année 1582, le synode de la province de Bordeaux avait fait les plus sages règlements pour l'exécution du décret du concile de Trente prescrivant l'établissement des séminaires. Chaque évêque devait construire dans ce but un vaste édifice, près de son église cathédrale. La dotation en serait assurée par l'union de quelques bénéfices vacants et, provisoirement, par une imposition sur le clergé. L'organisation du personnel, les conditions d'admission, le plan des études, les règles de discipline, même les détails les plus particuliers de l'économie domestique, avaient été prévus et réglés avec le plus grand soin. Enfin, cette institution était, aux yeux du synode, d'une si urgente nécessité, que chaque évêque devait en avoir pourvu son diocèse à la prochaine fête de Pentecôte.

Quarante ans plus tard — 1624 — un nouveau synode, réuni à Bordeaux, constatait avec douleur que plusieurs diocèses de la province n'avaient pas encore de séminaire. Il conjurait les évêques de ne pas différer plus longtemps l'établissement d'une institution si nécessaire au bien de l'Église.

A quelle époque le décret de Trente reçut-il à Périgueux un commencement d'exécution ? Sans donner une date précise, il est permis d'affirmer que ce ne fut pas avant 1623 ni après 1635. En 1623, le Parlement de Bordeaux rend un arrêt qui attribue les fruits de la cure de Coulaures à la fondation d'un séminaire à Périgueux. Mais il était fondé en 1635 : car, cette même année, s'imprima, chez Dalvy, l'*Otium episcopale*, ouvrage très rare, dans lequel le rude La Béraudière se raconte lui-même. On y lit :

> « Je laisse à nos neveux en partant de ce monde
> Mon livre, un séminaire fondé de nos deniers,
> Pour y faire nourrir de pauvres escholiers..... »

Le séminaire paraît prendre son origine à Périgueux, dans les libéralités de Mme d'Aguesseau, de Javerlhac, parente du célèbre chancelier.

Parallèlement au séminaire et vers la même époque naissait à Périgueux une congrégation de missionnaires. En 1640, une mission donnée en Angoumois par les premiers disciples de saint Vincent de Paul mit ce dernier en rapport avec Mgr de La Béraudière.

Celui-là suggéra-t-il à celui-ci l'idée de fonder dans son diocèse un établissement de missionnaires chargés à la fois d'évangéliser les campagnes et de donner aux clercs une formation vraiment ecclésiastique ? On ne sait. Mais vers le même temps — probablement en 1645 ou 46 — naissait la société en question, due à l'initiative d'un ami périgourdin de M. Vincent, Jean La Cropte de Chantérac, aidé en cela par l'archidiacre de la cathédrale, M. de Mèredieu, mort le 21 octobre 1654, en réputation de sainteté. Distincte d'abord du séminaire, elle en prit la direction le 24 septembre 1672.

Près d'un quart de siècle plus tard, quand Mgr de Francheville vint en Périgord, le séminaire comptait parmi ses élèves un jeune gentilhomme qui, à l'exemple de son évêque, persista, malgré les avances du monde, à servir l'Église, Henri-François-Xavier de Belzunce, futur évêque et sauveur de la grande cité de Marseille. La Mission avait pour supérieur un savant théologien, Jacques La Serre, dont Leydet fait figurer le nom à côté de celui du jésuite Jean Dubois, dans ses *Essais sur l'histoire littéraire du Périgord*. Il était né à Plazac, près de Montignac-le-Comte et avait hérité des manuscrits de Le Boux. Il avait fait imprimer à Paris deux volumes des *Conférences de Périgueux*, deux volumes de Scholastique et surtout ce traité méthodique de *Théologie morale*, que Francheville regardait comme très propre à l'instruction des clercs. L'Évêque publia même, le 2 septembre 1694, une lettre latine, reproduite en tête des dernières éditions de cette *Théologie*. Il publia encore, le 21 mars 1699, une autre lettre latine, contresignée par le chanoine Bureau, pour recommander une *Théologie spéculative et dogmatique*, éditée aussi par son ordre. Il tenait à exprimer cette pensée, de tout temps courante dans l'Église, qu'il fallait des clercs aussi instruits que pieux. Il l'actualisait en ajoutant que, dans les parties du diocèse où l'hérésie de Calvin avait été longtemps en faveur, seuls des prêtres d'une vie sainte et d'une science profonde pouvaient ramener et maintenir les populations dans la voie de la vérité et du salut. Tous ces écrits étaient rédigés à l'usage du séminaire, pour la prospérité duquel La Serre ne négligea rien. Il fit, notamment, l'union de sa prévôté de Paunat à cet établissement dont le directeur était Martin Cœuilhe, archiprêtre de La Quinte. Le sieur

Arnaut (1), dirigeait le petit séminaire. L'Évêque l'avait installé tout près de la cathédrale, dans son palais qu'il n'habitait pas (2).

L'abbaye de Chancelade recevait, de son côté, un grand nombre d'étudiants ecclésiastiques. Parmi eux se faisait alors remarquer

(1) Testament d'Étienne Arnaut, prêtre de la Mission et du séminaire de Périgueux, chanoine, maître-école de la cathédrale, vicaire général, demeurant à la Mission, paroisse Saint-Jean de la Cité :

« ... Je déclare en premier lieu vouloir vivre et mourir dans la foy de la sainte Église catholique, apostolique et romaine, hors laquelle il n'y a point de salut, ayant toujours été soumis d'esprit, de cœur et de langage à toutes les décisions du Saint Siège comme étant le centre de la foy et de l'unité, et à toutes les constitutions des Souverains Pontifes, uni de sentiment au Corps de messeigneurs les évêques et, en particulier, à la constitution *Unigenitus*, Dieu m'ayant fait la grâce d'avoir toujours été très opposé non seulement à la doctrine de Bajus, de Jansénius, de Quesnel et de leurs adhérents, mais encore aux autres nouveautés de ces derniers temps, lesquelles pendant tout le temps de ma vie je n'ay jamais cessé de combattre et d'en éloigner les ecclésiastiques et les laïques, soit en public soit en particulier, et c'est pour moi une consolation bien grande de voir tous mes confrères dans les mêmes sentiments et les mêmes dispositions... »

Minutes Lavavé, 30 juillet 1749 (arch. dép.).

Exécuteur des instructions de Mgr Clément, qui l'avait fait son héritier avec l'abbé de Crevoiseret, Arnaut mourut en 1749.

Il eut un neveu Étienne Arnaut, supérieur du grand séminaire, comme son oncle docteur en théologie, chanoine et vicaire général.

(2) Au XVIIIe siècle, Mgr Macheco de Premeaux eut le dessein de faire agréger ses séminaires à quelque université. A cet effet, il adressa au chancelier D'Aguesseau le mémoire suivant : « ... Le diocèse de Périgueux est composé d'environ 500 paroisses et d'une très grande étendue.

» Pour parvenir à y établir la religion, que l'hérésie y avait presque entièrement détruite dans le dernier siècle, et pour tirer le clergé de la grossièreté, de l'ignorance et du dérèglement où les troubles l'avaient laissé, les évêques de Périgueux ont été à la source. Ils ont vu que les familles du Périgord étaient, par leur indigence, hors d'état d'envoyer leurs enfants faire leurs études dans les autres provinces : qu'il fallait, par conséquent, procurer à ce clergé, dans le diocèse même, un remède qu'il ne pouvait aller chercher ailleurs. Plusieurs personnes de distinction qui en connurent la nécessité entrèrent dans ces vues. Celle qui se distingua le plus par son zèle et sa bienveillance pour l'éducation et les études des jeunes ecclésiastiques du Périgord fut Mme D'Aguesseau de Javerlhac, tante de Mgr le Chancelier, qui donna une somme considérable pour bâtir une église destinée pour un collège ecclésiastique, où elle fonda une bourse perpétuelle pour les ecclésiastiques pauvres et plusieurs messes basses et une messe solennelle et les prières particulières qui sont offertes tous les ans nommément pour elle et pour toute la maison de MM. D'Aguesseau. Ce furent par ces

Jean-Antoine Gros de Belair (1), son futur abbé, le plus grand de tous s'il n'avait pas eu pour prédécesseur Alain de Solminihac. Elle était gouvernée par Jean Valbrune de Belair qui réussit, en 1699, à établir sa réforme dans la domerie d'Aubrac, en Rouergue.

La Mission de Périgueux était connue au loin, même à Paris, comme l'atteste la fondation dont elle fut l'objet, le **28 juin 1701**, de la part de M° Alexandre de Loiseleur, prêtre, docteur de la faculté de Paris, chambrier de l'abbaye de St-Cybard-les-Angoulême. Curé primitif de Triac-Lartige, diocèse de Saintes, prieur de Saint-Cybardeau, de Saint-Yrieix et de Gourville, diocèse d'Angoulême,

---

secours que les évêques de Périgueux établirent deux séminaires qui ont été, par lettres-patentes de Sa Majesté, érigés en forme de collège, avec sept professeurs pour enseigner aux ecclésiastiques la philosophie et la théologie.

» Ces deux séminaires sont conduits et enseignés par une congrégation de prêtres séculiers, qui est aussi autorisée depuis plus d'un siècle. Cette congrégation, unique dans son espèce, ne dépend que de l'Évêque et ne s'étend point hors du diocèse. Par là elle est à l'abri des préventions et des systèmes d'école si ordinaires aux congrégations régulières et si propres à former un esprit de parti. Elle est elle-même composée de diocésains qui connaissent mieux les mœurs du pays, sont plus propres à gagner la confiance des étudiants ecclésiastiques et à les former, comme ils font suivant les statuts du séminaire, non seulement à la science et à la bonne doctrine, mais encore à l'innocence des mœurs, à la piété et à la bonne méthode d'instruire, d'édifier et de gagner les protestants par les voies de la douceur et de la prudence.

» M. l'Évêque de Périgueux, en prenant le gouvernement de ce diocèse, eut la consolation de voir que ces deux séminaires, où il y a chaque année plus de 160 étudiants diocésains, avaient formé successivement un clergé qui est connu avec distinction par la science et la piété, par la bonne discipline et surtout par une pureté de doctrine qui n'a jamais eu un instant d'altération et qui, sans donner dans aucune extrémité sur les matières du temps, a toujours été conforme aux vrais sentiments de l'Église gallicane. C'est à ce clergé qu'on doit le rétablissement de la religion catholique dans une partie du diocèse... »

S'il y a des difficultés à la rétablir pareillement dans le reste du diocèse où sont les meilleures cures et où l'hérésie domine, l'évêque attribue cette différence au défaut de gradués diocésains. D'où nécessité, selon lui, de s'en procurer par une agrégation des séminaires diocésains à quelque université.

Le chancelier approuva et désigna l'université de Bordeaux. Celle-ci, jalouse de son monopole, fit rejeter la proposition. Cela se passait en 1747.

(1) Né en 1680 à Périgueux. Son père excellent jurisconsulte. Étudia chez les Jésuites de Périgueux, qui auraient bien voulu se l'agréger. Entra à Chancelade en 1697 et fut ordonné par Mgr Clément.

de Paleau et de son annexe Montignac-le-Coq, diocèse de Périgueux, il donne aux missionnaires de cette dernière ville (1) « la somme de trois mille livres dont les arrérages au denier vingt devront servir tous les trois ans à missionner chacune des six paroisses sus-indiquées de manière qu'au bout de dix-huit ans toutes ces paroisses soient missionnées... » Mr Nicolas Dalesme, chanoine, archidiacre de la cathédrale de Périgueux, a été désigné comme modérateur de ces missions.

Parmi les missionnaires au nom de qui fut faite la précédente fondation, nous relevons le nom d'André-Daniel Beaupoil de Saint-Aulaire. Né dans le Bas-Limousin, en 1651, il fut d'abord prieur de Paunat, qu'il échangea avec Jacques La Serre (2), contre les prieurés de Saint-Angel et de Quinsac. Il y ajouta le prieuré de Thoy-Viaux et l'archiprêtré de la Porcherie. Mgr de Francheville le nomma vicaire général, puis supérieur du séminaire en remplacement de Martin Cœuilhe. Il était frère du marquis de Saint-Aulaire membre de l'Académie Française, et avait quatre sœurs religieuses à l'abbaye de Ligueux. Une d'elles, Antoinette, fut nommée abbesse le 16 août 1693, par suite de la démission de sa tante. Sa mère, Anne de La Roche-Aymon, vint finir ses jours auprès d'elle, dans un pavillon qu'elle avait fait bâtir dans l'enceinte de l'abbaye.

Pourvu de l'évêché de Tulle le 15 avril 1702 — un mois avant la mort de Francheville — il recueille auprès de lui l'ancien évêque

---

(1) Voici les noms des missionnaires tels qu'ils figurent dans l'acte de fondation : Jean Carrier, Pierre Reynier, Hélie de Stiffenas, Jacques Lasserre, Daniel de Saint-Aulaire, Jean Fargeot, François Truphy, François Defarges, David Souvillé, Martin Cœuilhe, Pierre Labroue, Joseph Soufron, Martin Bosche, Joseph Deschamps, Joseph Dubreuil et Gabriel Jacques.

(2) Le 27 février 1696 Jacques Lasserre afferme à François Dartensel, juge de la prévôté de Paunat, et à Pierre Bertoumesche, praticien, habitant de La Veyssière, paroisse de Pezuls « toutes les rentes, lots et ventes, droits féodaux, droits et devoirs seigneuriaux, dimes, en un mot tous les revenus et droits dépendant de la dite prévôté, avec le droit d'acapte et pesche..... pour six ans, moyennant le prix de 930 livres par an en deux pactes. »
(Minutes Rousseau not. Arch. Dép.).

21 avril 1702 : Union de la prévôté de Paunat par Jacques Lasserre et Jean Carrier avec la Mission. (Minutes Audebert not. Arch. Dép.).

Jacques Lasserre mourut en août 1716, léguant son avoir aux pauvres de Paunat et à ses confrères de la Mission.

de Nantes, Gilles de La Baume Le Blanc, plus que nonagénaire, et lui fit de dignes funérailles, avec éloge funèbre par le jésuite Jean Dubois, le même qui avait loué Francheville. Après dix-huit ans d'épiscopat, il donna sa démission pour se retirer chez les missionnaires de Périgueux. C'est là qu'il mourut en 1734 (1). Ses cendres reposent toujours dans ce qui fut jadis la chapelle de la Mission, à quelques pas de celles de Mgr de Francheville, son père et son ami, que recouvre actuellement le boulevard des Arènes. Ainsi la mort et l'indifférence ont réuni dans un commun oubli deux hommes qui portèrent de beaux noms et occupèrent de grandes charges. *Sic transit gloria mundi !*

CHAPITRE V

Mgr de Francheville et les Communautés religieuses (2).
Les débuts du culte du Sacré-Cœur

Quel triste spectacle avait eu l'évêque François de Bourdeilles lorsqu'en 1575, du haut du côteau de Cablanc, il avait pris possession — à vue de clocher (3) — de sa ville épiscopale occupée par les Huguenots ! Suivant le mot des Périgourdins à Henri de Navarre, Périgueux était déjà « urbis deforme cadaver ». La plupart des

---

(1) Même à Tulle il était resté très périgourdin de cœur, appelant souvent pour la prédication ses amis de Périgueux. C'est ainsi que le 15 juillet 1705, le jésuite Dubois vint à Tulle prononcer l'oraison funèbre de l'abbesse Marie-Esther de Pompadour.

(2) Il n'entre pas dans les intentions de l'auteur de décrire ici les diverses maisons religieuses du Périgord, au temps de Mgr de Francheville. Ces maisons étaient fort nombreuses. L'Évêque fut, de par la volonté de l'Église, le supérieur de ces maisons et eut des rapports obligés avec toutes. Le lecteur ne trouvera ici que les rapports ayant laissé des traces dans les documents d'archive.

(3) Ad spectaculum pinnaculi.

cóuvents avaient été démolis (1) et leurs clochers abattus. Cependant Saint-Front restait debout. Les Réformés l'avaient respecté, par crainte sans doute d'être ensevelis sous ses décombres. Heureusement était survenu l'épiscopat réparateur de La Béraudière. Sous sa vigoureuse impulsion les anciens monastères avaient été rétablis, de nouveaux avaient été édifiés et, au-dessus de la petite ville dont il devenait le pasteur, Mgr de Francheville put apercevoir une forêt de clochers.

*
* *

Très dévoué aux Jésuites, ses anciens maîtres, il eut cependant d'excellents rapports avec les autres communautés du diocèse. Tout près de sa demeure et encore plus près de son cœur était le monastère de la Visitation, alors établi dans l'enceinte de l'amphithéâtre romain de la Cité. Il était gouverné par Mère Françoise-Angélique Brulart, professe du monastère de Dijon et sœur du premier président au Parlement de cette ville.

Comment une professe de Dijon était-elle devenue supérieure de Périgueux ? « Mgr Le Boux — raconte l'*Année Sainte* — désirait une Mère capable de rétablir l'observance affaiblie par le malheur des temps (2). Il écrivit aux Supérieures des Maisons de Paris et, particulièrement, à la Mère Marie-Thérèse Fouquet, leur exposant le triste état du Monastère et les raisons qu'il avait de souhaiter le gouvernement d'une sœur étrangère. Les très honorées Mères Marie-Thérèse Fouquet et Marie-Henriette de Chandenier, s'adressèrent à Dijon et demandèrent, au nom de l'Évêque de Périgueux, la Mère Françoise-Angélique dont la vertu, l'expérience et l'habileté étaient généralement connues. Lorsque notre humble Sœur eut pris connaissance de ces lettres qui étaient fort pressantes, elle

---

(1) Notamment les couvents des Dominicains, des Franciscains et des Augustins furent totalement ruinés.

(2) En quoi consistait ce « malheur des temps » à la Visitation de Périgueux ? Tous les documents contemporains le signalent, mais aucun n'en dit la nature; il était dû sans doute à l'ingérence abusive de l'extérieur dans la communauté sous le fallacieux prétexte de lui venir en aide.

alla se prosterner devant le très saint Sacrement et offrit à Dieu sa personne et sa vie pour le service de l'Institut, puis elle demeura tranquille et indifférente à tout événement. Elle entra en solitude (1) sans aucune préoccupation d'esprit : bientôt elle y apprit son élection à Périgueux — 27 septembre 1691 — et elle ne songea plus qu'à partir pour se rendre où Dieu l'appelait » (2). Elle voulait même aller à Périgueux par la voie la plus courte, en traversant l'Auvergne. Mais les périls et les difficultés des lieux lui firent prendre la route de Lyon et de la Provence. Arrivée près de Périgueux, elle rencontra un messager de Mgr Le Boux, chargé de la conduire au palais épiscopal. L'Évêque et la Supérieure s'entretinrent longuement. Cette dernière se rendit le soir même au monastère des Arènes, apportant avec elle deux grands biens : l'observance et la paix.

Quelques mois après — 10 mai 1692 — dans une circulaire adressée à l'Institut, Mère Brulart disait ses impressions sur sa nouvelle résidence : « L'on doit rendre cette justice à la ville de Périgueux qu'elle est abondante en bons et beaux esprits et, par conséquent, en secours spirituels, y ayant un très beau clergé, composé d'un célèbre et fameux Chapitre, rempli de personnes illustres en science et en piété ; d'une Congrégation de Prêtres Missionnaires, dont la vertu et la réputation est non seulement répandue dans le Diocèse, mais encore dans les provinces voisines, qui les fait rechercher de Messeigneurs les Prélats pour l'utilité de leurs peuples, par les Missions qu'ils y font de temps à autre, ayant encore la direction et l'éducation d'un grand séminaire. Il y a aussi plusieurs abbés et bon nombre de Religieux entre lesquels le collège des Révérends Pères Jésuites doit être distingué par l'estime que leur doctrine leur a acquise dans cette province comme partout ailleurs. Nous éprouvons avec utilité leurs secours dans les occasions... »

Dès son arrivée, la nouvelle supérieure fut mise au courant de l'état temporel de la maison. Pleine de foi en la Providence, elle n'en parut ni chagrine ni embarrassée. Grâce aux libéralités provenant de sa famille et des monastères plus fortunés de Dijon et de

---

(1) A la Visitation on appelle solitude la grande retraite annuelle.
(2) *Année Sainte*, Annecy, imprimerie Burdet, 1867. Tome II, page 188.

Paris, elle put faire face aux besoins les plus urgents. Le diocèse, voyant les sœurs moins gênées, commença à leur confier des jeunes filles pour le pensionnat et pour le noviciat.

Malgré les efforts de la Mère Brulart, lors de l'arrivée de Mgr de Francheville, la communauté était encore plus riche de vertus que de biens. L'Évêque la fit d'abord affranchir d'une rente de 100 livres, dont elle avait jadis reçu le principal. Il est vrai que cette rente ne se payait que tous les cinq ans, lorsqu'était donnée la mission fondée pour la ville. La Visitation devait alors payer 500 livres, ce qui était pour elle extrêmement onéreux. Une autre fois, Mgr de Francheville lui donna 150 livres, Mlle Suzanne de Foix de Candale (1) 120 livres et le poète Lagrange-Chancel, dont la grand'tante était visitandine, 300 livres pour l'achat d'une lampe d'argent.

Un des principaux bienfaiteurs de la Visitation fut Gilles de La Baume Le Blanc. Il prit à sa charge les 600 livres, montant de la pension du chanoine Guimbelet, qui fut 15 ans aumônier du monastère sans recevoir aucun émolument. Ce dernier lui abandonna même en diverses fois 1.380 livres. En 1698, sous la médiation de l'ancien Évêque de Nantes, l'abbé de Peyrouse Thibault de Labrousse céda au monastère la rente de 100 livres servie par un capital de 2.000 livres qu'il avait avancé pour la pension d'une novice. L'année suivante, Anne Duteilh, visitandine, constitue une autre rente au profit de sa chère Visitation, pour remercier Dieu de l'y avoir conduite. Vingt ans plus tôt, en 1678, la pauvreté du monastère était si grande que la chapelle — commencée déjà depuis dix ans — n'était pas encore ouverte au culte, comme l'atteste l'extrait suivant du testament de Louis Chancel, écuyer, sieur de Barbadeau : « ... Je lègue aussi la somme de 40 livres au monastère de la Visitation Sainte-Marie de la Citté de lad. ville, qui sera payée et employée à embellir la figure de saint François de Salles ou autre réparation lorsque les religieuses voudront mettre leur Églize en estat et y faire le service divin... » (2)

---

(1) Dite « Dame de Montpon ». Tante de Mgr de Belzunce qui a écrit sa vie, habitait le château de Montpon, y fonda un hôpital et en nourrit la population lors de la grande famine de 1694.

(2) Extrait des minutes de Me Bonnet, notaire royal.

Grâce à la bienveillance de Mgr de Francheville et à la vertu rayonnante de la Mère Brulart, la situation matérielle de la Visitation s'améliora rapidement. A nulle autre époque, en effet, et dans l'espace de si peu d'années, on ne vit un plus grand nombre de noviciats fondés et de rentes établies. Les familles les plus considérables du Périgord et des provinces voisines, tant de la noblesse que de la bourgeoisie, tenaient à honneur d'être représentées dans cette dévote maison qui, à la vie contemplative ajoutait avec grand succès l'œuvre de l'éducation. Le premier président au présidial de la ville, François de Simon de Châtillon (1), y avait ses deux filles. Il est une visitandine d'alors à citer entre toutes les autres : Sœur Catherine-Alexis Bouchard des Plassons. Son nom avait, au XVIe siècle, laissé dans l'histoire de l'Église de Périgueux, une tâche que cette sainte fille et les deux nièces qui lui succédèrent dans le cloître devaient effacer en contribuant, par leurs prières et leurs sacrifices, à raffermir la foi tant ébranlée par l'apostasie de leur aïeul.

Sous le coup des détresses matérielles, la Mère Brulart avait établi dans son monastère la dévotion à la divine Providence par la dédicace d'une chapelle et l'érection d'un autel en son honneur (2).

---

(1) Avait épousé Jeanne de Martin, fille de Guillaumelle Roy et de Jean de Martin, conseiller au présidial de Périgueux, qui contribua, avec Pierre-Alexandre de Fompilon, conseiller au même présidial, à l'établissement des Visitandines. Jean de Martin, devenu veuf, se fit prêtre, fut prieur de Merlande, présida la cérémonie de la fondation du monastère (1641), en inaugura la chapelle par la célébration de sa première messe et fut le premier Père spirituel de la communauté. Sa fille, Jeanne de Châtillon, en fut la première pensionnaire. Cette dernière, femme la plus distinguée de la société périgourdine au XVIIe siècle, a laissé des poésies manuscrites et trois filles religieuses : Gabrielle et Josèphe à la Visitation, Angélique à Sainte-Claire de Périgueux.

(2) Chapelle célèbre dans les annales périgourdines. Faisait face au chœur des religieuses. « ... La chapelle de la Providence, déjà parfaitement décorée par la garniture de l'autel, par la beauté de la sculpture et la dorure du rétable, et d'une grille en fer qui la ferme, était tapissée en tapisserie au petit point, soie et laine, sur laquelle on avait distribué plusieurs beaux tableaux et reliquaires et un grand tableau de Turquie couvrait le marche-pied de l'autel et une grande partie du pavé... » Extrait du récit des fêtes de la canonisation de sainte Chantal, par la Sœur de Lagrange Chancel.

Cet autel donna lieu à une grande manifestation religieuse, à laquelle toute la ville prit part, qui dut bien consoler l'Évêque à peine arrivé et les Filles de saint François de Sales. Il s'agissait d'apaiser la colère de Dieu, car toutes sortes de calamités — notamment les pluies incessantes — désolaient le Périgord. En voici le récit fait par les Visitandines elles-mêmes. L'événement est du 10 juillet 1694 : « Les Pénitents de la Croix portèrent le buste de notre Saint Fondateur et ses précieuses reliques sous un dais. On avait fait tapisser les rues où on le devait passer et, pour rendre cette procession plus célèbre, on y portait les Armes de la Passion, qui est la chose la plus touchante qui se puisse voir, et un bras de saint Sylvain, martyr, qu'on nous fit vénérer à la grille de la communauté. Une foule y assistait et la plupart prirent le devant et montèrent sur les remparts pour voir plus commodément les Saintes Reliques, versant des larmes de consolation lorsqu'elles entrèrent dans la ville, faisant des acclamations, en donnant mille louanges à leur bien aimé Protecteur, dont le buste fut mis sur l'autel. Le Saint Sacrement était exposé pour les oraisons des 40 heures. Il fut environné de flambeaux et d'une prodigieuse quantité de belles fleurs que chacun portait à l'envi. L'église ne désemplit point depuis quatre heures du matin jusqu'à nuit close, ce qui continua jusqu'à quatre heures qu'on nous le rapporta en triomphe avec les mêmes marques de piété et de dévotion et, de plus, ces Messieurs, par un surcroît de zèle à l'honorer, voulurent le porter à une chapelle miraculeuse de la Sainte Vierge, qui est sur une montagne hors de

------

L'autel, payé avec l'argent — 240 livres — que la Mère Brulart avait reçu de ses frères. Supérieure à Dijon, à Semur et à Besançon, avant d'être élue à Périgueux, la Mère Brulart avait partout marqué son gouvernement par l'érection d'une chapelle dédiée à la divine Providence. « Notre digne prélat, Mgr Le Boux, pour donner plus d'éclat à cette fête, voulut y prêcher et le fit divinement à son ordinaire, enlevant les esprits et charmant tous les cœurs d'un auditoire très nombreux et choisi. Son éloquence et sa grâce naturelle parurent plus que jamais. Il prit pour texte ces paroles : *Misereor super turbam*, et remplit admirablement son sujet sur l'évangile du jour qui se rencontrait heureusement de la multiplication des pains. Pendant son sermon, il adressa trois fois la parole à notre très honorée mère, la félicitant de sa piété singulière à faire honorer la divine Providence... » (Extrait d'une circulaire de la Visitation de Périgueux racontant la dédicace de l'autel de la divine Providence qui eut lieu le dimanche 6 juillet 1693.)

la ville (1). Plusieurs maisons de la ville l'ayant su firent instance qu'on portât ces Reliques dans leur église : Les Dames de Saint-Benoît et de Notre-Dame (2) eurent cette consolation et firent tout ce que leur piété leur put inspirer pour donner des marques de vénération à notre grand Saint. Les Révérends Pères Cordeliers en firent de même (3) et se signalèrent en toutes manières, tant par leur chant qui fut admiré de tout le monde, que par les honneurs extraordinaires qu'ils rendirent aux Saintes Reliques que nous reçûmes au son de nos cloches et dans la plénitude de la joie de nos cœurs, étant rangées devant nos sièges, un cierge à la main, les rideaux de la grille tirés. Ces messieurs firent leurs remerciements à notre Très honorée Mère et cette auguste procession, qui était en chemin depuis six heures du matin jusqu'à 11 heures, étant sortie de notre église, nous chantâmes le *Laudate* en action de grâces, tandis qu'une foule de monde se vint jeter sur ce sacré dépôt pour y faire toucher leurs chapelets et médailles ; jusqu'à une pauvre femme qui, ne trouvant rien sur elle, prit le bonnet du petit enfant qu'elle portait pour le faire toucher aux Saintes Reliques qu'on avait peine de quitter : et l'on nous dit à notre grille : « Mesdames, » voilà votre Saint. Nous vous le rendons, mais il nous en fâche » bien. » On avait tapissé les rues de même que le premier jour et, dans les chemins qui sont hors de la ville, les paysans les avaient orné de branches d'arbres et jonché la terre de verdure, ce qui fut commode aux Pénitents qui étaient nu-pieds. Nous vîmes par les effets que la confiance et les prières de tout un peuple avaient été agréables à Dieu et à son serviteur saint François de Sales, car les mauvais temps cessèrent dès le premier jour que les prières et les vœux commencèrent à l'autel de la Providence (4)... »

---

(1) Il s'agit sans doute de Notre-Dame de la Garde, située alors au-dessous de l'actuel asile Parrot.

(2) Situées, les premières au Lycée, les secondes rue du Plantier.

(3) Occupaient la Visitation actuelle.

(4) En 1699, dans les premiers jours d'août, eut lieu une nouvelle procession, encore plus solennelle, en l'honneur de saint François de Sales. Il s'agissait d'obtenir, non pas la « Sérénité », comme en 1694, mais la fin de la sécheresse. Comme en 1694, le bon Saint exauça aussitôt ses dévots Périgourdins.

Ayant satisfait son culte pour la divine Providence, Mère Brulart voulut que le Sacré-Cœur de Jésus eût aussi sa chapelle et sa confrérie. Sainte Marguerite-Marie venait à peine de mourir. Ce n'était encore que l'aurore de la dévotion nouvelle. Elle eut le grand mérite de comprendre le mouvement parti de Paray et de s'en faire, la première, l'apôtre en Périgord. Sa correspondance avec la Sœur Jeanne-Madeleine Joly, de Dijon, la tenait au courant des progrès de cette dévotion (1). Elle n'eut pas de peine à obtenir de Mgr de Francheville l'autorisation d'ériger dans l'église du monastère une confrérie en l'honneur du Sacré-Cœur et d'y établir les mêmes pratiques qu'à Dijon. Grâce au livre-journal du monastère, dont une partie fut rédigée par la Sœur Marie-Éléonore de Lagrange-Chancel, il est possible de « faire revivre le glorieux souvenir de l'établissement de cette tendre et salutaire dévotion. » Voici comment ce manuscrit raconte l'événement :

« La très honorée Mère Brulart, voyant une si heureuse réussite à l'établissement de la dévotion à la Divine Providence, par l'érection d'un autel en son honneur, voulut bien encore nous faire part de la dévotion au Sacré-Cœur de Jésus. Elle l'insinua si fortement dans le cœur de ses religieuses, qu'elles souhaitèrent ardemment de la voir établie dans leur église. Pour cet effet, elles obtinrent permission de Mgr de Francheville, leur évêque, d'en faire la solennité. S'étant adressées au R. P. Malereau, de la compagnie de Jésus, grand dévot à ce divin Cœur, il fut charmé d'être dans l'occasion d'en instruire la dévotion à tout un peuple. Ayant obtenu de Mgr de Périgueux permission de la commencer par l'oraison des quarante heures, il se chargea de trois sermons pour cette solennité, qui commença le 22 février et continua les 23 et 24 de l'année 1695. Il y eut un concours extraordinaire de monde, qui fit paraître

---

(1) La Mère de Saumaise, professe de Dijon, avait été trois ans supérieure à Paray. Elle était revenue à Dijon, mai 1682. Elle s'était faite l'apôtre du Sacré-Cœur parmi ses Filles. Parmi elles était Sœur Jeanne-Madeleine Joly, toute embrasée d'amour pour le Sacré-Cœur et auteur d'une messe, d'un office et de litanies en son honneur. Ainsi Périgueux se trouvait relié à Paray par la Mère Brulart, la Sœur Joly et la Mère de Saumaise, toutes trois professes de Dijon.

beaucoup d'ardeur à embrasser cette dévotion. Dans la même année, on obtint de Rome une indulgence plénière pour le jour de la solennisation de cette sainte feste, le lendemain de l'octave de la Feste-Dieu, et de même la permission d'en célébrer la feste tous les premiers vendredis de chaque mois. »

Dans la nouvelle chapelle du Sacré-Cœur eut lieu désormais, le premier vendredi du mois, un exercice en son honneur comprenant le *Miserere*, une amende honorable et le salut du T. S. Sacrement (1). Là fut aussi le siège de la confrérie instituée alors pour l'adoration perpétuelle du Sacré-Cœur. Sur la liste des membres remontant à 1702, on remarque l'Évêque et ses deux frères Pierre et Gervais de Francheville, Martial-Joseph de Verthamon, de la Cie de Jésus ; Pierre de Calviac, Henri de Marquessac, Simon de Glane et un grand nombre de personnes notables. Un recueil de prières et de cantiques publié (2) sous ce titre : *La dévotion au Cœur de Jésus-Christ establie dans l'église des religieuses de la Visitation Sainte-Marie*, répandit le nouveau culte dans tout le Périgord (3).

Une lettre circulaire des Visitandines de Périgueux à l'Institut — datée du 15 juin 1697 — précise la nature des rapports de Mgr de Francheville avec la Visitation et la Mère Brulart (4). Il nomma supérieur et père spirituel de la communauté l'ancien Évêque de Nantes « qui se donne tant de peine et de soins pour nous faire avancer dans la perfection de notre saint Institut par des exhortations touchantes que Sa Grandeur a la bonté de nous faire souvent ; il nous fait aussi la grâce de dire notre messe de communauté presque tous les jours, et veut bien encore nous faire la faveur de confesser quelques-unes de nous, le mercredi et le samedi, et cela indifféremment, celles qui veulent. Nous pouvons dire à la

---

(1) Un grand et beau tableau représentant le Sacré-Cœur entouré d'anges et surmonté du Saint-Esprit, sous la forme d'une colombe, et du Père Éternel ouvrant ses bras, fut placé dans la chapelle lors des fêtes de 1695. Il existe toujours et orne aujourd'hui le réfectoire de la communauté.

Le chant du *Miserere* a lieu encore tous les premiers vendredis.

(2) A Périgueux, chez Pierre Mazeau, 1696.

(3) Voir à l'appendice la note relative à la confrérie du Sacré-Cœur et la bulle d'Innocent XII.

(4) Archives de la Visitation Sainte-Marie de Périgueux.

louange de ce grand prélat que c'est un second saint François de Sales, en douceur, bénignité et union avec Dieu... »

Mgr de Francheville rivalisait de sollicitude avec son vénérable auxiliaire et n'était pas honoré d'une moindre confiance : « ... Notre très honorée mère ne fait rien tant soit peu important qu'elle ne le lui fasse communiquer, et bien que nous voyons rarement Sa Grandeur, lorsque ce bonheur nous arrive, il nous dédommage de ses longues absences par des témoignages d'une bonté charmante qui nous comble de reconnaissance. L'on le tient pour un des grands prélats de l'Église, étant tout appliqué à sa fonction épiscopale et d'une manière si douce et si engageante, que l'on ne peut résister au saint zèle qui l'anime pour la gloire de Dieu et le salut de son troupeau... »

Quelque temps auparavant (1), Mgr de Francheville avait fait la visite canonique de la communauté et exhorté les sœurs « à l'union cordiale les unes avec les autres, à la fidélité, au silence et de continuer à vivre séparées du monde et de tout ce qui peut empêcher l'union de nos âmes avec notre divin Époux.

« Ce digne prélat témoigna être fort satisfait de nous et, de notre côté, nous fûmes véritablement pénétrées de l'onction sainte que répandaient ses paroles et, pour comble d'honneur, à la fin de sa visite, notre très honorée mère supplie Sa Grandeur de mettre par écrit la grâce qu'il nous faisait de choisir son tombeau dans notre église, s'en étant expliqué quelque temps devant, ce que ce grand prélat agréa et exécuta dans le même moment, avec un visage qui marquait sa joie. M. l'abbé de Tourtoirac (2) et M. Coignet, chanoine et grand vicaire, présents, en furent les témoins. Ce dernier voulait cette faveur pour sa cathédrale, et d'autres MM. les chanoines le demandèrent avec empressement. Sa Grandeur les remercie de leur honnêteté et leur dit : « Ce qui est écrit est écrit. Vous autres,

---

(1) L'annaliste du monastère se borne à préciser l'année : 1696.

(2) Il s'agit de l'abbé de Jay de Beaufort. Dans sa famille on se succédait d'oncle à neveu dans la possession de l'abbaye de Tourtoirac, joli bénéfice de 5,600 livres. L'abbé de Tourtoirac était devenu, après la mort du chanoine Guimbelet, confesseur des Visitandines. Cela explique pourquoi, contrairement à l'avis de M. Coignet, il était pour la sépulture à la Visitation.

» Messieurs, vous oublieriez bientôt de prier Dieu pour moi, mais
» mes filles de la Visitation s'en souviendront toujours. »

Tableau charmant que celui de cet évêque, ou mieux de ce père
qui, au début de son ministère et n'ayant pas encore cinquante ans,
voit déjà ses enfants, rivalisant d'affection, se disputer sa dépouille
mortelle. A-t-il eu tort, pour garder son tombeau, de préférer aux
chanoines les Visitandines ? Ce qu'on peut affirmer, c'est que
celles-ci, même après plus de deux siècles et dépossédées de sa
tombe, ne cessent pas de prier pour leur père.

La lettre raconte ensuite la dernière fête de saint François de
Sales à la Visitation : « Il se trouva tout à la fois dans notre sacristie,
le matin de ce grand jour, nos deux grands prélats, un abbé crossé
et mitré et trois autres abbés commendataires qui, tous, dirent la
sainte messe. Mgr l'ancien évêque de Nantes dit celle de la communauté et MM. les Pénitents de la Croix, qui viennent tous les ans ce
jour, en procession, dans notre église, entendirent celle de Mgr de
Périgueux, notre digne prélat, et communièrent de sa main au
nombre de plus de quatre-vingts. Ce même jour il fut dit quarante-
quatre messes à nos quatre autels (1), qui furent commencées à
six heures du matin et ne finirent qu'à midi. Le nombre des commu-
nions fut prodigieux. Le panégyrique de notre saint patriarche fut

---

(1) Chapelle de la Visitation, commencée en 1668. Porte d'entrée au midi,
regardant la porte de l'église Saint-Étienne de la Cité. Comptait sept chapelles
accolées à la nef. En 1697, il n'y avait encore que quatre autels. Le principal
était dédié à saint François de Sales.

Fondé en 1641 par la seule Providence divine — comme s'expriment les
annalistes du temps — le monastère n'avait pas attendu jusqu'en 1668 pour
se doter d'une chapelle. Ce fut même son premier soin aussitôt après son
établissement. Mais la chapelle primitive devait être provisoire et permettre
d'attendre des jours meilleurs qui arrivèrent — 1668 — avec les générosités
de M. Devaulx, prêtre sacriste de Saint-Nicolas-des-Champs, à Paris — don
de 12.000 livres — et de Sœur Marie-Henriette de Ranconnet d'Escoire
— don de 45.000 livres. — Il est même probable que ce sont en partie les
grandes dépenses faites pour la construction de la chapelle qui mirent la
communauté dans l'état de gène extrême où la trouva à son arrivée la Mère
Françoise-Angélique Brulart.

Pour nous renseigner sur la chapelle primitive, nous possédons un contrat
inédit, extrait des minutes de Me Maigne, notaire royal. Le lecteur le trouvera
in extenso à la fin du présent volume.

prononcé par le P. Orfaure, jésuite, insigne prédicateur et un de ses grands dévots. Il satisfit parfaitement son nombreux auditoire, composé des personnes les plus distinguées. Monseigneur, notre illustre prélat, donna la bénédiction du Saint-Sacrement. »

Le passage suivant montre que la bienveillance de l'Évêque, pour sa chère Visitation, était sans limite : « ... Sa Grandeur nous accorda, à la prière de Monseigneur de Nantes, de donner les ordres dans notre église à plus de quarante ordinands. Ce grand prélat fit cette action avec l'ardeur d'un séraphin et la majesté d'un grand pontife. Notre très honorée Mère fit ouvrir le rideau de la grille pour donner la satisfaction de voir les saintes et sacrées cérémonies qui firent de grandes impressions de dévotion et de vénération dans nos âmes. Nous fûmes charmées de la modestie de ces Messieurs et de la mélodie de leur chant. Monseigneur, notre illustre prélat, témoigna de sa part d'être fort content d'avoir fait cette sainte action dans notre chapelle, qu'il trouva fort commode pour ce sujet... »

On le voit : le privilège de la Visitation de prêter sa chapelle pour les ordinations ne date pas d'hier. Nos évêques, aux heures troubles de la vie diocésaine, ont toujours aimé à conférer les saints Ordres dans la douce et chaude atmosphère de la piété visitandine.

Le Mère Brulart, réélue en 1695, achevait son second triennat. La communauté de Périgueux aurait bien voulu la garder après sa déposition dans le secret espoir sans doute de la remettre un jour à sa tête. « La crainte de partager la confiance que ses filles devaient placer tout entière dans leur nouvelle supérieure, la détermina à solliciter immédiatement de Monseigneur de Périgueux sa lettre d'obédience. » Celui-ci lui répondit : « Je n'ai point d'autorité sur vous, ma sœur : je n'ai pas d'ordre à vous donner, mais je rendrai témoignage de l'édification que votre sage conduite a procuré à tout mon diocèse. »

Et la Mère Brulart partit, laissant dans les larmes sa communauté et l'élite de la société périgourdine. Au cours de son voyage de

retour à Dijon. dans tous les monastères où elle passa. elle se fit
l'apôtre du Sacré-Cœur (1).

La Mère Madelaine-Agnès de Testard de Lambertie (2). d'une
famille du Périgord. succéda à la Mère Brulart. Ayant reçu. en **1701**.
une dot arriérée de **2,000** livres et un don de **1,000** livres. elle
décida de reconstruire le chœur qui menaçait ruine sur de plus
vastes proportions. Au mois d'avril. Mgr de Francheville bénit la
première pierre. Cérémonie grandiose. restée célèbre dans nos
annales religieuses. Le Prélat — le lecteur s'en souvient — était
très dévôt à la Sainte Vierge. Il semblait que Marie l'avait choisi
tout exprès pour ce Périgord. dont le sol âpre était hérissé de sanc-
tuaires en son honneur. Mais. devançant la définition de l'Église. il
professait déjà la croyance à l'Immaculée-Conception. Croyance qui.
de temps immémorial. était aussi celle de l'Église de Périgueux.

---

(1) Elle visita les monastères de La Rochefoucauld. Poitiers, Loudun,
Saumur, Tours. Blois et Orléans. Saint-Germain et Saint-Denis ; les trois
monastères de Paris ; les monastères de Melun, Auxerre et Semur et arriva
à Dijon le 27 octobre 1698 ; le voyage avait duré près de six mois.

Durant son gouvernement, particulièrement heureux. à Périgueux, la Mère
Brulart eut cependant quelques ennuis. dont nous trouvons trace dans les
archives du présidial. En 1693, elle porte plainte d'un vol de linges, hardes,
volailles et autres objets. qui a été commis au préjudice de son monastère.
par des gens qui ont escaladé les murailles de l'enclos. crocheté les portes
et brisé le cadenas de la porte de la chambre aux provisions.

Vers le même temps. Marie Teyssandier. épouse de Pierre de Bacharetie.
sieur de Peyrelade, fut, à la prière de son époux. admise provisoirement à
la Visitation. C'était une personne fort légère et la Visitation avait une telle
réputation de vertu qu'elle fut jugée seule capable de la remettre dans le
droit chemin. Hélas ! le mal était si invétéré qu'il fallut bientôt rendre
l'incorrigible à son époux, qui habitait le château de Beaupuy, paroisse de
Beauronne. Mgr de Francheville avait délégué Mgr de La Baume pour procéder à l'élargissement. Mécontent du retour de son épouse, le sieur de
Peyrelade signifia sa colère à la Mère Brulart. par exploit d'huissier, le
12 juillet 1697. La conduite de Marie Teyssandier était d'autant moins excu-
sable qu'elle était mère. Nous relevons dans les registres paroissiaux de la
paroisse Saint-Front. à la date du 19 août 1695. le baptême de Pierre, fils de
Pierre Bacharetie. sieur de Peyrelade. et de Marie Teyssandier.

(2) Étaient deux religieuses de ce nom à la Visitation. On lit dans les
minutes de Me Maigne. notaire royal à Périgueux : Du 24 avril 1656. réception et dotation d'Huberte de Testard de Lambertie ; du 19 février 1661,
réception et dotation de Marguerite de Testard de Lambertie.

Au xiv° siècle un saint, Pierre Thomas, qu'on croyait à tort périgourdin, n'avait-il pas écrit tout un traité sur le grand privilège marial ? (1) Plusieurs églises, notamment celles d'Eyrenville et de Montpeyroux, étaient placées sous son vocable. L'Évêque voulut donner à cette croyance une consécration solennelle en faisant graver sur la première pierre du chœur des Visitandines ces mots : *Maria concepta est sine peccato*, qui furent répétés par lui, par Gilles de La Baume et par les directeurs du grand séminaire, en présence d'une multitude immense. Cet acte de foi anticipé se faisait dans l'ancien amphithéâtre romain de Vésone, où était bâti le nouveau monastère, « comme pour purifier ce lieu de toutes les turpitudes dont il avait été souillé par le paganisme et le libertinage (2). »

Le livre-journal du monastère relate en ces termes le souvenir de cette solennité : « Mgr de Francheville, accompagné de Mgr de La Baume Le Blanc, ancien évêque de Nantes, et de tous les Messieurs du grand séminaire, bénit la première pierre où l'on a gravé dessus : *Maria concepta est sine peccato*, ayant dédié ce chœur et tout son bâtiment en l'honneur de l'Immaculée-Conception de la Sainte Vierge. Ce chœur est très beau, bien voûté, bien parqueté et orné d'une belle boiserie où les stalles sont engagées, et tout ce qui en fait l'ornement est très bien travaillé (3). »

M. Bedois, architecte nantais, confia la construction de ce chœur à un habile maçon, M° Jean Chossidon, qui avait déjà travaillé à l'église. Il le bâtit aidé de trois autres maçons, avec tant d'activité « qu'à compter du jour que la première pierre fut posée il fut achevé trois ans après (3). »

La Mère de Lambertie, avec les dispositions que nous révèle une ancienne circulaire, était bien faite pour seconder les pieux desseins de l'Évêque dans son culte pour Marie. « Sa dévotion à la très Sainte Vierge, écrivaient ses filles après sa mort, était singulière, particulièrement à son Immaculée-Conception, disant tous les jours son petit office (3). » En souvenir de la dédicace du nouveau chœur

---

(1) Il est avéré que l'auteur du *Traité de l'Immaculée-Conception* est un franciscain et non un carme comme le saint sarladais du même nom.

(2) *Notes sur l'Histoire religieuse du Périgord*, par le chanoine René Bernaret.

(3) Archives du monastère de la Visitation Sainte-Marie de Périgueux.

elle fit graver sur une des clefs de voûte de la chapelle le saint nom de Marie couronné avec les mots : *Maria concepta est sine peccato* (1).

.·.

Une cérémonie analogue à celle de la Visitation avait eu lieu quatre ans plus tôt au couvent de Sainte-Ursule. La supérieure élue une première fois le 15 mars 1694, en remplacement d'Anne de Jay de Beaufort, était Françoise de Landry, religieuse remarquable qui mena sa maison à un haut degré de prospérité. Lors de sa réélection — 20 mars 1697 — Mgr de Francheville célébra lui-même la messe du Saint-Esprit, présida le chapitre et confirma l'élection. Le 21 mai il donne le saint habit à Marie-Élisabeth d'Hautefort dont il reçoit les vœux l'année suivante. Le 25 juin il bénit les premières pierres de la nouvelle église qui sont posées par cinq pauvres en l'honneur des cinq membres de la Sainte Famille, Jésus, Marie, Joseph, Joachim et Anne, patrons de la communauté, « donnant ainsi à cette modeste cérémonie — selon la parole de son successeur, Mgr Dabert — une vive empreinte de sa charité pastorale (2). » Mgr de Francheville se rendit encore à Sainte-Ursule, notamment pour présider la vêture de Marie Du Lau, fille de son ami si éprouvé

(1) En 1644, après trois ans d'existence, la Visitation de Périgueux, qui avait débuté avec vingt-six membres, se trouvait assez prospère pour envoyer huit religieuses à Tulle fonder un nouveau monastère. Quarante ans après — 1684 — la Visitation de Tulle fondera à son tour la Visitation de Saint-Céré. Heureux temps où l'esprit chrétien était assez puissant sur les âmes pour alimenter en sujets nombreux et de choix des monastères aussi rapprochés que ceux de Périgueux, Tulle et Saint-Céré, sans compter les monastères voisins aussi de Bordeaux, La Rochefoucauld, Limoges et Agen ! C'était encore mieux dans l'est et le sud-est de la France et en Savoie où l'on comptait parfois jusqu'à deux et même trois Visitations par diocèse.

Nous publions *in extenso* à la fin du volume le contrat inédit de la fondation de Tulle, extrait des minutes de Me Maigne, notaire royal. Le lecteur y verra que les Jésuites de Tulle cèdent aux Visitandines leur établissement devenu sans doute insuffisant. Les Filles de saint François de Sales s'établissant dans un immeuble des Fils de saint Ignace ! C'est un fait que l'on trouve à l'origine de maintes Visitations, notamment de celle de Paray-le-Monial.

(2) Discours à la bénédiction de la nouvelle église de Sainte-Ursule, aujourd'hui, hélas ! désaffectée comme son aînée transformée en magasin de fers.

le seigneur d'Allemans. C'était le 3 juillet 1701. Quand, le 20 juillet 1702, Marie Du Lau fit profession entre les mains du vicaire capitulaire, Antoine de Jay de Beaufort, le prélat était mort depuis près de deux mois (1).

.*.

A Mgr de Francheville remonte l'établissement officiel des Filles de la Foi à Périgueux. Il les avait installées près de Saint-Front, dans le logis abbatial (2). Les lettres patentes du Roi leur conférant l'existence légale furent publiées en août 1699 et enrégistrées le 13 février suivant. L'Évêque les avait vues à l'œuvre à Bergerac, où elles travaillaient avec grand succès à l'éducation des jeunes filles

---

(1) A la vêture et à la profession de Mlle d'Hautefort le sermon fut donné par le P. Orfaure S. J.

A la vêture et à la profession de Mlle D'Allemans le sermon fut donné par M. Orfaure, curé de Grand-Brassac, paroisse natale de la nouvelle religieuse.

Les Ursulines — comme les Visitandines — eurent part aux largesses du prélat. Il leur légua par testament une certaine somme versée à la communauté par ses héritiers. De son vivant il les avait bien aidées en intervenant en leur faveur à Bordeaux auprès du premier président de Tresne, au cours du redoutable procès qu'elles eurent à soutenir contre le sieur Bordes, huissier. Voici la lettre qu'il écrivit à cette occasion, extraite des archives de la famille de Francheville :

« Nos religieuses Ursulines ont, Monsieur, un procès au rapport de Monsieur Vincent, contre un huissier de ce présidial appelé Bordes, qui ne fait pas honneur à sa Compagnie. Si ce que l'on dit est vrai, cet huissier court quelque risque de paier in œre et in cute. Cependant il est fier et parce qu'il a affaire à de bonnes, simples et saintes religieuses, il se prévaut de leur bonté. Il est à craindre que Monsieur le procureur général ne devienne sa partie et ne veille demander qu'il soit fait un exemple capable d'arrêter les crimes qui ne sont que trop communs en Périgord. Nous n'avons, Monsieur, d'autre interest que de gaigner notre procès avec dépens. Si cela, Monsieur, vous parois juste, je vous supplie très humblement de nous être favorable.

» D., evesque de Périgueux.

» A Périgueux, ce 1er mars 1702. »

(2) De là elles allèrent occuper la maison du sr Lahorie-Fricard, comprenant le Jeu de Paume, qui devint leur chapelle, située sur l'actuelle place Francheville, puis la maison Massoubre, rue des Farges, où les trouva la Révolution.

et à la persévérance des nouvelles converties. Aussi voulut-il doter Périgueux d'un semblable établissement pour lequel Mlle de Sédière lui donna 18.000 livres. Les lettres royales font bien connaitre le caractère de la nouvelle institution : « ... Nous voulons... celles qui la composent ou composeront à l'avenir vivre en communauté sous la conduite et direction du sr évêque de Périgueux et élever les jeunes filles à la piété et aux ouvrages conformes à leur état, recevoir les femmes et filles nouvellement converties et les personnes de leur sexe qui voudraient faire des retraites spirituelles et s'appliquer généralement à toutes sortes de bonne œuvre, voulant que ladite maison jouisse des mêmes priviléges dont jouissent les maisons de pareil institut, à condition toutefois qu'elle ne pourra être changée en maison de profession religieuse, mais demeurera toujours dans l'estat séculier, que l'on y vivra suivant les règles et les statuts qui y seront donnés par ledit sr évêque de Périgueux ; et pour témoigner davantage combien l'établissement de cette maison nous est agréable et que nous en désirons l'affermissement nous l'avons mise sous notre protection et sauvegarde, lui permettant d'accepter et recevoir les dons et legats qui leur pourront être faits... » Le Roi termine en exemptant de tous droits les Filles de la Foi de Périgueux, à la charge pour elles « de prières particulières à Dieu pour *sa* prospérité et celle de son état. »

*
* *

En 1693 Sainte-Claire de Périgueux avait pour abbesse Marguerite de Mérédieu à laquelle succéda Angélique Simon de Châtillon. Le couvent parait avoir été régulier. Il n'en était pas de même à Sainte-Claire d'Aubeterre, issu d'un essaim de Périgueux. Un procès pendant entre la communauté et la supérieure Mme de Saint-Paul, au sujet des droits de la prieure, y entretenait une division profonde et empêchait toute vie religieuse. Le 5 mai 1699, par acte passé devant Me Juglard, la mère, Sainte-Claire de Périgueux, adressa une sévère remontrance à sa fille d'Aubeterre (1). Mme de Saint-Paul

---

(1) Minutes de Me Juglard, notaire royal 1699. (Arch. Dép.).

avait cédé la crosse à Mme Hyppolite du Cluzeau. Pour ramener la paix, Mgr de Francheville essaya de fondre les clarisses d'Aubeterre avec celles de Périgueux. Sa tentative n'eut pas de succès.

Un document contemporain le montre visitant dans son agonie — le 2 février 1700 — Marie-Antoinette Juilhiard, supérieure de Sainte-Marthe. La vénérable nonagénaire avait reçu le matin le Saint Viatique des mains de M. Jacques Lasserre.

Les autres couvents du Périgord, tous plus ou moins ruinés par les hérétiques, les abbés commendataires ou les seigneurs des environs, éprouvèrent avec Francheville combien « il fait bon vivre sous la crosse ». Au Bugue, un nouveau monastère est bâti ainsi qu'une église. Des biens tombés entre les mains des laïques sont recouvrés et l'abbesse Marie-Catherine de Rocquart mérite d'être appelée seconde fondatrice de cette importante maison bénédictine. A Ligueux, l'Évêque vient donner la bénédiction abbatiale — 6 mai 1699 — à Antoinette Beaupoil de Saint-Aulaire-Lammary, nommée abbesse en vertu de la cession de sa tante Marie de Saint-Aulaire (1).

*
* *

Mgr de Francheville aimait les PP. Jésuites surtout d'un amour de reconnaissance. Sa nature toute faite de bonté le portait fortement vers les humbles et pauvres Fils de saint François. Aussi visitait-il souvent les Récollets qui avaient été jadis pour La Béraudière de si puissants auxiliaires. Leur couvent est aujourd'hui occupé par l'École Normale d'Instituteurs. Le 4 août 1697 les Récollets de Guyenne y tinrent un chapitre où ils élurent provincial le P. Bruno Ranouil. Le lendemain, fut transféré solennellement dans leur

---

(1) La cession est du 16 août 1698. La nouvelle abbesse reçut ses bulles le 21 octobre suivant et prit possession le 30 avril 1699.

L'abbaye de Ligueux soutint alors un procès contre les dames de saint Benoît de Périgueux, établies sur la paroisse de Saint-Hilaire, pour la sauvegarde des droits à elle conférés par la bulle de Urbain VIII. L'abbesse de Ligueux réclamait le droit de confirmer : 1° l'élection triennale de la prieure de Périgueux ; 2° l'entrée au noviciat de profession de toutes les religieuses du couvent de Périgueux.

église le corps de sainte Fauste, vierge et martyre, tiré depuis peu
du cimetière de Callipode. C'était un don du cardinal d'Estrées au
P. Jérôme Ranouil, définiteur général de l'ordre de saint François
et ci-devant agent général du même ordre à Rome. Les Récollets
publièrent une relation de ces fêtes dans le journal de l'époque (1).
L'extrait suivant témoigne de l'estime de ces religieux pour l'Évêque
qui les honorait de ses bontés :

« Le 4 du mois passé, les Recolets de Guyenne tinrent leur
chapitre dans leur couvent de Périgueux, avec toute la magnificence
qui pouvoit s'accommoder avec leur estat. Les élections se firent le
jour précédent avec tant de connoissance et une si parfaite unifor-
mité, que tous les vocaux, sans en excepter un seul, allèrent du
premier scrutin à tous les sujets sur qui le sort tomba. Le Père
Bruno Ranouil, très distingué par son esprit, par sa doctrine, par sa
piété et par sa douceur, fut élu provincial. Il n'eut pas seulement
les suffrages de tous les capitulaires, il eut encore les vœux de
toute la ville et de tout le Périgord, qui donna mille marques de
joye à la nouvelle de la promotion de cet excellent religieux qu'il
estime et qu'il chérit. Le Père Innocent Micault, de la Province de
Paris, commissaire général sur celle de Guyenne, homme d'une
prudence et d'une expérience consommée, et qui a exercé la même
charge avec beaucoup d'honneur et d'approbation en diverses
provinces des Récolets du Royaume, présida à l'assemblée. Le lendemain des élections, on ouvrit la cérémonie par une procession
solennelle que les vocaux firent à l'église cathédrale de Saint-Front :
Huit d'entre eux revêtus d'aubes et de dalmatiques, portaient le
corps de sainte Fauste, vierge et martyre...

« M. l'Évêque de Périgueux qui les attendait avec son Chapitre,
accompagné de M. l'Évêque de Nantes l'ancien, célébra la messe ;
pendant quoy Messieurs du Présidial et de la Maison de Ville, les
Communautez religieuses et les Compagnies de Pénitents se rendirent auprès de luy. La messe finie, une excellente musique invita
tous ces corps Ecclésiastiques et Séculiers à continuer la procession.
On leva, au carillon de toutes les cloches, la relique de la Sainte,

______

(1) *Mercure Galant*, septembre 1697, p. p. 26-40.

qui fut conduite, au travers d'une foule extraordinaire de peuple de la ville et de la campagne que la fête avait attirée, par les principales rues qu'on avait eu soin de tapisser et de joncher de fleurs et de verdure, aux églises les plus considérables. La procession arriva à celle des Recolets, qui estoit fort propre et fort parée. Elle éclatoit surtout par un très grand nombre de tableaux exquis des meilleurs maistres d'Italie. On y prononça le Panégyrique de sainte Fauste, et sur l'idée que l'Évangile du jour et les paroles de Jésus-Christ fournirent naturellement ; on fit voir que le triomphe de cette courageuse vierge et la gloire qu'elle recevoit, estoient la récompense de ses humiliations et de ses souffrances, au même temps que l'humiliation et le supplice éternel de son Tiran estoient le châtiment de son orgueil et de sa cruauté. La prédication fut suivie d'un repas superbe que Monseigneur de Périgueux donna à tous les vocaux du chapitre, avec qui il dina lui-même, toujours accompagné de M. de Nantes, à la teste de quantité de gentilshommes et d'officiers du Présidial et de la Maison de Ville. Ce prélat incomparable, également fameux dans la robe par les premières charges qu'il y a remplies avec éclat dans un de nos plus célèbres Parlements, et dans l'Église, par la dignité auguste et sacrée qu'il y possède et qu'il soustient d'un air qui édifie et qui charme tous les diocésains, voulut donner aux Recolets, dans cette occasion, un témoignage public de cette bonté paternelle et toute singulière qu'il a pour eux, et qui est héréditaire à toutes les personnes de son illustre maison. Il seroit difficile de la remarquer, cette bonté singulière, dont il honore ces Pères, à la conduite qu'il tient avec tout le monde. Il est si généralement bienfaisant, qu'il n'y a dans le diocèse ny communauté, ny corps, qui n'ait lieu de penser qu'il a une part considérable à la bienveillance de son prélat. C'est ainsi que le Pasteur est devenu l'amour et les délices de ses brebis; aussi n'ont-elles nulle peine à obéir à sa voix et à le suivre partout où il veut les mener...

» On ne doit pas oublier ici l'impression que l'exemple du prélat a faite sur les cœurs de tout son peuple, en faveur des Recolets. On ne vit jamais chez des religieux ni un plus grand concours pour la dévotion, ni une abondance de toutes choses pareille à celle qu'on a remarquée chez ces Pères, durant les huit jours de leur chapitre. Ce n'a pas esté aumône, charité, libéralité ; ça esté excès surprenant.

profusion, prodigalité, et les pauvres Évangéliques n'ont jamais esté plus exposez à perdre le souvenir de leur condition que dans une occasion si éclatante. MM. de Périgord ont fait connoitre qu'ils ne méritoient pas moins de loüanges par leur bon cœur, que par leur franchise et leur bravoure, et les Recolets, qui ont dressé cette Relation, se flattent qu'on ne trouvera pas mauvais dans le monde qu'ils ayent cherché la voye la plus propre à rendre leur reconnaissance publique (1). »

.·.

Le lecteur a constaté la présence des Pénitents à la Visitation, pour la fête de saint François de Sales, comme chez les Récollets pour la translation du corps de sainte Fauste. Au moment de l'arrivée de Mgr de Francheville, Périgueux en possédait déjà trois compagnies : les Bleus, les Noirs (2) et les Blancs. C'était beaucoup — semble-t-il — pour une ville de quelques milliers d'habitants. Et cependant on pensa que ce n'était pas assez pour grouper toutes les bonnes volontés et satisfaire le besoin d'association qui travaillait la société d'alors. Mgr de Francheville en fonda une quatrième — celle des Pénitents Gris — avec le concours de Joseph Chevalier, seigneur de Cablanc, Saint-Mayme et La Vernide. Ancien officier, il avait servi avec distinction sous les ordres du lieutenant d'Aubeterre. Retraité avant l'âge pour blessures, il avait écrit l'histoire de la Ville dont à deux reprises il était devenu maire. Son testament, déposé au rang des minutes de Mᵉ Paliet, notaire royal, témoigne de sa

---

(1) De l'église des Recollets les reliques de sainte Fauste passèrent à la cathédrale Saint-Front dont le curé, M. Peyrot, les céda gracieusement, vers 1820, au couvent de Sainte-Ursule.

Le livre prieural des Frères-Prêcheurs de Périgueux, conservé aux archives de la Dordogne, mentionne qu'en 1694 les reliques de saint Jean et saint Hyacinthe furent envoyées de Rome au couvent de Périgueux, par le Frère Antonin Cloche, général des Frères-Prêcheurs. Peu de temps après leur arrivée, elles furent vérifiées et authentiquées par Mgr de Francheville ; mais elles ne furent exposées à la vénération des fidèles qu'à partir de 1704, par permission de Mgr Clément.

(2) En 1741 les Filles de la Foi s'aggrégèrent en corps à la compagnie des Pénitents Noirs.

piété. Après y avoir réservé la part des pauvres de l'hôpital Sainte-Marthe et de l'hôpital général, il établit sur ses biens une fondation destinée à honorer à perpétuité « les allégresses de Notre-Dame (1). »

« M. le marquis de La Vernide — lit-on dans le *Mercure Galant* (2) — après s'être signalé par les armes au service de Sa Majesté, s'est tellement tourné du costé de la vertu que, non content de la pratiquer en son particulier, il a bien voulu y porter le prochain par l'établissement d'une nouvelle compagnie de Pénitents gris, qu'il a instituée, par permission et lettres-patentes de Mgr l'Évêque de Périgueux, dans l'église de Saint-Hilaire, près de Périgueux, ayant pris pour patron saint Guillaume, duc de Guyenne, comte de Poitiers. On attend de jour en jour la bulle de Rome qui confirmera les statuts de cette compagnie. » Plusieurs personnes notables demandèrent à s'y agréger. Elles choisirent pour leur prieur M. Haussire, chanoine de la cathédrale et abbé de Bellevue. Malgré ces heureux débuts, cette compagnie ne parait pas avoir survécu longtemps à ses fondateurs. Précédant dans la tombe de deux mois à peine son évêque et son ami, Cablanc mourut dans la nuit du lundi 28 mars 1702.

La compagnie des Pénitents Bleus comptait aussi l'Évêque parmi ses membres (3). Par son ordre, le 15 avril 1696 — jour des Rameaux — ils font l'ouverture du jubilé ; les 2 et 30 août 1699, ils parcourent la ville en procession « pour demander à Dieu la pluie nécessaire pour les biens de la terre » ; de même, le 5 janvier 1702, pour le début de l'*Année Sainte* accordée par Clément XI.

*
* *

L'association a été le grand moyen employé par l'Église pour maintenir l'esprit religieux dans l'ancienne France. A Périgueux, à

---

(1) Archives de la Dordogne. Minutes de M⁰ Paliet.

(2) Journal de novembre 1699, page 63.

(3) Seule compagnie dont le registre soit conservé aux archives de l'Évêché. On y voit la signature de Francheville ainsi que les noms des trois prieurs qui, de son temps, se succédèrent à la tête de la compagnie : Nicolas Dalesme, Ferréol Arnolet et Coignet, tous chanoines à la cathédrale.

peu près tous les hommes étaient groupés en quatre compagnies de
Pénitents. La plupart des femmes se rattachaient plus ou moins aux
diverses communautés de la ville. Autour d'eux les Jésuites déve-
loppaient la dévotion à la très Sainte Vierge ; la Visitation, le culte
du Sacré-Cœur ; les Franciscains et les Dominicains avaient leurs
tiers-ordres. Compagnies et communautés étaient autant de sources
de vie chrétienne où venaient s'abreuver les simples fidèles. La
Révolution a, dès le début, confisqué le droit d'association. Il est
aujourd'hui heureusement rétabli. Largement pratiqué par le clergé,
ce droit sera bientôt entre ses mains un moyen puissant pour ramener
vers l'Église les masses populaires.

<h2 style="text-align:center">CHAPITRE VI</h2>

Mgr de Francheville et l'œuvre des retraites.

Dans la lettre circulaire déjà citée, les Visitandines de Périgueux
écrivaient au sujet de Mgr de Francheville : « Le public verra sans
doute bientôt par écrit les choses extraordinaires que Sa Grandeur
fait pour cela, qui n'ont encore jamais été faites par aucun autre
prélat. C'est au sujet des retraites qu'il fait faire à Périgueux à ses
frais et dépens. L'on en voit déjà les fruits dans la noblesse, mais
plus encore dans le clergé (1). »

A Mgr de Francheville le Périgord doit, en effet, d'avoir connu et
pratiqué les retraites fermées. L'œuvre frappa beaucoup les contemporains, autant par sa nouveauté que par son prodigieux développement. Elle mérite d'être exposée en détail. Elle n'est pas un des
moindres titres du Prélat au souvenir reconnaissant de la postérité.

____

(1) 15 juin 1697. (Archives de la Visitation Sainte-Marie de Périgueux).

.·.

Il eut d'abord à choisir entre les deux méthodes de Vannes et de Quimper. A Vannes, on recevait indifféremment, à chaque retraite, les ecclésiastiques, les gentilshommes et les bourgeois. A Quimper, les conditions étaient séparées. Chaque groupe avait sa retraite spéciale : les ecclésiastiques d'abord, les nobles et les bourgeois ensuite, puis les artisans et les gens de la campagne. Francheville adopta pour son diocèse cette dernière méthode qui avait déjà fait ses preuves en Bretagne avec les PP. Jégou et Maunoir.

Où loger les retraitants ? Il décida de les recevoir dans sa propre maison. Les documents contemporains parlent de plus de deux cents retraitants à la fois. Chaque retraite durait huit jours. Sa charité dût dilater les espaces et multiplier les meubles et les pains. Lui seul dirigeait toutes les retraites, priant, méditant, jeûnant, macérant sa chair pour en assurer le succès, comme nous l'apprend son panégyriste le P. Dubois.

Les prêtres furent les premiers appelés. Nous possédons le témoignage d'un retraitant lui-même, l'abbé Chéreau, aumônier du Prélat et précepteur de ses neveux. Devenu plus tard curé de Coursac, il a consigné sur les régistres paroissiaux sa reconnaissance pour son bienfaiteur : « J'ay vu — écrit-il — chez feu Mgr, deux cent cinquante prêtres en retraite en même tems pendant huit jours et, un mois après, deux cent cinquante gentilshommes : les Pères Jésuites donnaient la retraite à ces derniers ; les Missionnaires et les Pères Jésuites aux curés : le tout se faisait à la Cité, dans la maison de Messieurs de La Brousse (1). »

Pour les aider, l'Évêque mit à leur disposition le *Manuel du Prêtre retraitant*, du P. J. Maillard (2). Ce jésuite avait vu de près, à Vannes, le futur évêque de Périgueux : il lui avait même — comme

---

(1) Archives départementales. Régistres paroissiaux de Coursac, année 1702.

(2) Retraite pour les prêtres avec des lectures et des considérations propres de leur état ; Paris, 1694.

il dit — des obligations particulières. Il estima donner à son livre la meilleure des recommandations en le plaçant sous le patronage du prélat, dont il connaissait la prédilection pour l'œuvre des retraites. L'épître dédicatoire qu'il lui adressa à cette occasion, et qui figure en tête de l'ouvrage, renferme un éloge remarquable de Daniel de Francheville. Nous la transcrivons ici parce qu'elle est à peu près le seul document faisant allusion aux mérites du magistrat et aux vertus du simple prêtre.

> *A Monseigneur*
> *Daniel de Francheville*
> *Conseiller du Roy en ses Conseils*
> *Évêque de Périgueux.*

Monseigneur,

Je ne prendrais pas la liberté de donner ce petit Ouvrage au public sous la protection de Votre Grandeur, si je ne sçavois avec combien de ferveur vous avez fait vous-même la retraite en notre Collège de Vannes et si le fruit que vous en avez recüeilli n'éclattoit dans la pureté de vos mœurs et dans toute votre conduite. Vous avez toujours rempli les devoirs du Sacerdoce si parfaitement qu'on peut vous regarder avec justice comme le modéle des véritables Prêtres de Jésus Christ. L'assiduité à célébrer tous les jours les divins mystéres, la douceur, l'affabilité, l'égalité d'esprit, des maniéres aimables, un cœur grand, généreux, toujours prest à obliger, la libéralité envers les pauvres, la charité à consoler les affligez, la force à défendre ceux qui gémissent dans l'oppression, la facilité à vous faire tout à tous pour leur inspirer la vertu, le zéle et la prudence à mettre d'accord les ennemis les plus aigris et à conserver la paix des familles : tout cela, Monseigneur, vous attire l'estime et vous gagne le cœur de ceux qui vous connoissent et qui vous approchent.

Mais ce n'est pas là le seul endroit qui fait admirer les avantages que V. G. a reçu de la nature et de la grâce. L'un des plus augustes Parlemens de France a été pendant plusieurs années le théâtre de vos vertus. Cet illustre corps composé de la première Noblesse de

Bretagne et des magistrats les plus éclairez et les plus inflexibles sur l'équité, a toujours reçu avec applaudissement vos conclusions. Il n'ignorait pas, Monseigneur, que votre esprit vif et pénétrant approfondit et développa les difficultés les plus embarrassées : et il était persuadé que comme rien n'échappe à votre veüe, rien ne surprend votre religion et que comme le mensonge ne vous impose jamais, la vérité vous attache toujours à son parti.

Je ne doute pas, Monseigneur, qu'une Assemblée aussi jalouse qu'elle est de la gloire qu'elle s'est acquise dans l'administration de la Justice, n'eût été touchée de la perte qu'elle fait d'un Magistrat si accompli ; si vous n'eussiez substitué en votre place un Advocat Général que l'esprit, la vertu, l'amour de l'équité ne tiennent pas moins uni avec vous, que la proximité du sang et la noblesse de la naissance. Aussi se fait-il honneur de marcher sur vos pas ; et ses premières démarches, qui lui ont déjà mérité l'approbation de tout le monde, marquent assez le désir qu'il a de vous imiter (1).

On ne s'étonnera pas néanmoins de toutes ces vertus lors qu'on fera réflexion qu'elle sont héréditaires à votre famille. Mademoiselle de Francheville votre tante, Monseigneur, s'est tellement distinguée par le mépris qu'elle a fait du monde pour ne s'attacher qu'au culte de Dieu et au salut des âmes, par l'emploi de ses biens à bâtir l'Église du Collège de Vannes et à établir une maison de retraitte pour les Dames et par sa sagesse à la gouverner, qu'on peut la mettre justement au rang des Héroïnes Chrétiennes de ce siècle. De sorte que V. G. n'a pas eu besoin de chercher chez les étrangers les exemples d'une généreuse libéralité, d'un zèle ardent pour le service de Dieu, d'une charité enflamée pour le prochain et des plus excellentes vertus du Christianisme. Des qualitez si éclattantes que l'on admirait en vous, Monseigneur, n'ont pu échapper à nôtre invincible Monarque. Le juste discernement qu'il fait du mérite de ses sujets l'a porté à vous élever à l'Épiscopat comme un homme très propre à seconder son zèle pour le salut de ses peuples. Il a

---

(1) Le lecteur se rappelle sans doute qu'il s'agit ici de Pierre-Marie de Francheville, le plus jeune fils de la famille, en faveur duquel Daniel, devenu prêtre, avait résigné sa charge d'avocat général. (Note de l'auteur.)

cru que votre fidélité à soutenir les intérests de la Religion, de l'État, et de ceux qu'il confiait à vos soins répondroit à l'espérance qu'il a conceüe de votre capacité. C'est ainsi que la divine Providence vous a établi sur ce trône sacré, afin que nous ayons en ces derniers temps l'image vivante et la copie fidelle des Évêques des premiers siècles, qui ont fait triompher la foy de l'hérésie, la vertu du vice, la piété du libertinage, les hommes des demons et le Ciel même de l'enfer.

Ce choix, au reste, est approuvé non seulement de toute la Bretagne qui vous a félicité, mais de tous les gens de bien à qui vos vertus ne sont pas inconnües. Je puis dire avec vérité, qu'entre tous ceux qui vous ont marqué la joye que votre dignité leur cause, notre Compagnie, que vous avez toujours honorée de votre protection, en a receü un contentement très sensible. Pour moy, Monseigneur, qui vous ay des obligations particulières, j'ose espérer que V. G. me fera l'honneur de croire que j'y prends plus de part que personne au monde. C'est pour en donner des marques au public que je consacre cette retraitte à la gloire de votre nom, et que je fais profession d'être avec toute la reconnaissance et tout le respect possible.

Monseigneur

De Votre Grandeur

Le très humble et très obéissant serviteur en J. C.

JEAN MAILLARD,

de la Compagnie de Jésus.

.·.

Les pauvres furent admis, à la suite des ecclésiastiques, à bénéficier de la retraite. Ils furent logés dans les dépendances de l'évêché appropriées à cet effet.

Mais les retraites, qui eurent alors un retentissement considérable dans toute la France, furent celles que Francheville donna à la noblesse du Périgord. Merveilleux spectacle — resté unique dans les annales religieuses de la province — que celui de la classe la plus élevée de la société donnant à plusieurs reprises un tel exemple de piété chrétienne ! La plupart des familles seigneuriales s'empressèrent de répondre à l'appel de l'évêque, dont la vertu et la distinction conquéraient tous ceux qui l'approchaient.

Au sujet de ces retraites, les archives du château de Saint-Just (1) viennent de livrer au jour les originaux mêmes des imprimés grand in-quarto que Francheville distribua aux retraitants pour les guider dans leurs exercices.

Denis-François de Cescaud, seigneur de Saint-Just, était, par son premier mariage, allié à la famille de l'illustre Bodin. Il avait assisté à ces retraites. Grâce à lui, ces précieux documents, transmis avec les papiers de sa maison, sont arrivés jusqu'à nous.

On ignore le nombre de ces retraites. Le souvenir de deux seulement a été conservé : l'une, avant la fin de l'année 1699 et, l'autre, probablement, au mois de juillet 1700.

Sur la première, nous n'avons que l'énoncé de son ordre du jour, rédigé par l'Évêque, organisateur lui-même. Il est ainsi conçu :

« *Ordre du jour pour la retraite de Messieurs les Gentilshommes :*

» A 6 heures, le lever.
» A 6 heures et demie, la prière.
» A 6 heures trois quarts, la méditation : puis on se retire dans sa chambre.
» A 8 heures un quart, la messe ; ensuite le déjeuner.
» A 9 heures, la conférence ; et puis on se retire dans sa chambre pour penser aux affaires de sa conscience.
» A 11 heures, le service des pauvres.
» A 11 heures et demie, le dîner.
» Après une heure de récréation, on se retire dans sa chambre pour faire une lecture spirituelle.
» A 2 heures et demie, vêpres et le chapelet.

---

(1) Situé sur la paroisse de Paussac, canton de Montagrier. Ses archives ont été dépouillées par M. Dujarric-Descombes.

» Ensuite on se retire dans sa chambre pour préparer sa confession ou pour conférer avec son directeur.

» A 4 heures et demie, la seconde conférence, ensuite la bénédiction du S. Sacrement et complies.

» A 6 heures et demie, le souper.

» Ensuite la récréation.

» A 8 heures un quart, la prière, après laquelle on se retire pour se coucher. »

La retraite de 1700 fut la plus importante de toutes (1). Au moins 600 gentilshommes demandèrent à la suivre. La demeure épiscopale ne put en recevoir que 212. L'ordre du jour fut à peu près le même que celui de la précédente. Il a cependant l'avantage d'indiquer le lieu où se fit chaque exercice. En voici la teneur :

« *Ordre du jour pour la retraite de MM. les Gentilshommes :*

» A 6 heures, le lever.

» *A l'évéché.* A 6 heures et demie, la prière.

» *A l'évéché.* A 6 heures 3 quarts, la méditation.

» *A la mission.* A 8 heures 1 quart, la messe.

» *A l'évéché.* Ensuite le déjeuner.

» *A l'évéché.* A 9 heures 1 quart, la conférence.

» *A l'évéché.* A 10 heures et demie, le service des pauvres.

» *A l'évéché.* A 11 heures, le diner.

» Depuis midy jusqu'à une heure, la récréation.

» A une heure, on se retire dans sa chambre pour faire une lecture spirituelle ou pour préparer sa confession.

» *A la mission.* A 2 heures, la seconde conférence.

» *A la mission.* A 3 heures, vêpres et le chapelet.

» Ensuite on se retire dans sa chambre pour réfléchir sur les vérités dont on aura été le plus touché.

---

(1) Pris d'une sainte émulation, Sarlat voulut aussi avoir, en 1701, sa retraite fermée d'hommes. Elle s'ouvrit le 17 mars et eut lieu à l'hôpital général. Tous les Sarladais y prirent part. Il y avait dortoir et réfectoire communs. Mgr de Bauveau présidait. Le P. Darcemalo S. J. en fut le prédicateur.

» *A la mission*. A 5 heures. une exhortation.

» *A la mission*. A 6 heures. la bénédiction du très S. Sacrement.

» *A l'évêché*. A 6 heures et demie, le souper.

» A 7 heures et demie, la récréation.

» *A l'évêché*. A 8 heures un quart, la prière.

» Ensuite on se retire en grand silence pour se coucher. »

Voici maintenant la relation de la retraite elle-même, publiée par un des assistants dans le journal de l'époque (1) :

» A Périgueux. le 3 août 1700.

» A Monsieur de B***.

» Rien ne peut estre plus édifiant que tout ce qui s'est passé dans la dernière retraite des gentilshommes de cette province chez nostre illustre et pieux prélat. J'en puis parler comme témoin oculaire, puisqu'il m'a fait l'honneur de m'y appeler. Le concours a été si grand que s'il y eust eu assez de logement dans le palais épiscopal pour contenir tous ceux qui vouloient y estre receus, je crois qu'au lieu de deux cent douze qui s'y trouvèrent, il y en auroit eu plus de six cens. C'estoit un charmant spectacle de voir toute cette noblesse assemblée, docile à tout ce qu'on demandoit d'elle, assiduë à tous les exercices de la retraite, ponctuelle comme les religieux les plus réformés à toutes les heures marquées, en sorte qu'un coup de cloche les assembloit tous en un instant avec un très-bel ordre dans les différens lieux où ils devoient se rendre, gardant partout une grande modestie, et une retenue si édifiante, qu'elle charmoit tous ceux qui avoient la liberté de les voir dans leurs exercices. Ils ont presque tous fait des confessions générales ; il s'est fait des restitutions considérables, et l'on y a ménagé des reconciliations si sincères qu'elles ont attiré des larmes de joye à tous ceux qui en ont esté

____

(1) *Mercure Galant*. journal du mois de septembre 1700. p. p. 29-52.

7

témoins. M. l'Évêque, qui devoit estre à leur teste, marchoit toujours le dernier, et prenoit de même la dernière place partout, lorsqu'il n'estoit pas à l'église. Il les a traités d'ailleurs avec beaucoup de magnificence, et a enlevé leurs cœurs par ses manières honnestes et engageantes, mais surtout par ses exemples de piété, de douceur, d'affabilité, estant tout à tous et infatigable dans toute sorte de rencontres. Rien ne leur manquoit, tant l'ordre, que sa prudence ordinaire avoit établi, estoit exactement observé. Les trois prédicateurs employés pour les animer par leurs sermons estoient trois jésuites, le Père Orfaure, recteur du collège, un second Père Orfaure, son frère, et le Père Roliveau. Ils ont tous fait des merveilles. Le second Père Orfaure qui, comme vous le savez, prêche toujours en apostre, a si bien touché les cœurs en convainquant les esprits, que ses prédications ont arraché force larmes. Les fruits de cette retraite m'ont paru si extraordinaires, que j'ay pris la liberté de dire à M. l'Évêque qu'il ne conoistroit qu'en l'autre vie tout le bien qui se procuroit par le moyen de ces exercices. Il est impossible de s'imaginer de quels effets surprenants on la voit suivie, tant à la ville qu'à la campagne : les jeux publics et autres supprimés, les débauches retranchées, les jurements et les blasphèmes abolis, les vengeances et les inimitiés éteintes, les mauvais commerces dissipés. Quelle consolation de voir la modestie de ces gentilshommes régner dans les églises, la prière se faire exactement dans leurs familles, en sorte qu'on ne diroit pas que ce fussent les mêmes hommes par les grands changements qu'ils font remarquer dans leur personne ! Priez Dieu, Monsieur, qu'il soutienne cette grande œuvre par la force de ses grâces, et qu'il conserve notre illustre prélat pour le bien de son église et pour le salut de tout son diocèse.

» Je suis votre, etc... »

Cette lettre est suivie, dans le *Mercure Galant*, des résolutions prises par les nobles retraitants. Ils s'étaient engagés :

1°) A acheter des livres de dévotion pour en faire tous les jours la lecture pendant une demi-heure.

2°) A se confesser tous les mois, ou au moins à toutes les grandes fêtes.

3°) A faire en sorte que leurs domestiques en fissent autant.

4°) A être dans l'église, autant que l'on pourra, à deux genoux, attentifs aux saints mystères, en lisant dans les heures qu'on achètera à cet effet ; y être sans prendre du tabac.

5°) A aller entendre la sainte messe seul, autant qu'on le pourra, et sans compagnie pour éviter la distraction.

6°) A faire la prière le matin et le soir, et la faire en public, avec leurs domestiques, et pour cela acheter un livre de prières.

7°) A veiller à la conduite de leurs domestiques et de leurs vassaux pour les porter au service de Dieu.

8°) A travailler à réconcilier ceux qu'on saura être mal ensemble, et à mettre la paix partout autant qu'on le pourra.

9°) A faire dire deux messes pour chacun de ceux de la compagnie qui mourront les premiers.

10°) A porter tous leurs amis et ceux sur qui ils auront quelque pouvoir, à se confesser dès les premiers jours de la maladie.

11°) A prier Dieu tous les jours, et de le faire prier pour la conservation du Roy, si nécessaire à tout son État.

12°) Enfin, à prier Dieu pour la conversion sincère des nouveaux catholiques (1).

---

(1) Le texte du *Mercure* contient quelques inexactitudes. Elles ont été rectifiées d'après l'original imprimé qui a pour titre : *Résolutions prises dans la retraite de MM. les Gentilshommes*. A la suite de l'article IX relatif aux messes à faire dire pour les premiers décédés on fait remarquer que, depuis la dernière retraite, la compagnie a perdu MM. de Suquet, de Bellair, de Teyssendiéras et Duchesne de Montréal, lieutenant général et juge mage en Périgord.

La liste complète des retraitants, d'après le *Mercure Galant*, a été publiée en 1874 par M. Dujarric-Descombes. Mais dans cette liste du *Mercure* beaucoup de gentilshommes ne sont désignés que sous le nom de leurs terres et avec une orthographe défectueuse. Il n'a pas été possible de les identifier tous. Voici ceux dont l'identité ne laisse aucun doute :

De Taillefer de Mauriac, Roussille et Barrière ; Gontaut de Biron ; Chapt de Rastignac, d'Abzac de Montancey et de La Douze ; d'Espartès de Lussan ;

Cette retraite renouvela très heureusement les mœurs de la société périgourdine. « Un changement entier se manifesta dans la ville de Périgueux : les scandales cessèrent, la paix fut rétablie dans les familles, les églises furent fréquentées et la religion s'applaudit d'autant plus de ces conquêtes, qu'elles avaient lieu dans une classe plus propre par son rang à exercer de l'influence sur les autres portions de la société (1). » Le R. P. Alet conclut son étude sur cette retraite d'après un manuscrit du temps par une réflexion analogue : « L'effet fut d'autant plus grand que l'exemple venait de plus haut (2). »

Les gentilshommes du Périgord puisèrent dans ces retraites, pour la direction de leur famille, des avis qui portèrent les meilleurs fruits. Trois des retraitants furent pères de trois évêques. Un des fils du marquis de Rastignac, Louis-Jacques de Chapt, alors âgé de seize ans, devait être pourvu d'abord du siège de Tulle, puis de celui de Tours où sa libéralité sans borne et sa conduite héroïque, lors des inondations de la Loire, lui méritèrent le surnom de Père du peuple. De même Jean de Bonneguise, fils du seigneur d'Artigeac, occupa à Arras le siège de saint Vaast. Enfin, des deux enfants du lieutenant général François-Philibert Duchesne, seigneur de

---

Salignac de Fénelon ; d'Aubusson ; Foucauld de Lardimalie et de La Besse ; Beaupoil de Saint-Aulaire, de Pontville et de Saint-Mer ; de La Cropte ; de Galard ; de Royère de Peyraud ; Jaubert de Nantiat ; de Losse ; de Ségur ; Mondot de La Marthonie ; de Beynac ; de Camain ; de Saint-Astier ; de Calvimont, de Chabans ; de Roffignac ; de Bonneguise ; d'Aytz de Meymy ; de La Roche-Aymon ; de Saint-Chamond ; Lageard de Cherval ; de Beyly ; de La Porte ; Montardit de La Beylie ; de Malet ; de Jonnard ; d'Arlot de Cumond ; d'Hautefort ; de Larmandie ; Solminihac de Belet ; de Saint-Exupéry ; de Beauroyre ; de Jehan ; Du Cluzel ; de La Faye ; Reynier de Glane ; de Salleton ; de Teyssière ; Duchesne de Montreal et de Montaud ; Senzillon de Mensignac ; de Givry ; de Goudin ; de La Tour ; Bodin de Saint-Laurent ; de Méredieu ; de Jehan ; d'Alesme ; de Vassal ; de Cosson ; Mosnier de Planeaux ; Leymarie de La Roche ; Chevalier de Cablane ; Girard de Langlade ; Du Puy de La Forest ; de Sireuilh ; du Saillant ; de Moulozon ; Séscaud de Saint-Just ; Du Cheylard ; de Fayolle ; de Bertin ; de Coulomb ; Archier ; Brun de Grospuy ; de Saint-Paul ; etc.

(1) *Essai historique sur l'influence de la religion en France pendant le XVIIIe siècle*, tome II, page 345.

(2) *Manuel des retraites*, 1886, in-12, page 17.

Montand et du Breuil. l'un fut évêque de Béryte (1) et l'autre.
docteur en Sorbonne et missionnaire aux Indes. Quant à Royère de
Peyraud, tout porte à croire qu'il fut le grand-père du dernier
évêque de Castres (2).

L'œuvre des retraites fermées en Périgord, sous l'épiscopat de
Mgr de Francheville, fut une très grosse entreprise. Lui seul, avec
sa belle fortune et ses rares qualités personnelles. était capable de
la mener à bonne fin. Aussi disparut-elle avec lui. Parmi les retraitants de 1700 courait le bruit du prochain transfert de l'Évêque de
Périgueux à un siège plus important. comme en témoigne l'auteur
de la relation déjà citée. Ce fut une désolation universelle. Les
Recollets se faisaient. dans le *Mercure* également, l'écho des mêmes
craintes :

« On vient de voir — écrivaient-ils à l'occasion de la fête de la
translation du corps de sainte Fauste — tous les bénéficiers et tous
les gentilshommes de la province se réduire à faire successivement,
par diverses troupes. une retraite réglée dans le palais épiscopal, où
la libéralité du prélat les a traitez à ses dépens, avec toute la pro-
preté et même avec toute la délicatesse que la bienséance pouvoit
permettre dans une conjoncture pareille. On verra bientost les
magistrats et la bourgeoisie marcher sur les pas de la noblesse et
du clergé. Mais de quoy n'est pas capable un evesque qui sçait
tempérer, par des manières honnestes et engageantes, l'autorité que
son rang lui donne ? Du moment qu'il se fait aimer. il luy est aisé
de faire aimer et servir Dieu : lorsqu'il est une fois parvenu à gagner
les cœurs par sa bonté, il n'est pas éloigné de les pouvoir tourner
au gré de son zèle. On n'a pas la force de luy résister et de ne pas
vouloir ce qu'il témoigne souhaiter. C'est par ces charmantes
manières que Mgr de Périgueux a gagné Mgr de Nantes l'ancien.
Ce saint et sçavant prélat. moins vénérable par son grand âge que
par son érudition et par ses vertus. après avoir épuisé ses forces et
les plus belles années de sa vie dans les travaux apostoliques, chargé

---

(1) Aujourd'hui Beyrouth, sur la côte de Phénicie.

(2) Cf *Jean-Marc de Royère. évêque de Tréguier, dernier évêque de Castres*,
par L. Entraygues ; chez l'auteur, à Périgueux.

de mérites et suivi des regrets éternels du troupeau qui l'a perdu, est venu passer ses derniers jours auprès de Mgr de Périgueux où il apuye admirablement par ses exemples et par ses écrits solides le soin pastoral avec quoy cet illustre Évesque veille sur sa bergerie. MM. de Périgord n'auroient rien à désirer, s'ils pouvoient fixer leur félicité, mais le même mérite qui les enchante les fait trembler. Ils n'osent se promettre de garder longtemps un prélat en qui le ciel a réuni tant d'éminentes qualitez. Ils craignent à toute heure que la même main dont ils l'ont reçû, ne le reprenne pour le placer sur une théâtre digne de luy : ils seroient heureux si leur bonheur estoit tranquille. »

Les trois États du Périgord furent successivement admis à bénéficier des exercices de la retraite. Un des biographes de Francheville assure même qu'il avait fondé à Périgueux une maison de retraite pour les femmes. C'est un fait encore à vérifier ; rien ne saurait étonner de la part d'un prélat dont son panégyriste a dit que l'épiscopat, chez lui, « s'il n'était pas un martyre de sang, était du moins un martyre de sueur ».

*
* *

Mais le diocèse était trop vaste, et les fidéles s'y trouvaient trop nombreux, pour que tous vinssent s'enfermer, huit jours durant, dans la solitude silencieuse du palais épiscopal. Alors l'Évêque résolut de porter la retraite dans toutes les paroisses. Les curés furent invités à se réunir par groupe de trois et à donner une mission de huit jours dans leur paroisse respective (1). Ainsi chaque

---

(1) Les trois missionnaires se réunissent dans une des trois paroisses désignées, y passent 8 jours, vivant ensemble. Les huit jours écoulés ils vont dans la seconde paroisse, puis dans la troisième.

Chaque retraite doit être précédée d'une semaine de prières, aumônes et jeûnes auxquels sont conviés tous les paroissiens.

Exhortation au peuple avant la messe.

Commencer la 1re retraite le jeudi pour la clôturer le jeudi suivant, la 2me le vendredi pour la clôturer le vendredi suivant, la 3me le samedi pour la clôturer le samedi suivant.

Chaque retraite s'ouvre par une procession solennelle.

paroisse bénéficiait, en outre de son propre pasteur, du zèle et des enseignements des deux prêtres voisins. Pour cela le carême fut jugé particulièrement propice. Pendant les trois carêmes de 1700, 1701, 1702, tout le diocèse fut en mission à la fois. Chaque ville avait ses missionnaires; le moindre hameau avait aussi les siens. Quand ceux du diocèse ne suffisaient pas, l'Évêque en appelait du dehors. Il appela même des prédicateurs de la Cour, comme le P. Lombard. Soixante missionnaires à la fois, venus de loin, à grands frais, parcoururent le Périgord, deux à deux, et prêchèrent dans chaque paroisse. Partout s'élevèrent des croix en souvenir de leur passage. Francheville payait toute la dépense. La dernière mission qu'il ordonna fut celle de Montravel, confiée au P. Carrier, supérieur de la Mission de Périgueux. Depuis le P. Honoré de Cannes et ses collaborateurs le Périgord n'avait rien vu de pareil (1).

Pour aider dans leur apostolat les curés improvisés missionnaires, Mgr de Francheville avait fait imprimer à Paris un recueil en deux

---

Ordre à suivre dans les retraites à la campagne :

6 heures du matin, prière et méditation jusqu'à 7 heures.

7 h. 1|2. Messe.

8 h. 1|2. On chantera un cantique.

9 heures. On fera une instruction.

10 h. 1|2. On dira le chapelet en français et en chœurs.

Après quoi on se retirera.

Ceux qui n'auront pas assisté aux exercices du matin se trouveront à ceux de l'après-midi à 1 heure précise.

D'abord une procession autour de l'église pendant laquelle on commencera les litanies de l'amour de Dieu, imprimées pour cela, et on les finira à l'église.

2 heures. On fera une instruction.

3 h. 1|2. On chantera un cantique spirituel.

4 heures. Méditation.

4 h. 3|4. La bénédiction du T. S. Sacrement.

Ensuite on chantera un *De profundis* pour les morts et on finira les exercices par la prière du soir, ainsi qu'elle est imprimée.

6 heures. On se retirera.

Observer aux peuples de se partager de manière que la moitié de la famille se trouve aux exercices du matin et l'autre moitié à ceux de l'après-midi, afin que les maisons ne demeurent pas abandonnées et recommander le silence.

(1) En 1687, dix-huit capucins, sous la direction du P. Honoré de Cannes, avaient prêché à Périgueux une mission de deux mois (mai et juin).

volumes de discours et de méditations pour l'usage des retraites (1).
Il est précédé d'une lettre pastorale, en date du 1er janvier 1699,
adressée « aux archiprêtres, curés et autres chargés de la conduite
des fidèles de *son* diocèse ». En voici le début :

---

(1) *Discours et méditations composés par ordre de Mgr l'Évêque de Périgueux, pour l'usage des retraites de son diocèse.* Paris. Guérin 1699.

Tome I. — Épigraphe : Heureux ceux qui entendent la parole de Dieu et
qui la pratiquent. (Saint Luc).

Tome II. — Épigraphe : Heureux les serviteurs que le Maître, à son arrivée,
trouvera veillans. (Saint Luc).

Ouvrage achevé d'imprimer le 17 juin 1699. A la fin du tome II, catalogue
des livres imprimés par Louis Guérin, libraire rue Saint-Jacques, à Saint-
Thomas-d'Aquin.

Livres imprimés par ordre de Monseigneur l'Évêque de Périgueux pour
l'usage de son diocèse :

1° *Conférences ecclésiastiques du diocèse de Périgueux*, in-12. 5 volumes
7 liv. 10 sols.

2° *Theologia moralis*, in-12. 4 vol. 7 liv.

3° *Theologia speculativa et dogmatica*, in-12. 2 vol. 1699.

4° *Discours et Méditations pour les retraites*, 2 vol. in-12. 4 liv.

Livres propres pour les lectures des retraites :

5° *La Sainte Bible*, in-14. 4 vol., 6 liv.

6° *Le Nouveau Testament de N. S. J. C.*, traduit par le P. Amelote (de
l'Oratoire, vicaire général de Mgr Le Boux), in-24. 30 sols.

Le Nouveau Testament de N. S. J. C., in-4°, 2 vol. avec les notes,
1 livre.

7° *L'Imitation de J. C.*, traduction nouvelle, in-8° gros caractères. 3 liv.

L'Imitation de J. C., in-12, 30 sols.

L'Imitation de J. C., in-24 avec l'ordinaire de la messe. 20 sols.

8° Les œuvres de Louis Grenade, traduction nouvelle par M. Girard,
savoir :

La Guide des Pécheurs, in-8°, 3 liv.

Le Traité de l'Oraison, 2 vol. in-8°. 6 sols.

Le Mémorial de la vie Chrétienne, 2 vol. in-8°, 6 liv.

L'Addition au Mémorial, in-8°. 3 liv.

Le Catéchisme, 4 vol. in-8°, 12 liv.

Les mêmes œuvres de Louis de Grenade, en 2 vol. in-f°, 22 liv.

9° *La Méthode de la confession et de la communion*, tirée du *Mémorial* de
Grenade, in-18, 20 sols.

10° *Les Fondements de la Vie Spirituelle*, tirés de l'*Imitation de J.-C.*,
in-12, 2 liv.

11° *Le Catéchisme Spirituel*, 2 vol. in-12, 3 liv. 10 sols.

12° *Les œuvres spirituelles du bienheureux Jean de La Croix*, in-4°. (Sans
indication de prix.)

« Dieu par sa grâce ayant daigné bénir les soins que nous nous sommes donnés pour introduire l'usage des retraites dans ce diocèse, nous avons résolu de rendre un si grand bien plus commun et plus étendu et, pour cela, d'en faire part aux fidèles de tous les États. Nous avons eu la consolation de voir, à votre exemple, pendant deux années consécutives, un grand nombre de gentilshommes se venir renfermer dans notre maison, pour chercher Dieu dans la solitude et le silence ; les personnes destinées à rendre la justice en ont fait autant et y sont venues en corps. Vous sçavez que pendant ce temps-là nous avons pris vos avis sur ce dessein ; nous l'avons aussi communiqué à MM. les gentilshommes et MM. les juges, et tous nous ont paru pénétrés de l'utilité de cette entreprise et remplis du désir de l'appuyer.

» Cette approbation générale, jointe à ce que l'expérience nous a appris touchant le fruit des retraites, et surtout les soins que nous attendons que vous y apporterez, tout cela nous a enfin déterminé à prendre la résolution de communiquer ce pieux et saint usage aux personnes de la campagne que leur état empêche de se renfermer.

» ..... La plupart ne sont pas assez instruits, ou ceux qui le sont profitent peu des instructions qu'on leur fait, faute d'attention et de réflexion sur eux-mêmes. Un sermon, ou applique peu, ou s'efface bien vite de la mémoire ; mais des *vérités simples et solides*, méditées et inculquées par les réflexions que l'on fait en méditant, convainquent l'esprit et le cœur s'accoutume à les goûter... »

Ces *vérités simples et solides* qu'il fallait enseigner étaient développées dans le livre écrit par Jacques La Serre, sous l'inspiration de l'Évêque. Ce recueil, imprimé à un grand nombre d'exemplaires,

---

13° *Les œuvres spirituelles du P. Soyer*, 3 vol. in-12, 4 liv. 10 sols.

14° *La Main qui conduit au Ciel*, traduction du cardinal Bona, in 12. 25 sols.

15° *Le Catéchisme du diocèse de Bourges*, 2 vol. in-12, 5 liv. 10 sols.

16° *Les Méditations de Busée*, 2 vol. in-12, gros caractères, 3 liv.

Les Méditations de Busée, en 1 vol. petits caractères,, in-12, 30 sols.

17° *Les Méditations du P. Hayneuve*, 4 vol. in-12, 8 liv.

Tels sont les ouvrages où s'alimentait la piété de nos pères sous l'épiscopat de Mgr de Francheville. Sources toujours excellentes, aujourd'hui trop délaissées pour des œuvres modernes qui ne les valent pas.

facilita la tâche des prêtres appelés à organiser les retraites. L'aliment spirituel était préparé d'avance. Il suffisait qu'ils le distribuassent aux âmes avides de le recevoir.

La face du Périgord fut entièrement renouvelée par un travail apostolique aussi intense et aussi généralisé. On ne tarda pas à en constater les merveilleux effets. Le P. Dubois, un des ouvriers, décrit ainsi les résultats dans les diverses classes de la société :

» Le noble déchargé au tribunal sacré du poids de ses iniquités qu'il portait depuis longtemps, et déterminé à mener désormais une vie plus digne de son rang ; .., le prêtre, réformé dans ses mœurs ou dans ses devoirs, va prêcher la même réforme aux autres et répandre sur son petit troupeau les sentiments de piété dont il se sent pénétré : ... le magistrat, instruit plus à fond qu'il ne l'était auparavant des devoirs de la justice et de la piété, va administrer l'une avec dignité et pratiquer exemplairement l'autre. Le pauvre, confus d'avoir si mal profité des incommodités attachées à sa pauvreté, en sort résolu de posséder son âme en patience et de ne perdre jamais de vue jusques dans les plus grandes misères le Dieu des miséricordes. L'hérétique même que le prélat y avait attiré par adresse avoue qu'il n'y a rien de semblable dans sa secte, et qu'il est aisé de se sauver dans une société où l'on trouve de si saintes industries pour le salut. »

Il semble que Mgr de Francheville pressentait sa mort prochaine tant il avait hâte de faire du bien. La salutaire effervescence, causée par l'apostolat à Périgueux du P. Jean-Chrysostôme de Bourges et de vingt capucins, n'était pas encore calmée quand, à l'Ascension suivante, le pontife fut emporté en pleine force. La mission avait duré tout le carême de 1702. Les six paroisses avaient été profondément remuées. Un grand bien s'était accompli. On pouvait espérer que c'était une préface. Ce n'était, hélas ! qu'un épilogue. Quant aux retraites fermées, si brillamment à la fois inaugurées et clôturées par lui, deux siècles s'écouleront avant qu'elles ne revivent dans la Maison de Notre-Dame du Bon Conseil, de La Barde. Là les Fils de saint Ignace, Frères du P. Huby, continuent pour le plus grand bien du diocèse la forme préférée d'apostolat de Mgr de Francheville.

CHAPITRE VII

Mgr de Francheville et les Protestants (1)

En 1844, Mgr Georges Massonnais, successeur de Mgr de Francheville sur le siège de Périgueux, publia à l'occasion du carême une lettre pastorale qui fit grand bruit dans le monde protestant. Il y déplorait la nudité des temples où l'on trouve « un autel sans victime et sans sacrifice, une chaire sans autorité, des pasteurs sans mission ; à peine pouvons-nous y découvrir une source de vie, celle de la régénération... »

M. Gustave Garrigat, ministre du saint évangile à Bergerac, entreprit de justifier la pauvreté des temples qui affligeait l'Évêque. Il la montra sans doute voulue par le protestantisme, en principe ennemi de tout faste, et l'opposa à la pompe des églises catholiques. Mais si, en Périgord — ajoutait M. Garrigat — les temples sont si nus, cela provient aussi de la persécution spoliatrice consécutive à la révocation de l'édit de Nantes. Et le ministre citait complaisamment le décret du 10 décembre 1698 attribuant aux hôpitaux de Périgueux les biens des consistoires du diocèse. « Ce document expliquera suffisamment la pauvreté de nos églises protestantes dans le Périgord, cause de leur peu d'apparence dont nous ne sommes pas tout à fait coupables... »

Cette lettre du ministre réformé à l'Évêque de Périgueux, souvent citée depuis, a toujours ramené l'attention sur la conduite de Mgr de Francheville à l'égard des protestants. Le moment est venu d'exposer cette conduite en toute sincérité. La tolérance pour les personnes se concilie — même chez le prêtre — avec l'intransi-

---

(1) Le lecteur voudra bien ne pas s'étonner de rencontrer, au cours du présent chapitre, des localités appartenant au diocèse de Sarlat. Il était difficile de les omettre dans une étude d'ensemble sur l'apostolat de Mgr de Francheville auprès des protestants du Périgord.

geance obligée de la doctrine catholique. Le recul du temps aidant, il est désormais possible de parler de ces brûlantes questions avec l'unique souci de la vérité.

*
* *

Au XVIe siècle, le Protestantisme causa à la France un mal incalculable en brisant son unité religieuse. Henri IV fit, par l'Édit de Nantes, un acte de grande sagesse politique en abandonnant le domaine — désormais intenable — de la thèse pour celui de l'hypothèse, ou compromis, également acceptable pour les deux partis. Sous Louis XIII, les protestants français eurent le tort de s'allier à leurs coreligionnaires étrangers, provoquant ainsi les représailles de Richelieu, gardien sévère de l'unité nationale. Il ne s'agit pas de religion mais de rebellion, disait le grand ministre.

Vers la fin de la Fronde, en 1651, Mazarin ne fut pas peu surpris de recevoir le plan curieux et dangereux d'une constitution républicaine que les révoltés avaient préparée pour le midi de la France. Bordeaux devait être la capitale d'une république qui pourrait s'étendre à tout le pays. Condé et Conti en avaient préparé le plan d'accord avec les Réformés et les Anglais. Comme prix de leur intervention protectrice ces derniers devaient obtenir un port, Royan, Talmont ou Castillon, au besoin — s'ils le préféraient — Blaye ou La Rochelle. Le chef des réformés du Périgord, Pierre de Caumont, marquis de Cugnac, de la maison de La Force, fut chargé par Condé d'aller, avec Henri Taillefer, sieur de Barrière, discuter la réalisation du projet avec le tout puissant Cromwell (1).

Les huguenots de Guyenne, assemblés au synode de Monpazier, signèrent en 1659 un engagement ferme avec les Anglais. Ils promettaient de leur livrer toutes les villes dont ils se seraient emparés au cours d'une descente dans la province. D'autres synodes secrets prirent des résolutions semblables (2).

---

(1) Cf. *Révocation de l'Édit de Nantes*, par Didier, agrégé de l'Université page 16.
(2) *Révocation de l'Édit de Nantes*, du même auteur, page 18.

Louis XIV, comprenant combien la France puiserait de force dans le retour à l'unité religieuse, se proposa, dès le début de son règne, la conversion des protestants. Son dessein était plus politique que religieux. Il eut le tort, pour le réaliser, de recourir à des moyens de rigueur. Ce recours, pour ne s'être produit qu'après l'insuffisance constatée des moyens de controverse, n'en est pas moins blâmable.

Mais les protestants, en Périgord notamment, par leurs incessantes violations de l'Édit de Nantes, n'ont-ils pas un peu provoqué les représailles royales ? Outre les faits déjà cités, le 5 février 1645, le Parlement de Guyenne rend un arrêt constatant que les protestants, au mépris de l'Édit, bâtissent des temples avec les ruines des églises, s'introduisent dans les écoles, prêchent publiquement sur les terres des catholiques, font une propagande effrénée en Périgord et notamment en Sarladais. Le Parlement ordonne la démolition immédiate des temples de Monpazier et de la Madeleine de Bergerac qui appuient leurs charpentes et toits sur les enceintes desdites villes. Les murs ont été percés pour faire des jours à ces temples (1).

Le 7 septembre 1660, nouvel arrêt du même Parlement portant condamnation à mort contre plusieurs habitants de la ville d'Eymet, faisant profession de la religion prétendue réformée, pour avoir organisé une procession avec un âne habillé en prêtre et profané les divers mystères du saint sacrifice de la messe et du Saint-Sacrement de l'autel, publiquement et scandaleusement, au milieu de la place de la ville d'Eymet. Et le ministre défaillant après avoir été trompété et assigné à 3 briefs jours (2).

La démolition du temple suivit cet arrêt. Le ministre Dupont resta cependant dans la place malgré l'interdiction de tout exercice de la religion réformée (arrêt du Conseil d'État de septembre 1671). Il reçut en 1678 l'ordre de quitter Eymet et d'aller demeurer à la Sauvetat. Défense très expresse lui était faite d'exercer tant à Eymet qu'en autres lieux où la religion prétendue réformée était interdite

---

(1) *Bulletin archéologique du Périgord*, tome 38, page 183.

(2) *Bulletin archéologique du Périgord*, tome 40, page 37.

« à peine de désobéissance et d'être procédé contre lui ainsi qu'il appartiendra ».

A mesure qu'aproche 1685. date de la révocation de l'Édit, les rapports entre les deux confessions sont de plus en plus tendus. A Mussidan les protestants, après avoir démoli au XVIᵉ siècle le sanctuaire de Notre-Dame du Roc. si cher à la piété des fidèles. avaient bâti leur temple dans le voisinage de ses ruines. Les catholiques obtinrent enfin l'autorisation de reconstruire leur chapelle sur le même emplacement. La proximité des deux lieux de culte fait que « ceux de la religion prétendue réformée. après avoir démoly autresfois ladite esglize. ont bâti un temple qui n'en est esloïgnié que de trente pas ou environ. en sorte que, non seulement le son de la cloche dudit temple. mais les voix de ceux de la religion prétendue réformée. lorsqu'ils chantent leurs prières, s'entend de ceux qui sont dans ladite esglize. ce qui porte du trouble aux offices divins : oultre la confusion des personnes, lorsqu'ils sortent de ladite esglize ou dudit temple. ce qui donne journellement subjet à plusieurs différents et scandales... » (1).

Ce sont les termes mêmes du procès-verbal dressé en 1680 à la requête du procureur du roi. en présence des anciens du consistoire de Mussidan.

La même année Jacques Misaubin, ministre du saint évangile à Mussidan. par arrêt du présidial de Périgueux. est emprisonné pour « avoir tenu des discours séditieux et impies dans ses presches. » Son collègue Jean Gommare est condamné à 600 livres d'amende — appliquées à la reconstruction de Notre-Dame du Roc — pour avoir fait sonner la cloche du temple pendant la messe et troublé la procession. Il est accusé aussi d'avoir outragé la Sainte Vierge en en faisant faire le personnage par sa belle-sœur et voulu violenter l'esprit de Marie Chastenet pour l'empêcher d'abjurer. Car, malgré tout. les abjurations se multiplient. On signale à Mussidan celles de Nathanael Gaillard, sergier, Pierre et Marie Chastenet. Marie Sandilhon. Susanne Bessède en présence de Bernard Expert. curé de Notre-Dame du Roc. et du P. Augustin Rogier. dominicain.

---

(1) Archives judiciaires du présidial de Périgueux. année 1680. (Arch. dép.).

La démolition du temple est de droit dans toute localité où un seul catholique a apostasié. C'est ce qui eut lieu notamment au Bugue — 1680 —. Le ministre Rivasson reçoit l'interdiction d'aller exercer au temple voisin de Limeuil où il prétendait remplacer son collègue Jarlan qui s'était enfui après une assemblée illicite.

En 1681 Isaac de Saulière, sieur de Nanteuil, est condamné à 1,000 livres d'amende (1). Défense lui est signifiée de « faire faire le prêche ni de souffrir qu'il soit fait aucune assemblée et exercice de la religion prétendue réformée dans sa maison de Saulière, lieu et paroisse dudit Nanteuil, à peine de privation de sa justice et de réunion, audit cas, au domaine du Roi... » (Sentence du présidial.) Des faits analogues sont relevés à Gabillou où Paul d'Hautefort reçoit ses corréligionnaires dans son château de Vandre, à Parcoul où 300 personnes se réunissent chez le seigneur du lieu « comme si c'eut été une église approuvée par le Roi ».

En 1682 plainte, tant du curé Dominique Petit, docteur en théologie, que du procureur du roi, contre Pierre Géliéri, ministre du saint évangile à Salignac et qui n'y réside pas, habitant tantôt Proissans, tantôt La-Chapelle-Aubareil.

Deux ans plus tard nouvelle plainte du procureur contre Jean Géliéri, ci-devant ministre de Lauquais, accusé d'excès et de contraventions aux édits, déclarations du Roi et arrêts de son Conseil (2).

*
★ ★

Mais où la lutte religieuse revêtait toute son acuité c'était dans le pays de Bergerac, « le plus fertile en moissons — dira plus tard le

---

(1) Payables dans le mois, 500 à l'hôpital général de Périgueux, 250 à l'hôpital Sainte-Marthe, 250 à l'église de Nanteuil.

(2) En 1707 Jean Fayolle dit Cavalier, marchand à Salignac, présente une requête au sénéchal de Sarlat pour être mis en possession des biens d'Isaac Géliéri, marchand, son oncle breton, sorti depuis longtemps du royaume pour fait de religion.

P. Dubois — mais aussi le plus fécond en vices, où une autre Genève sert encore d'asile à ce qui reste d'égarés dans toute la Guyenne (1). »

En effet, par suite de circonstances dont le voisinage de Piles, La Force, Lanquais n'était pas la moindre, Bergerac était devenu l'un des principaux boulevards du calvinisme. 68 ans durant, — 1553-1621 — il y fut le maître incontesté. Les documents officiels assurent qu' « il y avait plus de 40,000 personnes de la religion à Bergerac ou à six lieues aux environs ». La Béraudière y avait appelé les Recollets et les Jésuites. Ceux-ci auprès des bourgeois, ceux-là auprès des classes populaires, s'étaient constitués les apôtres infatigables et souvent heureux du catholicisme. Cependant, en 1682, les réligionnaires y étaient encore assez forts pour entraver jusqu'au Parlement de Guyenne la marche régulière de la justice. Ce Parlement faisait un procès au ministre Vernajou et aux anciens du consistoire pour inexécution des édits. Le premier article de la sentence devait être la démolition du temple. Plusieurs parlementaires étaient propriétaires en Bergeracois. Les réformés du pays menacèrent d'incendier leurs maisons et d'empêcher les Hollandais d'enlever leurs vins. Effrayé par ces représailles, le Parlement de Bordeaux se dessaisit du procès en faveur de celui de Toulouse. Ainsi disparut le temple de Bergerac, un des plus anciens du royaume, par arrêt du Parlement de Toulouse rendu en septembre 1682. La communauté bergeracoise alla grossir les églises de La Force et de Lamonzie. L'année suivante vit l'interdiction de celles de Limeuil et de Mussidan. Cette dernière était devenue très importante par suite de la démolition déjà effectuée de tous les temples des environs.

Louis XIV révoqua l'Édit de Nantes le 22 octobre 1685. Il croyait que le fruit était mûr et qu'il n'y avait plus qu'à le cueillir. Depuis déjà des mois les dragons de Boufflers étaient logés chez les huguenots de Bergerac et du duché de La Force. Ils étaient com-

---

(1) Oraison funèbre de Mgr de Francheville, par le P. Dubois.

Tous les détails concernant l'action de Mgr de Francheville auprès des protestants sont empruntés aux « Annales historiques de la ville de Bergerac » publiées par M. Charrier et à des documents inédits recueillis par M. Dujarric-Descombes au cours de quarante ans de recherches.

mandés par deux capitaines de cavalerie du régiment de Varennes :
d'Espagnac et Maugiraud. La surprise de ces derniers fut grande de
constater que les nouveaux convertis les suppliaient « de leur
procurer des jésuites pour les instruire ». C'est — ajoute l'auteur
d'une relation contemporaine (1) — « une preuve évidente de leur
mérite et de leur vertu ».

Au témoignage — suspect parce que intéressé — du ministre
Élie Benoist, il y aurait eu dans le pays jusqu'à 100 compagnies de
soldats de toute espèce. On logeait des compagnies entières chez de
simples bourgeois qui n'avaient pas assez de bien pour payer, d'une
année de leur revenu, la dépense que ces hôtes faisaient en un jour.
On constatera, en 1700, la présence de 22 garnisaires dans la
famille Marteilhe, bourgeois et marchand de Bergerac. Cela n'empêcha pas d'écrire à la Cour que le marquis de Boufflers ne faisait
pas son devoir, que les conversions auraient été plus promptes et
plus nombreuses si, dans les lieux où il commandait, il y avait tenu
la main avec assez de sévérité. Ces plaintes valurent à Boufflers une
lettre de Louvois lui reprochant, de la part du Roi, le peu de
progrès de ses troupes. La comparaison, qui s'imposait en haut lieu,
avec ce qu'obtenaient d'autres troupes opérant ailleurs sous une
main plus ferme, tournait entièrement au détriment de Boufflers (2).

On a publié les procès-verbaux de 587 abjurations de l'hérésie de
Calvin faites à Bergerac, du 27 août au 25 septembre 1685. Chaque
procès-verbal porte la signature de deux témoins et du prêtre qui
a préparé la conversion. On relève les noms du missionnaire
Carrier et de soldats qui malheureusement mêlaient leur action à
celle des missionnaires.

------

(1) Publiée dans la *Revue de Saintonge et d'Aunis*, 1916, 4e et 5e livraisons, au
cours d'un article de M. Dangibaud sur *La Mission du Marquis de Boufflers en
Béarn, Guyenne, Périgord, Saintonge 1685*. Relation anonyme, non datée,
écrite sans doute avant 1693, probablement par un jésuite.

La 6e livraison de la *Revue de Saintonge et d'Aunis* publie trois lettres de
Boufflers au P. de La Chaize, confesseur du roi et au P. Falloux, procureur
général des Jésuites, pour recommander le sieur d'Espagnac « un des bons
officiers du royaume, que nous devons tous considérer pour avoir converti
près de 30,000 huguenots par ses soins, ses travaux et ses veilles et son
industrie ».

(2) *Histoire de l'Édit de Nantes*, par le ministre Élie Benoist.

Pierre Gontier, sr de Biran, et Élie Gontier, curé de Creysse sont témoins de l'abjuration de Bertrand Ducroix, bourgeois. Abjurèrent aussi André de Maillet, sieur de Lacoste, Anne Lavergne, 27 ans, femme d'Isaac Marteilhe et plusieurs autres Marteilhe ; six membres de la famille de Cosson, sieur de Turson, Mounet, marchand-chapelier, etc. La plupart des nouveaux convertis appartiennent à la classe populaire, très peu à la bourgeoisie (1).

La Révocation de 1685 ne fit qu'inscrire dans la loi ce qui était depuis longtemps dans les faits : l'interdiction de tout exercice public du culte protestant dans le royaume. On démolit en cette année le temple de Sorges, qui subsistait encore, où des ministres, condamnés pour ce fait, avaient reçu des catholiques relaps. Des pasteurs, des gentilshommes, des bourgeois émigrèrent en Hollande ou en Angleterre. Signalons Jean Luzac, marchand à Bergerac, qui alla en Hollande avec ses deux fils. Jean fonda à Leyde une imprimerie importante, tandis que son frère, Étienne, rédigeait la *Gazette de Leyde*. Le peuple revint en masse à la religion des ancêtres. Quant à ceux qui persistèrent à demeurer en France et à garder la réforme, ils connurent des années très douloureuses jusqu'à l'arrivée de Francheville. Mgr Le Boux, qui pratiquait déjà la manière forte avec *ceux du dedans*, ne pouvait s'en départir avec *ceux du dehors*. Non pas qu'il négligeât les moyens de controverse : Dans le pays atteint par l'hérésie il multipliait les missions et conférences ; mais il approuvait trop ouvertement l'action militaire du marquis de Boufflers. La contrainte produisit son résultat ordinaire : un redoublement de fanatisme. Une paysanne bergeracoise, Anne Monjoye, au moment de la Révocation, ne savait ni lire ni écrire. Elle eut assez de force d'âme pour s'instruire elle-même et, convoquant comme dans les Cévennes ses corréligionnaires au *désert*, elle tint des assemblées illicites. Les sbires de Boufflers se saisirent d'elle. Son refus d'abjurer lui valut une sentence de mort exécutée sur le champ (1686).

Au Cordoa, paroisse Saint-Hilaire de Trémolat, Yvonne Favard, *nouvelle convertie*, déclare en présence des officiers de la juridiction,

(1) *Archives historiques de la Gironde*, Tome 24, page 79.

du curé et de trois témoins, sa volonté de vivre et mourir dans la religion prétendue réformée (29 avril 1686). Le procureur du roi ordonne son arrestation et l'ouverture de son procès comme relapse.

A Lalinde, recrudescence de blasphèmes publics. Suzanne Mathieu, épouse Lessales, veuve en premières noces du régent Brah, y tient une école où, sous prétexte d'enseigner la réforme, on outrage surtout le catholicisme. L'école est fermée aux pensionnaires ainsi qu'aux jeunes filles de Lalinde et des lieux circonvoisins (1685).

Des habitants d'Eymet sont encore condamnés pour crime d'impiété aux galères perpétuelles et à 30 livres d'amende applicable à l'église d'Uzerche (?) — 1687 — (1).

L'Intendant de Guyenne désignait parfois l'hôpital de la Manufacture, situé au faubourg de Taillefer, pour l'internement des *nouvelles converties*. On signale l'évasion, en 1689, de toutes celles qui étaient originaires des juridictions de Monpazier, Bergerac et Eymet. L'année suivante, Élisabeth Galliot, surprise à Saintes en assemblée illicite, fut condamnée à être rasée et enfermée, sa vie durant, dans ce même hôpital.

Huit ans s'étaient déjà écoulés depuis la Révocation, quand Mgr de Francheville arriva en Périgord. Sans doute le temps est le meilleur des remèdes et, si la plus odieuse des guerres civiles durait encore avec çà et là de violents soubresauts de reprise, le calme s'était déjà bien fait par le retour du grand nombre au catholicisme. Venant de la Bretagne où les âmes — tels des blocs de granit — ne s'étaient pas laissé entamer par l'hérésie, il ne connaissait pas le protestantisme par expérience personnelle. Aussi lui apportait-il la mentalité des évêques du nord de la France qui voulaient la douceur pour les errants de bonne foi et réservaient la contrainte aux hérétiques obstinés (2). Il lui apportait l'état d'esprit d'un Fénelon.

---

(1) Je ne garantis pas que ce soit Uzerche. C'est le mot que j'ai cru lire sur le document à demi-effacé que j'ai sous les yeux.

(2) Les évêques du Midi, au contraire, témoins directs des représailles protestantes, généralisaient davantage le recours à la contrainte. Tous réprouvaient cependant la communion forcée et la mise sur la claie des cadavres des condamnés, en un mot toutes les rigueurs inutiles et vindicatives. Ils n'admettaient que les contraintes qui leur paraissaient salutaires et médicinales.

destiné cependant à se modifier, au contact des faits, dans le sens de la sévérité.

Le 12 octobre 1694, après un arrêt à Campsegret, le nouvel Évêque de Périgueux fit son entrée à Bergerac. Cette ville était alors administrée par Pierre Gontier, sieur de Biran, paroisse de Saint-Sauveur, d'une vieille famille bourgeoise originaire de Saint-Laurent-des-Bâtons. Son mariage avec Marthe de La Chapelle, fille du bailli royal, l'avait fixé à Bergerac. Il était aussi zélé pour les intérêts de la religion que pour ceux de la ville dont il avait été consul en 1688. En possession d'une fortune considérable, lors de la création de la vénalité des offices, il avait acquis — on l'a déjà vu — à la satisfaction générale, la charge de maire perpétuel. Ses descendants ont occupé depuis les principales charges de la bourgeoisie. Son arrière-petit-fils, Maine de Biran, a auréolé le nom d'une gloire immortelle en étant « le plus grand métaphysicien que la France ait eu depuis Malebranche » (1). Nous verrons comment deux des filles de Pierre Gontier, l'aînée à l'hospice du Saint-Esprit de Bergerac, et la plus jeune aux Filles de la Foi de Sarlat, contribuèrent à faire bénir la religion de leurs pères.

Le maire perpétuel fit à l'Évêque une réception solennelle. Entouré du clergé avec ses croix et bannières et suivi des consuls, il alla à sa rencontre jusqu'à la porte Longadoire. Là, il le complimenta. Le cortège se rendit ensuite à l'église paroissiale de Saint-Jacques où le curé, Philippe de Bernard, harangua de nouveau l'Évêque. Ce dernier, après les cérémonies accoutumées, descendit à la maison du prieur de Saint-Martin, l'abbé Duffaulx. Il reçut les communautés religieuses, les officiers du sénéchal et du baillage et les maire et consuls. Après dîner, il rendit visite au lieutenant-général, au sieur de Biran, maire, et à quelques autres notables.

Bergerac possédait depuis deux jours à peine l'Évêque de Périgueux, quand arriva dans ses murs le prélat qui gouvernait, à

---

(1) Un autre descendant de Pierre Gontier, M. de Biran Lagrèze, a été maire de Bergerac sous le Second Empire et principal promoteur de la construction de l'église Notre-Dame. C'était un noble et généreux caractère. Sa piété filiale pour la Sainte Vierge lui inspirait d'admirables sacrifices.

Sarlat, le second diocèse du Périgord. Mgr Pierre de Beauvau du Riveau (1) était un des évêques les plus remarquables de son époque et bien digne de l'amitié de Mgr de Francheville. Ses œuvres parlent encore pour lui. En neuf ans, à Sarlat, il fonda l'hôpital, bâtit le séminaire, embellit la cathédrale, employa les Jésuites et mourut dépouillé de tout, ne laissant après lui ni dettes ni biens. D'Issigeac (2) où il était en villégiature, il vint donc à Bergerac rendre visite à son collègue de Périgueux. La ville fit aux deux évêques des présents magnifiques. Ils devaient se retrouver ensemble à Bergerac, dans les jours du carnaval de 1696, attirés par la présence en cette ville de l'intendant de Guyenne, Bazin de Bezons. Ce dernier procédait, avec les subdélégués de la province, à la répartition de la capitation, taxe que dans sa détresse financière l'État levait sur chaque personne. Francheville était descendu à la Mission. Pendant ce séjour il bénit la nouvelle chapelle de l'hôpital, donna la tonsure à deux jeunes gens et confirma à Saint-Jacques un grand nombre de chrétiens de tout âge et de toute condition. M. Rabot, conseiller au Parlement, logea l'Évêque de Sarlat et le défraya de tout ainsi que sa suite. Mgr de Beauvau conféra la tonsure à son hôte dans l'église de la Madeleine. En juin 1697, l'Intendant revint à Bergerac pour vérifier les levées faites sur la capitation des villes et paroisses. Il y rencontra encore l'Évêque de Sarlat, qui présida la procession de l'octave de la Fête-Dieu, inaugurant ainsi un usage auquel les évêques de Périgueux sont toujours fidèles.

Avant d'exposer en détail l'action de Francheville sur les protestants de la région de Bergerac, le moment est venu de faire connaître au lecteur un personnage qui travailla sur le même terrain et dont le rôle a été sévèrement jugé par l'histoire. Il s'agit de Henri-Jacques de Caumont, duc de La Force, pair de France et gouverneur de Bergerac. Il appartenait à une famille qui avait beaucoup à se

---

(1) Cousin de Gilles-Jean-François de Beauvau, évêque de Nantes, et de René-François de Beauvau, évêque de Bayonne. L'évêque de Nantes avait remplacé sur ce siège son oncle maternel, Gilles de La Baume, retiré à Périgueux auprès de Mgr de Francheville.

(2) Les évêques de Sarlat avaient à Issigeac un château ou maison de campagne. Le voyage de Sarlat à Issigeac comportait habituellement une halte à Bergerac.

faire pardonner. Si elle avait rendu à la France de brillants services militaires, elle avait aussi, plus qu'aucune autre, contribué à ruiner son unité religieuse. En 1554 Charles de Caumont avait épousé Philippe de Beaupoil, dame de La Force et importé le protestantisme dans le pays. Son château avait été un des foyers les plus ardents de l'hérésie. Son voisinage n'avait pas peu contribué à détacher Bergerac de la religion traditionnelle. Les seigneurs qui, pendant un siècle et demi, s'étaient succédé dans la possession de l'importante terre, doués d'un prosélytisme ardent, y avaient tenu des réunions de plus de trois mille personnes.

Lors de la révocation de l'Édit, le duc de La Force était Jacques-Nompar de Caumont. Il avait épousé, en premières noces, Marie de Saint-Simon et, en deuxièmes, Susanne de Béringhem. Des deux lits neuf enfants étaient nés, tous élevés dans l'hérésie. Invité avec les siens à abjurer, le duc refusa d'abord. Les documents contemporains (*Mémoires du marquis de Sourches, de Dangeau, Gazette de France*), nous le montrent interné pour son refus à Saint-Magloire, chez les Pères de l'Oratoire. La duchesse, intraitable, s'enfuit en Angleterre, où elle meurt seulement le 5 juin 1731. Les garçons sont confiés aux Jésuites, les filles aux Visitandines du premier monastère de Paris, rue Saint-Antoine : « Il y a près de trois mois que nous reçûmes par ordre du Roi trois jeunes Demoiselles, filles du duc de La Force. L'aînée, Charlotte, âgée d'environ onze ans, fit son abjuration dans notre église un mois après son entrée, ayant à ses côtés mes Demoiselles ses cadettes dont l'une, Susanne, est âgée de sept ans et l'autre, Magne, de quatre à cinq (1) ». Charlotte était déjà remarquable par sa beauté. Elle avait été d'abord mise en pension dans la maison établie par Mme de Miramion. Comme elle songeait à s'évader pour rejoindre sa mère en Angleterre, « le Roi — dit Dangeau — la fit transférer aux Filles Sainte-Marie, rue Saint-Antoine, où elle sera plus resserrée (2) ».

-----

(1) Extrait des archives du 1er monastère de Paris (communiqué par Mme la Supérieure de la Visitation d'Annecy).

(2) La Visitation avait une telle réputation de vertu et d'orthodoxie qu'on verra bientôt l'archevêque de Paris, cardinal de Noailles, aidé du lieutenant de police René d'Argenson, lui confier les plus obstinées religieuses jansénistes de Port-Royal dans l'espoir qu'en ce milieu elles s'amenderaient. Mme Guyon fut aussi internée à la Visitation.

Le duc semble avoir persisté d'abord dans son refus. « Monseigneur l'archevesque (1) a rendu plusieurs fois visite au duc de La Force qui est aux RR. PP. de l'Oratoire de Saint-Magloire, mais jusqu'à présent fort inutilement. » (4 mai 1686). Le 15 juin suivant, la *Gazette de France* annonce triomphalement l'abjuration du duc et de ses quatre fils. La cérémonie a eu lieu le samedi 29 mai, à Saint-Magloire, entre les mains de l'Archevêque de Paris. Les Visitandines furent plus heureuses encore que les Pères dans leur apostolat. Susanne de Caumont-La Force devint visitandine à Saint-Denis et, Charlotte, bénédictine à Issy. Elle mourut abbesse de son monastère, le 15 août 1714. Magne, la plus jeune des trois sœurs, avait été attachée au lendemain de son abjuration (2) à la personne de Madame la Dauphine. « Le Roy lui a donné 6,000 livres pour ses équipages et 3,000 livres de pension ».

La conversion du duc ne paraît pas avoir été dans les premiers temps bien sincère. Il ne laissait pas de faire certains actes témoignant encore de son attachement à l'hérésie, pour lesquels il fut mis à la Bastille et consigné dans son château de La Boulaye, en Normandie, sous la garde d'un exempt. Le Roi lui écrivit le 28 avril 1691 :

« Mon cousin, sur les assurances qui m'ont été données que vous tiendrez à l'avenir une meilleure conduite que vous n'avez fait cy-devant, j'ai bien voulu vous faire sortir de mon chasteau de la Bastille ; mais je désire qu'en même temps vous vous retiriez dans la maison de Saint-Magloire, des Pères de l'Oratoire, et que vous y demeuriez jusqu'à nouvel ordre ».

Le duc manifesta bientôt de meilleures dispositions. Le 13 mai suivant, Pontchartrain lui écrivait que le Roi l'autorisait à se retirer chez Mme de Courtomer (3). Il ajoutait qu'il pouvait sortir de Saint-Magloire, quand il lui plairait, et venir saluer Sa Majesté qui le trouvait bon.

---

(1) François de Harlay de Champvallon (1670-1695).
(2) 13 juin 1686.
(3) Fille aînée du duc et de la duchesse née de Saint-Simon, mariée le 26 avril 1682 à son cousin Claude-Antoine de Saint-Simon, marquis de Courtomer.

Le 13 juin, Pontchartrain écrivit au lieutenant général de police La Reynie : « Je vous envoie l'ordre pour faire remettre à M. le duc de La Force les papiers et autres choses qui furent saisies lorsqu'il fut arresté. Sa Majesté veut qu'en votre présence il brûle un mauvais testament qu'il avait fait, afin que pareille faute demeure dans l'oubly à l'esgard des deux cassettes qui appartiennent à Madame de Lorme (1). Sa Majesté veut que vous en fassiez l'ouverture et que vous examiniez s'il n'y a rien de contraire à son service... Sa Majesté ne prend cette précaution que pour voir si, parmi les papiers de cette femme qui est hors du royaume, il n'y a rien de préjudiciable à son service. »

Retiré en son château de La Boulaye, près d'Évreux, le duc y meurt le 19 avril 1699 dans la foi catholique. Mgr de Francheville entretenait avec lui une cordiale correspondance que, par zèle pour la religion, il continua avec son fils Henri-Jacques de Caumont-La Force.

Le nouveau duc de La Force n'avait pas encore vingt-cinq ans. C'était, au demeurant, un assez triste personnage (2). Protestant, abbé, poëte, financier, fondateur d'une académie provinciale, il n'avait jamais pu réussir qu'à s'aliéner l'opinion. L'histoire le range parmi ces ambitieux qui, afin de plaire à la Cour et mériter les faveurs royales, affectèrent un zèle extrême pour la conversion des hérétiques. Personne ne montra contre eux autant d'animosité que « ce déserteur de son évangile ». Ainsi l'appelle son contemporain

---

(1) Protestante qui avait préféré l'exil à l'abjuration.

(2) Les historiens qui le maltraitent moins disent qu'il signala son zèle en entretenant des missionnaires pour la réunion des calvinistes de France, en servant des pensions à plusieurs nouveaux réunis.

Saint-Simon le représente comme un homme instruit, spirituel.

Ami de Law et fort riche en billets du système, il employa, pour s'en défaire, des manœuvres qui lui attirèrent, en 1721, un arrêt de blâme du Parlement.

En 1722 il eut un vilain procès. Il était accusé d'être entré dans une société de commerce et d'y faire des profits usuraires sous des noms d'emprunt.

On ne connaît de lui aucun écrit. C'était cependant un bibliophile. Il fut le premier protecteur de l'Académie de Bordeaux.

Lagrange-Chancel. l'auteur des *Philippiques* (1). Lorsque le Roi, en paix avec l'Europe par le traité de Ryswick, revint à l'exécution de ce qui était à ses yeux l'action la plus louable de son règne, on vit le jeune duc inaugurer sur ses terres, pour plaire au Souverain, le système des conversions forcées. Une lettre écrite par lui de La Force, le 15 octobre 1699, au garde des sceaux Pontchartrain, révèle ses projets (2).

Il expose au ministre que, trois fois la semaine, des instructions religieuses sont faites par des missionnaires dans une chambre du château, en attendant que la chapelle soit mise en état de recevoir les 3 ou 400 nouveaux convertis. Il remarque, non sans amertume, que presque tous sont des paysans ; que les bourgeois sont généralement rebelles et que le voisinage de Sainte-Foy « est d'un grand obstacle pour les conversions ».

Il propose contre les récalcitrants des moyens de rigueur, comme l'amende pécuniaire et les cavaliers garnisaires. Il demande, pour soulager ceux qui font leur devoir, une part des tailles dans les paroisses, donne au ministre l'assurance « qu'aussitôt qu'on aura réduit les principaux, il ne restera plus de vestiges de l'hérésie », et promet de faire tout ce qu'il croira « pouvoir contribuer à les fortifier dans la religion catholique, apostolique et romaine ».

L'année ne s'était pas écoulée que le duc de La Force se félicitait déjà du résultat de ses « missions séraphiques ». Le 21 décembre 1699, il célébra le triomphe de la religion dans son duché en une fête magnifique dont il s'empressa de publier la relation (3).

Mais il ne tarda pas à s'apercevoir que les prédications de ses missionnaires et ses propres menaces n'avaient pas obtenu les résultats si bruyamment annoncés. Il se décida alors à sévir

---

(1) Ce poète périgourdin poursuivait d'une haine tenace le duc de La Force, qu'il accusait de lui avoir volé une de ses tragédies. Cf *Les Philippiques*, édition de Lescure. 1858, *passim*.

(2) Publiée par le *Bulletin de la Société de l'histoire du protestantisme français*, 8e année, page 114.

(3) *Relation et dessin du feu d'artifice fait à La Force le 21 décembre 1699 par la justice et le peuple du duché, nouvellement réunis à la religion catholique, apostolique et romaine*, Rouen, Macherel, in-4o.

contre ses vassaux récalcitrants et contre les bourgeois huguenots des villes voisines. « Le duc de La Force, zélé convertisseur,
dit un ancien historien, exerçait sa fureur à Bergerac contre
les nouveaux réunis et partout où il menait ses dragons et ses
satellites. » (1) Sans doute c'est le témoignage du pamphlétaire
protestant Larrey. Nous avons aussi celui — non moins suspect —
d'un autre protestant, Jean Martheilhe, enfant de Bergerac. Le souvenir
de ses souffrances personnelles a pu diminuer son impartialité ; mais,
même sous la plume d'un adversaire et d'une victime, les faits ne
sauraient perdre tout caractère véridique. Donc, dans les derniers
mois de 1700, le duc de La Force se transporta à Bergerac, suivi
d'un régiment de dragons qu'il logea chez les protestants. Au
nombre de ceux-ci figuraient les Martheilhe, marchands de la ville.

A l'arrivée des dragons, l'aîné des enfants, Jean Martheilhe, âgé
de 16 ans, parvint à s'échapper de la maison paternelle et à
sortir de la ville avec le barbier Daniel Le Gras. Tous deux, après
un arrêt à Mussidan, reprirent leur course vers la Hollande. Ils
furent arrêtés à Marienbourg et condamnés aux galères par le juge
du lieu pour crime d'émigration. Comme la sentence du juge de
Marienbourg, pour être exécutoire, devait être confirmée par le
Parlement de Tournai, les deux jeunes gens furent dirigés vers cette
ville, avec halte à Cambrai. La nouvelle de la présence de deux
périgourdins dans la prison de la ville parvint-elle au grand périgourdin qui en occupait le siège archiépiscopal ? On ne sait. Ce qui est
certain, c'est que les captifs reçurent plusieurs fois la visite du grand
vicaire de Fénelon, qui s'intéressa à eux au point de rendre un
instant possible leur acquittement. Parlant de ce compatissant
visiteur, Martheilhe l'appelle « notre bon ami, le grand vicaire » (2).

Que ce grand vicaire agisse par ordre de l'Archevêque ou bien

---

(1) Cf *Histoire de la France sous Louis XIV*, par Larrey.

(2) Voir sur toute cette affaire *Revue de Paris*, livraison du 15 novembre 1897, article de M. Ernest Lavisse sur *Les Galères du Roi*. Mais, ce qui
jusqu'ici n'avait jamais été mis en lumière, c'est l'intérêt d'un des grands
vicaires de Fénelon pour les jeunes protestants bergeracois persécutés.

par sympathie personnelle, son intérêt pour les jeunes captifs ne saurait nous étonner. Il était périgourdin comme eux et s'appelait Pantaléon de Beaumont (1) ou Gabriel de La Cropte de Chantérac (2).

Après avoir passé par les galères royales, Martheilhe s'établit en Hollande où il mourut à Cuilenbourg, en 1777, à l'âge de 95 ans. Il a laissé des mémoires réimprimés de nos jours (3).

La chronique municipale mentionne, au mois d'octobre 1700, la présence du duc de La Force. Il descendit chez le lieutenant général. Porteur des ordres du Roi pour obliger les bourgeois et habitants de Bergerac à professer le catholicisme, il déclara les intentions de Sa Majesté et fit souscrire à l'hôtel-de-ville à plusieurs familles bourgeoises un acte capitulaire où elles déclarèrent vouloir professer à l'avenir « la religion catholique, apostolique et romaine ». 349 abjurations furent ainsi obtenues en comptant les femmes et les enfants. Parmi les nouveaux convertis, relevons les noms de Blanc, Eyma, Poumeau, Mounet, Dupuy, Brachet, de Lespinasse, Despaigne, Planteau, Lorthion, Vigier, Galina, Goulard, de Laforce... etc. Les conversions ne furent pas générales. Le 3 janvier 1701, les consuls recevaient la lettre suivante : « Messieurs, je vous escrit ce billet, de l'ordre de Mgr le duc de La Force pour vous donner advis qu'un bataillon du régiment Contois ira demain loger à Bergerac. Il m'a chargé de vous mander de suivre, pour le logement, le mesme ordre que vous fistes pour le régiment de Bretagne à la rézerve des familles qui ont fait leur devoir du depuis... ». Peu confiant dans le prosélytisme du duc et la sincérité des nouveaux convertis, le chroniqueur écrit mélancoliquement : « Dieu le leur inspire ! »

----

(1) Fils d'une sœur consanguine de l'Archevêque. En l'absence de ce dernier il administrait le diocèse.

(2) Proche parent de Fénelon par sa mère. D'une grande dignité de vie. Représenta à Rome l'Archevêque de Cambrai pour la grave affaire du livre des *Maximes des Saints*.

(3) Martheilhe de Bergerac. Les archives de la Réforme « Mémoires d'un protestant condamné aux galères de France pour cause de religion », réimprimés d'après le *journal* original de Jean Martheilhe, de Bergerac, publié à Rotterdam en 1757. M. Lavy 1865, fort in-12, 6 francs.

Pour son œuvre des conversions le seigneur de Bergerac obtint du Roi une pension de 12,000 livres (1).

En regard de la conduite du duc de La Force, plaçons maintenant celle de Mgr de Francheville. Chez lui nulle ambition, nul besoin de flatter le pouvoir. Seul l'amour des âmes le guide en la délicate mission d'affermir dans la vérité ceux que la rigueur ou l'intérêt ont retirés de l'erreur. Il demande et obtient le rappel du régiment de cavalerie de Cibourg : depuis le mois d'avril 1698 il logeait à

---

(1) Dangeau écrit dans son *Journal* : « 4 juin 1700. Le Roi fit donner ces jours passés mille pistoles au duc de La Force, qui revenait de ses terres, où il a fait beaucoup de conversions. Ce duc espère que cette gratification se tournera en pension. »

La conduite du duc de La Force trouva un admirateur sans réserve dans le marquis de Neuvic, de la maison de Mellet, qui versifiait à ses heures. Son sonnet « sur la contrainte que M. le duc de La Force exerce contre les huguenots pour leur faire embrasser la foy catholique » commence ainsi :

Secte pleine d'abus et de libertinage
Va prôner loin de nous le mensonge et l'erreur,
A la France Louis procure le bonheur
De n'avoir qu'une loy, qu'une foy pour partage.

. . . .

Extrait de ses bouts-rimés « Pour Mgr le duc de La Force » :

. . . .

Caumont qui s'est soumis dans la bonne saison
Aux dogmes de la foy, vient sur notre horizon
Renverser l'hérésie, en rompre la barrière.

. . . .

C'est par là que ce duc va son nom soutenir.

Il termine par cette prière :

Dieu qui seul du mortel pouvez changer le cœur
Daignez changer celui des peuples de La Force
Et donnez votre grâce à ce duc qui s'efforce
De rendre votre nom en tous lieux le vainqueur.

Quatrain « pour mettre sur la cloche que M. le duc de La Force fit fondre pour sa chapelle » :

Tant que le monde durera
Je porteray le témoignage
Que Caumont duc et pair m'a fait fondre pour gage
Que son grand nom catholique sera.

Il lui écrit à l'occasion de la naissance de sa fille aînée : « ... Ne regardons Mlle de La Force que comme une autre Judith qui coupera sans doute la tête d'Holopherne, c'est-à-dire l'hydre que Votre Grandeur a déjà si glorieusement terrassée et se rendra par là la digne héritière du zèle que vous faites paraître pour la véritable église... »

Bergerac dans les maisons de ceux qui étaient sortis du royaume. Sans doute il fait appel à la controverse, mais dépouillée de l'appareil scientifique qui blesse l'auditeur plus qu'il ne le gagne. Il ne suffit pas, dit-il, de convaincre les protestants : il faut les convertir. Si la force de la controverse subjugue les esprits, seule la douceur du controversiste gagne les cœurs.

L'Évêque pénètre dans les demeures des réformés. Il les embrasse comme des frères, ramène celui-ci par les bons offices qu'il lui rend auprès de ses juges, gagne celui-là par la pension qu'il lui obtient du Roi ou qu'il lui assigne sur ses propres revenus. Il invite à sa table une foule de bourgeois, leur dit ses désirs — partagés par le Roi — d'une parfaite conversion, cela « d'un air si touchant — raconte le P. Dubois — que cette multitude de gens, encore mal convertis, ne pouvaient retenir leurs larmes à la vue des siennes ». Les procédés de Mgr de Francheville envers les protestants bergeracois eurent leur salutaire effet dans tout le Périgord. On relève de très nombreuses abjurations dans les régistres paroissiaux de l'époque. Isaac Macerouze et Eve Gonthier, de Lalinde, abandonnent l'hérésie en 1697 à l'occasion de leur mariage.

Elias Berthoumieux, de la paroisse Saint-Martin de Bergerac, et Suzanne Gueylard, de Sigoulès, requièrent de leur donner acte de la déclaration qu'ils font à l'Évêque « de vouloir vivre et mourir dans la religion catholique, apostolique et romaine, voulant être traités comme relaps et consentant que leurs biens soient confisqués au profit du Roy si, à l'avenir, ils manquent de remplir tous les devoirs de la dite religion catholique, apostolique et romaine qu'ils embrassent volontairement, reconnaissant que c'est la seule vraie religion, laquelle déclaration ils font sans aucune contrainte ni impulsion. En foi de quoi ils demandent qu'il plaise à mon dit seigneur évesque de Périgueux de leur donner un confesseur qui, après les avoir entendus en confession, leur donne la sainte communion qu'ils demandent comme une preuve de la sincérité de leur abjuration, prenant Dieu à témoin qu'ils ne mentent point » (1).

Le 19 février 1701, 35 habitants de la ville et juridiction de

---

(1) Extrait des minutes de Mᵉ Rousseau, notaire, 1699 (Arch. dép.).

Villefranche-de-Belvès, capitulairement assemblés au parquet de ladite ville, promettent à Dieu, au roi et à Mgr le duc de La Force de vivre et mourir dans la religion catholique, apostolique et romaine, d'assister au service divin et aux instructions du curé Vivien. Cette promesse collective ne fut pas tenue par tous. Un procès-verbal du 29 novembre suivant constate qu'Esther de Marouzac, veuve de Pierre Arnaudel, sieur de Cousy, n'a pas voulu se confesser dans sa dernière maladie, comme l'y exhortait le curé Vivien. Le procureur du roi demande, conformément aux édits, que le procès soit fait à sa mémoire. Semblable procès fut fait deux ans plus tard — 18 décembre 1703 — à la mémoire de feue Suzanne Arnaudel, dame de La Boissière. Reniant aussi sa promesse, elle avait déclaré devant témoins vouloir mourir dans la religion prétendue réformée dans laquelle elle était née (1).

Daniel de Cheyssac, sieur de Fongrave, avocat au Parlement, habitant dans son repaire de la Garenne, paroisse de Saint-Sulpice-d'Eymet, requiert le notaire de dresser « acte de sa déclaration de vouloir vivre et mourir dans la religion catholique, apostolique et romaine dont il cognoit toutes les obligations qu'il promet de remplir à l'advenir fidèlement. » (29 avril 1701). Et afin de « s'affermir tant contre les sollicitations et les menaces que lui feront immanquablement ceux de la religion prétendue réformée qu'il vient de quitter, que contre toutes sortes de respect humain », il s'oblige de payer 3,000 livres à l'hôpital de Bergerac s'il venait à manquer de remplir les devoirs de la religion catholique. Sous pareille peine il renonce à sa fiancée huguenote, d^{lle} Marie du Condra. Si elle se convertit et qu'il l'épouse, toute défaillance d'elle ou de leurs enfants éventuels donnerait lieu à la même sanction (2).

La paroisse de Parcoul enregistre en 1702 trois abjurations, dont celle d'Anna Boutard, le dimanche, à l'issue des vêpres, en présence d'une grande foule (3).

---

(1) Archives de la sénéchaussée et présidial de Sarlat, 1901 et 1903. (Arch. dép.).

(2) Minutes de Me Vigier, 1701. (Arch. dép.).

(3) Comte de Saint-Saud, *Parcoul et ses registres paroissiaux*, 1891, p. 6-7.

L'année précédente — 1701 — Mgr de Francheville fit à Bergerac l'ouverture du jubilé universel. La veille, à la Mission, il reçut la visite du duc de La Force et écouta les harangues des officiers du sénéchal, du maire et des consuls. Le lendemain — 13 juin — il présida la cérémonie de l'église Saint-Jacques et la procession pleine d'éclat et de magnificence qui se déroula à travers les rues de la ville. A la grande joie de l'Évêque y prirent part un certain nombre de bourgeois nouveaux convertis.

Le P. Jammes, recteur du collège de Périgueux, et le P. Guilen, prêchèrent alternativement pendant la quinzaine que dura le jubilé. En outre, deux fois le jour, à 4 heures du matin et à 1 heure du soir, le P. Dubois donnait à Saint-Jacques des instructions fort suivies. Mais la charité de l'Évêque faisait plus que tous les discours. On vit alors des membres du consistoire, ébranlés dans leur attachement à l'hérésie, déclarer bien haut que seule la vraie religion pouvait avoir de si vertueux représentants. C'est au cours d'une mission que se convertit Elisabeth de Sorbier, née de parents protestants. Devenue plus tard veuve de Simon Guy du Séran, lieutenant particulier de la sénéchaussée, elle fit vœu de se dévouer au service des pauvres. Elle leur consacra non seulement ses soins mais encore une partie considérable de sa fortune. Aidée d'autres dames pieuses de la ville, elle fonda un bureau de charité ou — comme on disait alors — une miséricorde (1).

L'Évêque était encore à Bergerac quand arriva la nouvelle de la mort de Monsieur, frère unique du Roi, décédé le 9 juin à Saint-Cloud. Le 22, un service solennel fut célébré à Saint-Jacques pour l'âme de ce prince. Francheville était présent ainsi que le duc de La Force, le président de Virazel, les officiers du roi, le sénéchal, les maire et consuls. Le P. Guiton prononça l'oraison funèbre.

---

(1) C'est aujourd'hui le couvent de la Miséricorde appartenant aux religieuses de Sainte-Marthe du Périgord, dans lesquelles se sont fondues en 1856 les filles d'Elisabeth de Sorbier. La Miséricorde de Bergerac gère toujours le bureau de bienfaisance de la Ville et fournit les sœurs qui visitent les pauvres.

**

L'évangélique conduite de Mgr de Francheville à l'égard des protestants ne l'a pas mis cependant à l'abri de tout reproche de leur part. Ils continuent à lui faire grief des deux avis qu'il donna au sujet de la dévolution de leurs biens et du maintien de l'édit de Révocation. Voyons en quoi ce double grief est fondé.

L'édit du 22 octobre 1685 avait placé sous séquestre les biens des établissements supprimés. Le receveur chargé d'en percevoir les revenus avait fort peu encaissé. Ce peu s'en était allé en aumônes ou pensions aux nouveaux convertis.

Dix ans plus tard, les biens des anciens consistoires de Montcarret, Ponchapt, Le Fleix, Bergerac, Mussidan, La Force, Limeuil, Le Bugue, Lalinde, Clérans et Montignac étaient toujours sous séquestre, attendant une destination définitive. Ils étaient estimés 21,920 livres. 5 sols, sans compter l'emplacement de l'ancien temple de Mussidan et les deux cimetières de La Force.

L'Évêque de Périgueux fut invité à donner son avis sur la meilleure utilisation de ces biens, avis consigné par Bazin de Bezons, intendant de Guyenne, dans son rapport au Roi (1er sept. 1696 (1).

« L'avis de M. l'evesque de Périgueux — écrit l'Intendant — serait d'unir tous ces biens, également et par moitié, aux hopitaux de la manufacture et des malades de la ville de Périgueux ». L'Intendant ajoute : « Sur quoy nous disons que n'y ayant point d'hospital fondé dans aucun des lieux ci-dessus mentionnés et que, s'il y en a quelques-uns où l'on reçoive les pauvres malades, ils ne subsistent que par le moyen de charitez qui se font nouvellement, nous croions qu'il ne se peut pas faire une meilleure destination de ces biens que de la donner aux dits hôpitaux : d'autant mieux qu'ils ne sont pas assez considérables pour faire des établissements particuliers aux lieux où ils avaient été donnés, et qu'il ne se trouve pas

(1) *Archives historiques de la Gironde*, tome XV, page 532.
Bulletin historique et littéraire de la Société de l'histoire du protestantisme français, numéro du 15 avril 1888, p. p. 202-4.

qu'il y ait lieu de les employer plus utilement, dans les dits lieux, soit pour le rétablissement des églises ou autres œuvres pies. »

Tout bien ne saurait recevoir de destination équitable en dehors du retour au légitime propriétaire, et l'hérésie n'ôte pas le droit de propriété. Il n'appartenait pas à l'évêque de Périgueux de faire rentrer la légalité dans le Droit. Il a pris parti pour le moindre mal : celui de la dévolution par moitié aux deux hôpitaux de Périgueux. Cette façon de faire n'était pas sans précédents dans le diocèse. En 1679 la maison qui, à Sainte-Aulaye, avait servi de temple, fut convertie en hôpital placé sous la direction du curé et des officiers de la justice. Le même édit avait frappé aussi les temples de Liorac, Clérans et Saint-Antoine de Breuilh. Les temples de La Rochefoucauld et de Salles furent interdits quelques jours après, et leurs revenus appliqués à l'hôpital de la ville d'Angoulême. Consulté comme son collègue de Périgueux, l'évêque de Sarlat était d'avis de consacrer les biens des consistoires du diocèse à l'établissement d'un collége de Jésuites à Sarlat pour l'éducation de la jeunesse (1).

Deux ans après, Mgr de Francheville prit part à une vaste consultation nationale relative à la conduite à tenir à l'égard des nouveaux convertis. La révocation de l'édit de Nantes n'avait pas donné tous les résultats escomptés. La manière forte avait fait en partie faillite. Loin d'avoir retrouvé l'unité de foi et de culte, le royaume était plus troublé et divisé que jamais. Sans doute, officiellement, il n'y avait plus de protestants. Mais qu'ils étaient nombreux parmi les nouveaux catholiques, ceux qui s'abstenaient de toute pratique, écartaient systématiquement le prêtre de la naissance, du mariage et de la mort ! De nobles esprits, comme Vauban, s'autorisaient d'un tel état de choses pour demander au roi le retour à l'édit de Nantes. Treize ans de lutte ouverte avaient conduit le pouvoir royal à une

(1) Voici les divers consistoires du diocèse de Sarlat dont la déclaration royale du 10 décembre 1696 attribua les biens à l'hôpital de Sarlat : Eymet, Monbazillac, Gardonne, Razac, Lamonzie, Couze, Sigoulès, Boisse, Issigeac, Lanquais, Villefranche, Badefols, Monpazier, Castelnau, Lacailleville, Berbiguières, Fayrac, Campagnac, Doissac, Saussignac, Saint-Cyprien, Salignac, Monplaisant, Marnac, Prats, Siorac, Pomport.

impasse. Il lui fallait s'enfoncer toujours plus dans l'arbitraire et la violence, ou bien revenir simplement à la tolérance, au bon sens et à la raison. Sur la proposition de Pontchartrain et les instances de Mme de Maintenon, Louis XIV décida de consulter les principaux évêques et intendants du royaume au sujet de la conduite à tenir à l'égard des protestants. Il espérait trouver dans leurs avis soit la confirmation qu'il ne s'était pas trompé, soit la force morale nécessaire pour réparer l'erreur commise.

Le cardinal de Noailles fut chargé de recueillir les avis des évêques. Leurs mémoires ne furent connus que du roi et de son conseil. Ce sont de véritables mémoires politiques où ils confessent en toute sincérité leurs espérances ou leurs craintes, et — ainsi que le dit Bossuet — exposent, à côté « du point de la conscience, les expédients et les moyens de seconder les saintes intentions de Sa Majesté ».

Comme Bossuet, comme Fléchier, comme Mascaron, Francheville fut appelé à donner son avis. Est-ce parce que son diocèse était « infesté » d'hérétiques ou seulement parce qu'il semblait devoir présenter une opinion digne d'intérêt ? Les deux hypothèses sont vraisemblables.

L'évêque de Périgueux exprime sa manière de voir en cinq observations :

Première observation : « On peut diviser — écrit-il — les nouveaux convertis en trois classes. La première est des gentilshommes, la seconde des bourgeois et des marchands, la troisième des ouvriers, des paysans et des domestiques. Les réflexions qu'on doit faire sur la première classe sont qu'entre les gentilshommes nouveaux convertis il y en a fort peu qui sachent leur ancienne religion, encore moins la nôtre ; en second lieu, qu'il y en a fort peu qui soient bons catholiques, dont on remarque quatre causes :

« La première est leur vanité qui les porte à souffrir impatiemment qu'on croie qu'ils ont changé de religion par des considérations humaines.

» La seconde est leur libertinage. Ils ont été élevés dans une religion commode ; ce qui fait qu'ils ont de la peine à embrasser la catholique qui les contraint.

» La troisième est leur intérêt qui porte ceux qui attendent quelques avantages, ou qui craignent d'être déshérités, à demeurer attachés à la religion de ceux qu'ils craignent ou de qui ils espèrent quelque chose : car il est à remarquer que les réligionnaires faisaient comme un corps à part dans l'État et étaient si fort liés qu'ils dépendaient les uns des autres et n'avaient guère de commerce avec les anciens catholiques, de sorte que ceux qui se font catholiques ont tout à craindre de leurs parents qui sont presque tous réligionnaires.

» La quatrième est la prévention : ils ont sucé, avec le lait, l'aversion pour la religion catholique.

» Les réflexions à faire sur la seconde classe, des marchands et des bourgeois, sont qu'ayant du bien, peu d'ambition et de grandes liaisons avec les Hollandais et les Anglais, où ils ont une partie de leur famille, ils sont plus fermes dans leur religion ; mais il ne serait pas impossible de les réduire si on trouvait le secret, dans les lieux où les marchands nouveaux convertis font le commerce, de le faire faire par des catholiques et de se passer ainsi des marchands nouveaux convertis.

» A l'égard des bourgeois, ils ne résisteront pas à tout ce qui les privera de leurs biens, auxquels ils sont plus attachés qu'à leur religion. L'expérience l'a fait voir.

» Pour ce qui est de la troisième classe, ouvriers, domestiques et paysans, il est à remarquer que la manière dont on célèbre les saints mystères leur est agréable, que la plupart souffrent une extrême violence de n'y pas assister. Il en est de même de tous les enfants. Les peuples sont fort attachés à l'extérieur de la religion et, étant privés de l'exercice de celle de Calvin, ils embrasseraient avec plaisir la catholique, si la crainte de leurs seigneurs et de ceux qui les emploient, qui cesseraient de les faire travailler s'ils allaient à l'église, ne les retenait pas. C'est ce qu'ils nous avouent tous les jours.

» Il est certain que toutes ces personnes ne sont instruites d'aucune religion et qu'*ils* sont toujours de celle du plus puissant et de celui qui les fait travailler. Cela se prouve en réfléchissant sur ce qui s'est passé dans le temps que l'hérésie commença à avoir

— 132 —

cours en France ; les seigneurs huguenots firent les vassaux de leur
religion et les maîtres leurs domestiques, sans résistance, parce que
le peuple ne savait pas sa religion en ce temps-là.

» La sachant encore moins dans celui-ci, il sera fort aisé de les
faire catholiques. »

Seconde observation : « Nous n'estimons pas qu'il soit à propos
d'obliger les nouveaux convertis de se confesser et communier
qu'ils ne soient auparavant bien préparés : autrement, ce serait leur
faire faire de continuels sacriléges. Mais il les faut obliger, sous de
grandes peines, de s'abstenir de manger de la viande les jours que
l'Église le défend. Il les faut aussi obliger de garder les fêtes et de
s'abstenir du travail ces jours-là. Nous voyons avec douleur les
anciens catholiques de notre diocèse transgresser ces deux comman-
dements de l'Église à la suasion des nouveaux convertis qui leur
donnent à travailler les jours de fête et leur font manger de la
viande les jours que l'Église le défend. Nous faisons ce qui nous est
possible pour faire cesser ce mal. Mais nous avons le chagrin de n'y
pouvoir réussir, surtout dans les terres de M. le duc de Foix (1)
remplies de réligionnaires et dans celles de M. le duc de La Force,
dont il serait à souhaiter que les intendants ne fussent pas nouveaux
convertis. »

Troisième observation : « Nous estimons qu'il est à propos et
même nécessaire d'obliger les nouveaux catholiques d'aller à la
messe, car, ou l'on doit les regarder comme hérétiques, ou comme
catholiques. Si on les regarde comme hérétiques, il faut les poursuivre comme tels et les punir puisque, l'édit de Nantes étant
révoqué, ils ne doivent plus, à la faveur de cet édit, être soufferts
en France ni jouir d'aucun privilége.

» Si on les regarde comme catholiques, il faut les obliger d'aller
à la messe.

» Il n'y a que trois raisons qui puissent favoriser l'avis contraire :

» La première, que c'est un mal qu'ils y assistent, *malum quia*

---

(1) Les ducs de Foix possédaient en Périgord le comté de Gurson, dans le
canton actuel de Villefranche-de-Longchapt.

prohibitum, cela étant défendu par les canons. Mais on répond que cette défense ne regarde que les hérétiques.

» La seconde, qu'ils y seront sans respect pour les choses saintes et qu'ils y causeront du scandale par leurs entretiens et leurs postures indécentes. Mais, en ce cas, il les faut punir sévèrement. C'est le moyen de les faire assister à la messe avec retenue et dans une posture décente ; ce qui est si vrai, qu'on a remarqué qu'après la révocation de l'édit de Nantes ils y assistaient avec respect et dans toute la retenue possible.

» La troisième, qu'ils y seront sans attention et sans foi pour les divins mystères. On répond que si, dans la primitive Église, il a été permis aux catéchumènes, aux hérétiques et aux juifs d'assister à la messe jusqu'à l'offertoire, pour les accoutumer aux saints mystères, ainsi qu'il paraît par ce texte du pontifical, relatif aux devoirs de l'évêque : *Episcopus nullum prohibeat ingredi ecclesiam et audire verbum Dei, sive gentem, sive hæreticum, sive judæum usque ad missam catechumenorum :* à plus forte raison doit-on contraindre les réunis d'y assister, eux qui ne doivent pas être considérés comme hérétiques, puisqu'ils ont fait des abjurations, et qu'on pourrait tout au plus regarder comme des personnes chancelantes entre le calvinisme et la catholicité. »

Quatrième observation : « L'édit de Nantes fut révoqué au mois d'octobre 1685. En suite de la révocation qui en fut faite, tous les réligionnaires firent abjuration, de sorte qu'il n'y en a point dans le royaume ou fort peu, qui n'aient fait cette abjuration.

» Car l'on ne doit pas comprendre au nombre des réligionnaires les personnes qui, lors de la révocation de l'édit de Nantes, n'avaient, à cause de leur bas âge, aucune connaissance de la religion. Ils font aujourd'hui dans le royaume plus de la moitié des sujets du roi, compris sous le nom de nouveaux convertis, qui ne doivent être cependant regardés que comme catholiques ; car encore bien qu'ils aient cessé d'en remplir les devoirs depuis quelques années, il est certain qu'ils n'ont eu aucune connaissance des dogmes de Calvin, ne s'étant point trouvé de ministre en France pour les leur enseigner et, s'ils ont cessé de remplir les devoirs de la religion catholique, c'est par la crainte de leur père et mère ou de leurs parents qui les menacent de les déshériter. On peut ajouter qu'ils n'ont jamais fait d'exercice public du calvinisme et qu'on remarque dans les entretiens qu'on a avec eux qu'ils ne savent rien d'aucune religion et ne sont fermes sur aucuns points de créance : ce qui est d'observation.

» Ces choses ainsi supposées, il est du bien de la religion catholique, apostolique et romaine et de la gloire du roi, qu'on ne parle plus en France de réligionnaires, qu'ils ne croient plus dans l'État faire un corps séparé des catholiques, que leur nom y soit aboli et que les nouveaux convertis et les anciens catholiques soient confondus ensemble. Il est de l'intérêt de la religion que cela soit, car dès que l'on voudra séparer, par le nom et par des déclarations, les nouveaux convertis des anciens catholiques, aussitôt ils se mettront sur leur garde et concerteront ensemble ce qui regarde leur défense. D'ailleurs, cela leur rappellera toujours le souvenir de la contrainte qu'ils disent leur avoir été faite dans leur conversion.

» Voilà ce qui regarde le bien de la religion.

» Quant à ce qui regarde la gloire du roi, il est de sa gloire qu'ayant révoqué l'édit de Nantes et vu ensuite les hérétiques de son royaume abjurer, il paraisse que l'abjuration qu'ils ont faite est sincère et qu'il a lieu d'être content d'eux sur ce point là et sur toute l'exécution de la révocation de l'édit de Nantes. »

Le sentiment de l'Évêque de Périgueux est qu'on agisse avec les nouveaux convertis comme avec les anciens catholiques, sans distinction. Voici la méthode qu'il préconise :

« Les évêques ont le pouvoir de menacer et punir des peines d'excommunication les catholiques qui n'accomplissent plus les devoirs de leur religion. Ceci est très constant.

» Il faudrait que tous les évêques de France concertassent les ordonnances portant les peines d'excommunication contre les catholiques.

» Contre ceux qui, à la campagne, ne vont point à la messe dans leur paroisse ou qui n'y assistent pas avec le respect dû aux saints mystères.

» Contre ceux qui ne vont point aux prônes ou qui n'envoient point leurs enfants au catéchisme.

» Contre ceux qui mangent de la viande les jours défendus, sans nécessité,

» Contre ceux qui se joignent ensemble, sans être mariés dans les formes prescrites,

» Et, enfin, contre ceux qui manquent de se confesser et communier à Pâques. MM. les évêques pourraient, sur cet article, avertir les curés de faire des épreuves suffisantes de la foi des réunis avant de leur administrer les sacrements de la pénitence et de l'eucharistie. Ils ne se porteraient à les excommunier qu'avec de grandes précautions.

» Ceux qui contreviendraient aux points marqués dans les ordonnances des évêques seraient, avec connaissance de cause, excommuniés et, ensuite, on leur ferait porter les peines canoniques contre les excommuniés.

» Rebuffe (1), dans son *Commentaire sur le Concordat : De excommunicatis non vitandis*, rapporte jusqu'à soixante-onze peines et cite les canons et les auteurs dont elles sont tirées.

» Ces peines canoniques pourraient être appuyées de l'autorité du roi par un édit par lequel Sa Majesté déclarerait qu'ayant vu avec plaisir l'hérésie de Calvin cesser en France et tous ses sujets embrasser la religion catholique, apostolique et romaine, pour appuyer le zèle qu'ont les évêques de son royaume et empêcher qu'à l'avenir il n'arrive aucun changement dans la religion et appuyer les saintes précautions qu'ils prennent pour punir ceux qui manquent d'en remplir les devoirs ;

» Voulant seconder leur zèle à l'exemple de tous les empereurs chrétiens qui ont si sagement ordonné des peines contre ceux qui manquent à ce qu'ils doivent à Dieu, afin de rappeler les impies à leur devoir et imiter en cela la conduite adorable du premier des souverains qui nous châtie en ce monde pour nous épargner dans

---

(1) Rebuffi Pierre, jurisconsulte né en 1487, à Montpellier, enseigna dans sa ville natale, à Toulouse, à Cahors et à Paris, où il mourut en 1557. Prêtre en 1547.

l'autre et nous fait souffrir des peines temporelles pour nous éviter les éternelles ;

» Sa Majesté a ordonné et ordonne que lorsque quelque ecclésiastique ou séculier aura été excommunié par son évêque et que l'excommunication aura été publiée par deux dimanches consécutifs au prône de la messe de paroisse et affichée à la porte de l'église, il sera dès lors regardé comme infâme et ne pouvant faire aucune fonction de ses charges ni de ses emplois (1) non plus que les ecclésiastiques jouir des revenus de leurs bénéfices :

» Que, dès ce jour, l'excommunié ne pourra plus tester, ni vendre ou acquérir, donner ni recevoir des donations et tous les actes qu'il fera devant notaire ou autrement seront nuls et de nul effet ; qu'on ne pourra plus l'employer comme ouvrier ni le prendre comme domestique sous peine de confiscation des biens de ceux qui l'emploieraient à leur service :

» Que, venant à mourir excommunié, ses biens seront confisqués au profit du roi :

» Que si l'excommunié laisse passer trois ans sans se repentir et se mettre en état de recevoir l'absolution de son excommunication, tous ses biens seront confisqués au profit de Sa Majesté et, s'il est gentilhomme, il demeurera déchu de sa noblesse et regardé comme roturier ; n'étant pas juste qu'un mauvais chrétien jouisse davantage de la noblesse qui doit se distinguer par une plus grande application au service de Dieu que n'en ont les roturiers qui ont moins reçu de sa divine Providence.

» Il est à propos de réfléchir ici qu'il serait à souhaiter que le roi ne donnât point de pension aux nouveaux convertis.

» On a remarqué que la plupart de ceux qui en ont reçu ont cessé de remplir les devoirs du catholique dès qu'on a interrompu le paiement de ces pensions ; ainsi elles ne font que de mauvais catholiques.

. . . .

---

(1) C'est afin de faire connaître qu'on n'agit point en particulier contre les nouveaux convertis. (Note du mémoire.)

» De tout ce qu'on peut pratiquer pour faire cesser le calvinisme en France, rien ne nous paraît plus utile que de mettre les enfants des nouveaux catholiques, surtout les aînés des familles, dans les collèges et chez des régents catholiques, dans des lieux fort éloignés de leurs demeures et où il n'y a point de religionnaires. Il ne faut pas en mettre un grand nombre dans un même lieu et il faut que leur nombre soit beaucoup inférieur à celui des écoliers catholiques et, s'il se peut, que les enfants catholiques soient plus âgés que ceux des réunis et de ne pas mettre les frères ensemble. »

. . . .

Dernière réflexion. — « Nous croyons qu'il est très important de ne plus parler de controverse. Ce serait apprendre aux nouveaux réunis les erreurs de Calvin qu'ils ignorent et dont la plus grande partie d'entre eux n'a aucune idée. »

. . . .

***

Tel est ce mémoire de Francheville relatif aux protestants. Oublié pendant deux siècles dans les archives du Ministère de la Guerre, il a été rendu à l'actualité en 1898, par une publication de Jean Lemoine, dans la *Revue de Paris*. Ce mémoire est révélateur d'une mentalité bien différente de la nôtre. Ce serait une injustice d'en juger l'auteur avec nos idées courantes. Il est de foi que l'Église, société parfaite, jouit du pouvoir coercitif, aussi bien que du législatif et du judiciaire. C'est à ce pouvoir coercitif, dont l'existence s'impose à son esprit, que l'Évêque de Périgueux fait appel pour ramener les dissidents à l'unité catholique. L'édit de révocation avait d'abord mis les religionnaires dans l'alternative d'abjurer ou de passer à l'étranger. L'Évêque s'autorise de l'abjuration, qu'il suppose loyale, pour obliger tous les nouveaux réunis à être de sincères catholiques. Il s'agissait de transformer des âmes, œuvre essentiellement divine. Le xviie siècle finissant avait une telle confiance en l'État qu'il le croyait capable d'opérer cette transformation. L'Évêque de Périgueux l'a cru comme la grande majorité de ses contemporains. Comme eux il s'est trompé : on ne saurait lui refuser le bénéfice de la bonne foi. Par une heureuse contradiction celui qui, en théorie, paraissait si sévère, était dans la pratique le plus doux et le plus tolérant des pasteurs. S'il pensait comme le duc de La Force, il agissait comme Fénelon et Vincent de Paul. Aussi mérita-t-il de voir avant de mourir les églises du pays bergeracois remplies de catholiques instruits et fervents ; lui qui, à son arrivée, n'avait trouvé dans chaque paroisse qu'une poignée de vrais fidèles.

Par sa déclaration du 13 décembre 1698, Louis XIV se rangeant à l'avis unanime des vingt-cinq évêques consultés, maintint la révocation de l'édit de Nantes et l'interdiction de tout exercice public du culte réformé dans le royaume ; mais rejetant leur suggestion relative à la présence obligatoire aux offices, il prescrivit de ne pas contraindre les nouveaux réunis à assister à la messe. C'était le premier pas dans la voie du retour au bon sens et à la liberté.

CHAPITRE VIII

Le Père des Pauvres

Dans l'histoire de France, il n'est pas d'époque, à la fois plus brillante et plus misérable, que le règne de Louis XIV. A certains moments de ce long règne, la magnificence de la Cour cache un grand dénuement populaire. On a longtemps taxé La Bruyère d'exagération dans le sombre tableau qu'il trace du sort du paysan. Des témoignages, sans cesse mis au jour, viennent attester que, sur ce point encore, le grand moraliste a été un observateur exact et fidèle. De toutes les provinces, celle du Périgord ne fut pas la moins éprouvée. Pour s'en convaincre, il suffit de lire la correspondance de Francheville avec le contrôleur général Pontchartrain (1) et le

---

(1) Cette correspondance comprend six lettres conservées aux Archives nationales, analysées par M. de Boislile dans *Correspondance des Contrôleurs généraux des Finances avec les Intendants des provinces*, tome I, page 511, et publiées par R. Villepelet dans le *Bulletin de la Société Historique du Périgord*.

Mémoire sur la Généralité de Bordeaux, dressé en 1698 par l'intendant de Guyenne Bazin de Bezons (1).

**

En 1690 la récolte du blé avait manqué et, dès avril 1691, la disette se faisait sentir en Périgord. Ce n'était qu'un commencement. La grêle anéantit sur pied la nouvelle récolte. La peste dépeupla les étables. L'abondance des châtaignes permit cependant au peuple de se nourrir, mais non d'engraisser les porcs, seule industrie qui lui procurât quelque argent. L'année 1692 ne fut pas meilleure : il n'y eut ni châtaignes ni vin.

1693 apporta une misère plus grande encore. Tout manqua à la fois. La culture de la pomme de terre n'était pas connue. Le maïs, introduit depuis peu en Périgord, n'est signalé pour la première fois qu'en 1693, dans le *Floréal*, ou cote officielle des grains à la mesure de Périgueux (2).

---

(1) Fénelon, en 1695, demanda, au nom du Duc de Bourgogne, à tous les Intendants des provinces, des informations détaillées sur les antiquités de chaque province, les antiques usages et les anciennes formes de gouvernement des pays réunis à la Couronne. Chaque ligne du mémoire consacré à la province de Guyenne laisse entrevoir, malgré l'optimisme officiel, toutes les plaies du temps.

(2) La tradition veut que ce soit un évêque de Périgueux, venant du pays de Bigorre, qui en ait propagé la culture en envoyant du maïs aux curés du diocèse. Ce ne peut être que Guillaume Le Boux, d'abord évêque de Dax, puis de Périgueux.

D'après la plus ancienne mercuriale des grains, le maïs, coté pour la première fois en 1681, valait alors 21 sols le boisseau.

Mais, dès l'année précédente, Jean Davau est condamné à payer la dîme du « gros millet » à Jean Méja, curé de Lignan (diocèse d'Agen).

1688. La cour présidiale condamne les habitants de la paroisse de Villetoureix à payer la dîme des fèves et du blé d'Espagne de 20 boisseaux un, sans s'arrêter à l'ancienne coutume suivant laquelle ils payaient de dîme un boisseau de fèves et un de blé d'Espagne pour l'étendue du labourage d'une paire de bœufs, et ainsi à proportion.

1690. Règlement de dîme demandé par le curé de Saint-Aignan d'Hautefort. La cour ordonne que la dîme du blé d'Espagne sera payée au grenier à raison de 13 un.

Pour avoir une idée de la misère du temps, il suffit de suivre le cours du blé. Le setier, qui valait 12 livres en 92, se payait 25 en mai 93. Il cotait 43 livres le 3 octobre suivant et, le 3 juillet 94, parvint au prix fabuleux de 55 livres 4 sols. Le Périgord, alors plus peuplé qu'aujourd'hui, comptait environ 450,000 habitants. La population urbaine atteignait à peine le quart de son chiffre actuel. Mais les côteaux pierreux, aussi bien que les bois reculés, avaient leurs hôtes comme les riches plaines et les fertiles vallées. Au témoignage de Bazin de Bezons plus de 60.000 personnes périrent dans la seule année 93. Ce fut l'effet des fièvres malignes et pourprées, de la peste, de la lèpre et même de la faim. Ainsi s'expliquent les lignes douloureuses écrites la même année par Louis-Gabriel d'Artensec, sieur de Lafarge, dans son livre de famille : « Je ne peux omettre les malheurs de l'année présente ; ils ont été si grands que nous nous sommes vus accablés sous le poids de trois fléaux différents : guerre, famine et une très grande mortalité ; enfin, une espèce d'abandon de Dieu jusque-là même que les parents les plus proches se fuient les uns les autres et à peine, parmi le menu peuple, le mari veut enterrer sa femme sur le lieu même où elle est morte (1).

Aux grands maux les grands remèdes. Le Roi ordonna d'ensemencer les champs incultes par le manque de bras. Pour donner plus de facilités à ceux qui voudraient ensemencer les terres délaissées par leurs propriétaires, il les déchargea de la solidarité du paiement des rentes ou redevances desdites terres. Il leur permettait d'emprunter l'argent nécessaire et accordait aux prêteurs des privilèges spéciaux. C'était la spoliation des propriétaires encouragée par l'autorité. Le lecteur en trouvera la preuve dans l'acte suivant, dont le grand intérêt social ne lui échappera pas. Il est extrait des minutes de M⁰ Trimoulinas, notaire aux faubourgs de Lisle :

« Du 2 mai 1694, Jean Micard, laboureur, fils de feu Guillaume Micard, suchier, et de Marie Savy, habitant du village de Pommier, paroisse de Lisle, expose que la disette des blés est si grande et si

(2) Louis Peyroche : *Un livre de famille.* Saint-Dizier. Henriot et Gadard, 1891. page 39.

générale et de tous autres fruits que la plupart des personnes de sa qualité sont presque réduits à la mendicité, ne trouvant pas un grain de blé à emprunter, ce qui l'oblige à avoir recours à Mr Armand de Mézard, avocat en la cour et juge de la présente juridiction de Lisle. Il supplie ce dernier d'avoir compassion de lui et de l'accommoder de quelque peu de blé pour pouvoir subsister jusqu'à la prochaine récolte et il lui offre de lui délaisser le tiers de douze brasses d'une terre qui lui appartient et de ne permettre pas qu'il soit réduit à mendier son pain. Le juge de Mézard ayant accepté les dites offres, le sieur Micard lui vend sa terre moyennant le prix de 16 livres. »

Il fallait que le mal fût grand pour provoquer de tels remèdes dans une société imprégnée de ce droit romain qui a la religion de la propriété.

*
* *

Au plus fort de la crise du pain cher, Francheville arriva en Périgord — 30 mai 94. — La récolte levée dans les mois qui suivirent, grâce aux mesures énergiques prises l'année précédente, fut abondante, trop abondante même. Aussitôt les prix s'avilirent. Le sétier de froment tomba à 18 livres. Les porcs gras qui remplissaient les étables ne trouvaient pas preneur. Impossible de se procurer du numéraire pour payer les impôts, plus lourds que jamais, et la capitation qui venait d'être établie. Le peu d'argent qui circulait dans la province provenait — outre la vente des porcs — du commerce des fers. Ce fut Jean Bertin, père du futur ministre de Louis XV, possesseur de la forge d'Ans, où l'on fondait des canons, qui fournit en 1696 l'artillerie destinée à l'expédition de Carthagène. Il s'enrichit de façon à pouvoir acquérir la terre de Bourdeilles, une des anciennes baronnies du Périgord (1). Ce n'est pas le seul exemple

---

(1) Adjugée en 1701 à Chapelle de Jumilhac, descendant d'un maître de forges qui avait travaillé pour le compte du roi Henri IV, elle passa quelques années après à Bertin, autre maître de forges.

En 1694, l'abbé de Brantôme, parent de Vauban, intervenant dans une procédure de saisie immobilière dirigée contre la terre de Bourdeilles, fit pratiquer sur cette même terre une saisie féodale tendant à se faire attribuer

de familles pour qui l'industrie métallurgique fut une source de fortune et d'élévation. Mais les forges consommaient beaucoup de bois. Leur développement ne fut pas sans dommage pour le châtaignier, l'arbre nourricier du Périgord. L'emploi des bœufs aux lourds transports, avant que l'Isle ne fût navigable, ne contribua pas peu à leur mortalité. La riche région de Bergerac, par suite des funestes conséquences de la révocation de l'édit de Nantes, n'échappait pas à la misère générale.

Mgr de Francheville, qui n'avait « consenti d'être *placé* à la tête d'un grand troupeau que pour le soigner et le secourir » se mit aussitôt à l'œuvre. Il demanda au contrôleur général Pontchartrain de permettre à ses diocésains d'acquitter leurs impôts en nature puisqu'ils n'avaient pas d'argent et qu'ils ne pouvaient vendre leurs produits :

« Les peuples de mon diocèse ont besoing, Monsieur, de vostre protection pour obtenir de faire le paiement de leur capitation en bleds, qui pouroient être conduits à Bergerac et, de là, par la Dordogne, à Bordeaux, pour servir aux magasins du Roy. Leurs cochons pouroient estre aussi fort utiles pour Rochefort et l'on les pouroit acheter ici à très grand marché. Ce seroit, Monsieur, le moien de restablir cette province où l'on ne voit point d'argent et dont les revenus sont si fort diminués que je n'espère pas tirer douze mille francs de mon evesché, les charges ordinaires paiées. »

---

les revenus de cette terre de Bourdeilles, le vassal n'ayant pas rempli ses devoirs de foi et hommage à son seigneur. L'abbé prétendait faire revivre à son profit un traité du moyen âge en vertu duquel un sire de Bourdeilles avait inféodé sa seigneurie à saint Sicaire. Comme le saint n'avait pu recevoir l'hommage en personne, le traité lui avait substitué à cette fin l'abbé son lieutenant.

En conséquence de la saisie-immobilière la terre fut adjugée en 1701, par décret rendu en la cour, au marquis Jean Chapelle de Jumilhac-Cubjac. Dans l'intervalle, l'abbé avait réitéré sa saisie féodale et triomphé devant la 4ᵉ chambre des enquêtes qui, par arrêt du 13 mai 1701 avait reconnu son droit aux fruits de la seigneurie de 1694 à 1699, si bien que l'entrée en possession du nouvel acquéreur laissait subsister sur sa propriété, très légitimement acquise, une charge antérieure de vassalité qui faisait du seigneur de Bourdeilles l'homme-lige de l'abbé de Brantôme. (Voir Bussière : *Un procès féodal sous Louis XIV.*)

Le Ministre des Finances refusa le blé et les porcs des Périgourdins. Il exigea du numéraire qu'il fallut bien lui donner. Les années
suivantes, moyennement abondantes, eurent vite rétabli l'équilibre
entre la production et la consommation, que vint troubler de
nouveau la disette de 1698, beaucoup plus grande que celle de 1693.
Le mois de février fut marqué par de très graves inondations. Le
27 octobre, quelques semaines après la récolte, l'Intendant de
Guyenne écrivait à Pontchartrain, à la suite d'une tournée en
Périgord :

« Il est inconcevable la misère qui est en Périgord. Il n'y a
presque point de chastaignes ; les blés noirs n'ont point réussi. Il
commence d'y avoir une furieuse quantité de pauvres, en sorte que
le Périgord sera ceste année de mesme qu'en 1693 ». Il termine en
proposant de commencer à Noël les distributions de vivre « afin
d'empescher que plusieurs personnes ne meurent de faim pendant
cet hiver ».

De son côté, l'Évêque écrit aussi au Ministre. Le tableau qu'il fait
de son diocèse n'est pas moins sombre et, en plus, il signale l'exode
vers le Périgord des habitants affamés du Limousin (1) :

« Je n'ay, Monsieur, que des forces bornées. J'offre de donner
tout ce que j'ay, ne me réservant que ce qui est absolument nécessaire pour ne pas mourir de faim... J'ai quelquefois à ma porte près
de mille pauvres ensemble. Le nombre en augmente tous les jours.
Je donnerai, Monsieur, tant que je seray en état de donner : mais,
sans la charité du roy, la plus grande partie du peuple mourra...
Je vous assure que je ne vis qu'au jour la journée et qu'il m'arrive
souvent de n'avoir pas dix pistolles d'argent. Je ne vous dis point
cela, Monsieur, par ostentation, mais seulement pour vous faire
connoistre nostre misère ».

L'humilité du Prélat jetait un voile sur ses propres libéralités.

---

(1) Le 22 décembre 1698, le Roi interdit sous peine de mort l'exportation
des grains d'une province à l'autre. C'était bien mal comprendre l'intérêt
général et condamner les provinces totalement dépourvues à mourir de faim
à côté d'autres relativement aisées. Aussi la misère ne fit-elle que s'étendre
et provoqua les exodes de populations affamées d'une province à l'autre.

Heureusement pour la postérité, l'Intendant a bien voulu tout dire dans une lettre au Contrôleur général :

« M. l'évesque de Périgueux fait donner l'aumosne à quinze cents pauvres, tous les matins, qui sont dans la ville et banlieue de Périgueux. J'apprends que l'on a fait un projet de charger tous ceux qui sont en estat, dans la ville de Périgueux, de les nourrir ; que M. l'évesque se charge, par ce projet, d'en nourrir quatre cent cinquante ».

Le Roi accorde 30,000 livres à distribuer par moitié, en aumônes et en assistance par le travail, dans des ateliers de charité ouverts hors de Périgueux. La ville renfermait plus de 2,300 mendiants venus de différents endroits du Périgord et du Limousin ». Il fallait les disperser de crainte que la maladie ne se mît parmi eux.

Cette extrême détresse va révéler la grande âme de Francheville. A Bordeaux, à Libourne, à Sainte-Foy, à Bergerac, à Mouleydier, il fait acheter tous les grains disponibles ; il mobilise, pour leur transport, les propriétaires de voitures et, comme quelques-uns refusent de marcher, demande à l'Intendant de faire quelques exemples. Les grains, cédés à bas prix par l'Évêque, affluent enfin sur le marché de Périgueux. Et l'on voit accourir des campagnes, où la rave est l'unique nourriture, « un nombre extraordinaire de personnes hâves et secs comme des squelettes, qui achètent, les uns un demi-boisseau, les autres un boisseau... Ils y viennent à demi-morts ; plusieurs d'entre eux meurent subitement dès qu'ils ont mangé pendant quelques jours ».

L'Évêque remplace, à l'occasion, le camionneur défaillant : « On raconte — écrit le chanoine René Bernaret — que, pendant les années de disette qui affligèrent le Périgord, il se leva plusieurs fois la nuit pour aller chercher du blé à la campagne et approvisionner sa ville épiscopale ». En présence de l'affluence des pauvres étrangers, l'égoïsme local se prit à murmurer. La municipalité parla même de leur interdire l'accès de la cité. Mais l'Évêque s'opposa à la fermeture des portes. Bel exemple qui ne fut pas suivi lorsque, quarante ans plus tard, de mauvaises récoltes occasionnèrent encore une grande disette. Des gardes furent placés aux portes de la ville pour empêcher les étrangers de participer aux aumônes du bureau de charité installé à l'évêché.

*
* *

A la famine s'ajoutait la peste. L'Évêque fit venir de loin et à grands frais des remèdes bientôt épuisés. Il s'adresse alors aux pharmaciens de Périgueux qui ne peuvent suffire à ses demandes : « On sue par ses ordres à préparer les remèdes, dit le P. Dubois. Les médecins se lassent presque à les ordonner : l'évêque, seul, n'est jamais las de les païer ». Le 30 avril 1700, il demande à « Sa Majesté la permission de faire à Périgueux, au profit des pauvres, une loterie de deux mille louis dont les billets seront d'un écu chacun ». La châtaigne du Périgord — très prisée à l'étranger, même en Hollande — avait été, cette année-là, fort abondante. L'Évêque prudent demande à l'Intendant d'autoriser « la sortie d'autant de boisseaux de châtaignes qu'on aura apporté de boisseaux de blé des pays étrangers ».

Le **Père des Pauvres** ne se bornait pas à attendre chez lui ses enfants. Nous savons par les dames de la Miséricorde, qu'au moins une fois la semaine, il descendait dans les basses rues, entrait dans les taudis, soulageait et consolait les malheureux. Au besoin il pansait les plaies, administrait les mourants, ensevelissait les morts. Chaque jour il envoyait aux malades de l'hôpital de la Manufacture du pain et du vin de sa table. Lorsqu'il les visitait — ce qui arrivait cinq ou six fois l'an — il leur laissait toujours 40 ou 50 écus.

Quand le clergé d'Irlande fut chassé de son île pour son attachement au catholicisme et sa fidélité à Jacques II, Mgr de Francheville donna l'hospitalité à six évêques proscrits. Il logea et entretint des ecclésiastiques de la même nation. Il eut continué de le faire jusqu'à sa mort si les exilés eux-mêmes, confus de sa générosité, ne se fussent créé des moyens d'existence. A partir de cette époque, on relève des noms à désinance irlandaise parmi les membres du clergé diocésain. Sa charité franchissait les limites du Périgord.

Depuis vingt ans il donnait régulièrement cent écus aux Missions Étrangères (1). Il dépensa ainsi en aumônes ou en œuvres pies 20.000 écus de son patrimoine. C'était l'opinion générale — prétend le P. Dubois — qu'il avait sauvé plus de 40.000 personnes. Les religieuses de la Visitation, qui le connaissaient bien, vont plus loin. Elles assurent dans leur *Journal*, d'après divers témoignages, qu'il en aurait sauvé plus de 100.000. Très riche personnellement, il a vécu comme les pauvres qu'il secourait — « ne se réservant que ce qui est absolument nécessaire pour ne pas mourir de faim » — et devait mourir pauvre. « Il n'eut rien à leur donner à sa mort, dit son fidèle historien, leur ayant trop donné pendant sa vie ».

*
* *

Le bruit des prodiges de charité accomplis en Périgord se répandit dans toute la France. La popularité s'empara du nom de ce bienfaiteur du peuple. La Cour elle-même partagea l'admiration générale. On y proclamait que sous un autre Constantin avait surgi un nouveau Nicolas de Myre. S'il ne fut pas donné à Francheville de multiplier les grains ainsi qu'à l'évêque de Lycie, du moins comme ce dernier était-il parvenu à arracher aux horreurs de la famine une nombreuse population. Louis XIV faisait publiquement son éloge : « C'est un saint que l'évêque de Périgueux. Voulussent tous nos prélats lui ressembler ! »

L'estime royale se traduisit par la concession de l'abbaye du Tréport, de l'Ordre de saint Benoît, au diocèse de Rouen, vacante par le décès de l'abbé de Bethune-Charost, dernier commendataire (2). Voici le texte du brevet conférant à Daniel de Francheville les titre et privilèges d'abbé commendataire du Tréport. L'original en est conservé au château de Truscat :

---

(1) Cette œuvre admirable comptait parmi ses membres le fils ainé du lieutenant général Duchesne, missionnaire aux Indes, ainsi que Jacques de La Baume Le Blanc, frère puîné de l'ancien évêque de Nantes.

(2) Dans son *Journal*, Dangeau mentionne ainsi cette nomination : « Dimanche 1er novembre 1699. Le roy a donné l'abbaye du Tréport, qu'avait le feu abbé de Charost, à M. l'evesque de Périgueux ».

« Aujourd'huy premier novembre mil six cens quatre-vingt-dix-neuf, le roy estant à Versailles, bien informé des bonnes vie, mœurs, piété, suffisance et capacité de Mre Daniel de Francheville, évesque de Périgueux, et voulant pour ces considérations le gratiffier et traiter favorablement, Sa Majesté lui a accordé et fait don de l'abbaye de Saint-Michel de Tréport, de l'ordre de saint Benoit, au diocèse de Rouen, qui vaque à présent par le déceds de Mre de Charost, dernier commendataire et paisible possesseur de la d. abbaye, m'ayant à cet effet Sa Majesté commandé de lui en expédier toutes lettres et dépesches nécessaires en cour de Rome pour l'obtention des bulles et provisions apostoliques de la d. abbaye : et cependant pour assurance de sa volonté le présent brévet qu'elle a voulu signer de sa main et estre contresigné par moi son con^{er} secrétaire d'Estat de ses commandement et finances.

» LOUIS   COLBERT. »

Connaissant la charité du nouvel abbé, le Roi dit à son entourage, après la signature du brevet de concession : « Je viens de donner une abbaye aux pauvres du Périgord ».

Il appartenait au Pape de donner la bulle d'institution. Auparavant, il demanda au Métropolitain de procéder à l'enquête canonique prescrite par le Concile de Trente sur les vie, fidélité, mœurs et doctrine de Daniel de Francheville et sa manière de remplir les devoirs de l'épiscopat. Armand Bazin de Bezons, archevêque de Bordeaux, reçut donc les dépositions de Mascaron, évêque d'Agen, et Girard, évêque de Poitiers, qui déclarèrent leur collègue de Périgueux digne d'être nommé à l'abbaye du Tréport « *ob cujus egregias animi dotes aliaque laudabilia probitatis et virtutum merita et insignia* » (18 mars 1700). L'Archevêque prit également l'avis de l'autre évêque du Périgord, François de Beauvau, de Sarlat (22 mars) (1).

L'abbaye Saint-Michel du Tréport, des Bénédictins de la Congrégation de France, avait été fondée vers 1056, par Robert, comte

---

(1) *Archives de l'archevêché de Bordeaux,* p. 56. Communication de M. le Comte de Saint-Saud.

d'Eu, pour abriter 58 religieux. Elle possédait à l'intérieur cinq offices, à l'extérieur 7 prieurés, 28 cures, 5 chapelles et quantité de dîmes, terres et fermes, jouissait de plusieurs droits lucratifs, comme ceux de foire et sur le poisson, ou honorifiques, comme ceux de justice, de sang et larron, par chartes du comte d'Eu.

Les bâtiments avaient une forme assez pittoresque. Reconstruits à la suite des dévastations calvinistes, ils étaient flanqués de tourelles et surmontés de toits aigus.

En 1603, le bénéfice — qui valait 6.000 livres — avait été donné à un ancien capitaine huguenot, Bellengréville des Alleux, et se perpétua dans sa famille. Ce fut une suite de scandales nuisibles à la régularité du monastère. Le dernier titulaire, de Bethune-Charost, indisposait les religieux par ses longs séjours et son nombreux personnel, occupant le logis abbatial, les chambres des hôtes, les infirmeries et les cuisines. Aussi est-il peu regretté à sa mort, ayant passé son temps d'abbé à plaider avec les moines et à remplir ses coffres.

Les années qui suivirent furent vraiment réparatrices avec Daniel de Francheville, trop tôt enlevé à l'affection des religieux, et avec son successeur Gilles de Beauvau, évêque de Nantes, cousin de l'évêque de Sarlat.

Par acte passé devant Me Vigier, notaire à Périgueux, le 15 avril 1700, le nouvel abbé augmenta de 600 livres le prix du bail des biens de l'abbaye, consenti le 16 décembre 1697 par de Bethune-Charost au sieur Claude Donjon, sous le cautionnement des s^{rs} Le Pigeon et Bourdon, moyennant 6.400 livres. Le bail est fait pour neuf ans à partir du 1er janvier 1700. Les fermiers supporteront les réparations et acquitteront les 7.000 livres en quatre termes et d'avance (1).

A cela se borneraient nos renseignements sur les rapports de Francheville avec sa lointaine abbaye si M. Michel Hardy n'avait découvert, à la mairie du Tréport, un registre manuscrit, heureusement échappé au pillage, intitulé : *Livre des choses notables de*

---

(1) *Archives départementales.* Minutes Me Vigier, 1700.

*l'abbaye de St-Michel du Tréport, ordre de Saint-Benoist, congré-
gation sainct Maur.* C'est le *journal* de l'abbaye tenu par les
prieurs eux-mêmes.

La note suivante, que M. Hardy attribue au prieur dom Hubert
Maillard, était destinée à « faire honneur » à la mémoire de son
abbé et à édifier les successeurs par « quelques circonstances de sa
conduite dans son diocèse qu'on a sçû depuis ».

« Dez aussitôt qu'on sçût icy que le roy Louis XIV, dit le Grand,
l'avait nommé pour succéder à Nicolas de Bethune de Charost,
décédé le douzième jour de septembre 1699, le Révérend Père Dom
Pierre-Joseph Le Bouchu, prieur de ce monastère, lui écrivit une
lettre pour luy présenter les respects de toute la communauté à
laquelle ce vertueux prélat fit la réponse suivante, le vingt-
quatrième jour de novembre 1699, que l'on a actuellement en
original avec plusieurs autres toutes remplies d'estime et de bienveillance pour ses religieux. On en jugera par la copie fidèle :

« Mon Révérend Père,

» Vous ne trouverez pas en moi les vertus qui ont paru avec tant
d'éclat dans Monsieur l'abbé de Charost, mais vous y trouverez tout
le zéle et l'attention à vous faire plaisir que vous pouvez désirer
dans un abbé, qui reconnait en particulier votre mérite, celui de
votre sainte communauté, et qui est serviteur déclaré de l'ordre de
Saint Benoist. J'iray, mon Révérend Père, s'il plait à Dieu, à Tréport
l'été prochain. J'auray le plaisir de vous y voir. Je me propose d'y
profiter de vos bons exemples et de vous y convaincre et toute
votre communauté que je suis avec toute l'estime et le zéle possibles.

» Mon Révérend Père.

» Votre très humble et très affectionné serviteur,

» DANIEL, *evesque de Périgueux.*

» A Périgueux, ce 24 novembre 1699. »

« On a encore en original plusieurs de ses lettres écrites de sa

propre main du même stile, au même supérieur, par lesquelles il
lui promettoit toute sorte de justice et satisfaction touchant nos
prétentions et demandes faites à son prédécesseur ; mais la mort
nous l'ayant enlevé un peu trop tôt, ne lui a pas donné tout le
temps nécessaire pour exécuter ses belles et magnifiques promesses,
et ainsi il ne nous reste de lui que de belles lettres et que de grands
exemples de sa charité envers les pauvres, de son zèle pour le
salut des âmes confiées à ses soins et autres grandes qualités et
vertus dignes de l'imitation de ses successeurs, comme on peut le
reconnoître dans le pourtrait que nous en a fait le Révérend Père
dom François Doüay (ancien religieux d'abord de la célèbre abbaye
de Saint Ricquier, puis proféz de notre congrégation Saint Maur, et
enfin visiteur de la province de Chezal-Benoist, ou d'Auvergne) dans
une de ses lettres écrite à Brantolme (1), le vingt-cinquième jour
de janvier mil sept cens, audit R. P. dom Pierre Joseph Bouchu,
prieur, dont voicy une copie fidèle. On a encore l'original :

« Pax Christi

» Mon Révérend Pére.

» J'ay eu icy une occasion de me renouveller dans votre souvenir
et de dire bien du bien de vous à votre nouvel abbé Monseigneur
de Périgueux : c'est un bon Prélat qui veut vous être un meilleur
abbé, dans de très bonnes dispositions de vous conférer les bénéfices
dépendans qui viendront à vacquer : « c'est le bien, m'a-t-il dit, du
Père Saint Benoist, qui appartient aux enfans. » Quand il ira chez
vous, vous ne scauriez lui faire trop d'honneur, il le mérite et il
vous en fera plus de bien. Il n'y a point d'évêque en France qui
emploie mieux son revenu que lui dans les retraittes qu'il fait faire
à ses dépens aux gentilshommes, aux curés de son diocèse, aux
juges, aux bourgeois de la ville : sa charité s'étend jusqu'aux
Dames : et cette nouvelle invention spirituelle change tout son
diocèse. Il travaille aussi à faire revenir les mal-convertis et son

---

(1) Il s'agit de Brantôme où était, avant la Révolution, une abbaye
benedictine.

bien ne lui est de rien, pouvû qu'il gaigne les âmes à Dieu. Il a marqué dans le directoir quatre tems cette année pour ces retraittes, où il se trouve cinquante et quatre vingt gentilshommes, qu'il traitte, selon leurs qualitéz dans son hôtel et après des confessions générales, réconcilia^{ons}, etc., il les communie tous de sa main. Je vous congratule d'avoir un si bon Père.

» Il ne fera point enchérir le poisson au Tréport, car il en mange peu ou point. Je vous conseille de prévenir le Trés R^d supérieur général là-dessus, afin que, s'il loge chez vous, comme il n'a point de logis abbatial, vous sçachiez sur la manducation de la chair son sentiment, et suiviez là-dessus sa volonté, afin de ne point faire d'affaires avec personne. Je me recommande à vos saints sacrifices et suis sincèrement,

» Mon Révérend Père,

» Votre trés humble et trés affectionné confrère,

» Fr. François DOÜAY,
M. B.

» A Brantolme, ce 25 Janvier 1700 ».

Le Père supérieur général, remarque M. Hardy, n'eut pas à se préoccuper du peu de goût de Mgr de Francheville pour le poisson. Ce dernier ne vint pas au Tréport, comme il se l'était promis. Louis XIV ne s'était pas trompé en disant qu'il donnait ce bénéfice aux pauvres du Périgord. Eux seuls en profitèrent : l'Évêque ne vivant que de son patrimoine « pour réserver le revenu entier du crucifix aux membres vivants du Crucifié » (1).

*
* *

Francheville fut le Vincent de Paul périgourdin. C'est de Château-l'Évêque, où il avait reçu le sacerdoce des mains de François de Bourdeilles, qu'était parti — voilà prés d'un siècle — le grand apôtre de la charité. De Paris, centre rayonnant de son apostolat, il n'avait cessé de s'intéresser au Périgord. La mort elle-même avait

---

(1) *Éloge funèbre de Mgr de Francheville,* par le P. Dubois.

augmenté sa sollicitude pour cette province. A la fin de 1697, on signale deux guérisons miraculeuses obtenues à Sarlat par la vénération de ses reliques (1).

Le diocèse de Périgueux avait appelé, dès le début, les Lazaristes et les Filles de la Charité. Deux Lazaristes vinrent comme missionnaires. Ils furent rappelés par saint Vincent de Paul lui-même lorsque Jean de La Cropte de Chantérac, son ami, fonda en 1646, à Périgueux, la congrégation de la Mission. Ses membres furent, avec les Jésuites, les grands collaborateurs de Mgr de Francheville.

La première apparition des Filles de saint Vincent de Paul est signalée à Montpon, où Suzanne-Henriette de Foix de Candale, princesse de Busch, leur confie la direction de son hôpital. En 1694, cette charitable personne écrivit son testament dans lequel, agissant avec autant d'intelligence que de bonté, elle ne négligeait rien de ce qui pouvait assurer le bien-être matériel et spirituel de ses chères Sœurs grises et des pauvres malades.

Périgueux possédait deux hôpitaux : la Maison-Dieu, au pied de la Cathédrale et joignant la rivière de l'Isle, où étaient admis les indigents malades (2), et l'Hôpital Général ou Manufacture, situé

---

(1) L'abbé Granger : *Ordination de saint Vincent de Paul dans l'église de Château-l'Évêque*. Périgueux, 1884, p. 58.

(2) Un acte daté du 12 juin 1699, extrait des minutes de Me Grandrieu, signale un autre hôpital dans le voisinage de celui de Sainte-Marthe : Jean Fournier, procureur du roi, syndic de la ville et communauté de Périgueux, parlant à François Duchesne, sgr de Montréal, maire perpétuel de la ville de Périgueux, lui dit que certains habitants lui ont remontré que quelques particuliers ayant acheté des maisons dans le quartier de Rue Neuve, proche le jeu de Paume, dans lesquelles ils auraient assemblé plusieurs pauvres malades, dont il en mourait tous les jours plusieurs, « dans lesdites maisons n'y ayant aucune commodité » on jette les immondices sous les fenêtres desdits habitants. Il pourrait en résulter une infection pour tout le quartier. Il est bon d'y remédier d'autant plus, qu'il y a dans cette ville un hôpital destiné aux pauvres malades et d'autres encore comme ceux appelés de La Cœuilhe et des Charraux, lesquels sont destinés au soulagement de l'hôpital de Sainte-Marthe et sont inhabités, aucun malade n'y ayant encore été transporté. Jean Fournier termine en disant qu'il est bien d'autres maisons hors ville et joignant la rivière plus commodes pour l'installation de l'hôpital. (Arch. dép. Minutes Grandrieu 1699).

Cet hôpital du quartier de la Rue Neuve dut être installé par quelques âmes charitables au cours de la malheureuse année 1698 et n'eut qu'une existence éphémère.

Cyrus de VILLERS
Évêque de Périgueux (1653-1667)

sur l'emplacement de l'hospice actuel, qui recevait les pauvres non
malades, les instruisait, les moralisait et les occupait à des travaux
manuels(1). Le lecteur s'en souvient : par brevet du 10 décembre 1696 Louis XIV, sur la proposition de l'Évêque, leur fit don
par moitié entre eux des biens des anciens consistoires du diocèse.

La Maison-Dieu était dirigée par les sœurs de Sainte-Marthe, la
Manufacture par une ancienne Fille de la Charité, aidée de quelques
séculières à titre de servantes. La prospérité toujours croissante de
la Maison-Dieu porta la municipalité à confier l'Hôpital Général aux
religieuses de Sainte-Marthe. C'est ce qui eut lieu en 1701. La
Manufacture devint ainsi comme une dépendance de la Maison-Dieu.
La congrégation se développant put fonder l'hôpital de Mussidan.
Un legs important d'un enfant de cette ville, le sr Delort, chirurgien
ordinaire de Louis XIV, avait fait conférer en 1693 une existence
légale à cet hôpital. Delage, curé de Saint-Médard, par son testament
du 18 février 1701, lui fit don d'une métairie grevée d'usufruit au
profit de sa nièce Gabrielle Delage, religieuse de Sainte-Marthe de
Périgueux, à la condition « que deux religieuses de cette congrégation et un plus grand nombre, s'il le fallait, seroient appelées à
diriger ledit hôpital, l'une pour y soigner les pauvres, et l'autre

---

(1) La « Manufacture » de Périgueux, fondée en 1659, vraisemblablement
par la Compagnie du Saint-Sacrement établie à Périgueux sous l'épiscopat de
Cyrus de Villers.

Toulouse était, après Paris, le centre principal de la Compagnie du Saint-
Sacrement. Un des fondateurs y résidait : le duc de Lévis-Ventadour,
gouverneur du Languedoc. Aussi la bibliothèque municipale de Toulouse
possède un recueil de lettres patentes, manuscrites et imprimées, de 1656
à 1662, pour l'établissement d'un hôpital général à Limoges, Noyon,
Compiègne, Soissons, Rodez, Laon, Périgueux, Bourges, Pamiers et Toulouse.

La « Manufacture » de Périgueux eut pour premiers bienfaiteurs deux
prêtres : Christophe de Reymon de Maconnan, chanceladais, et François de
Laborie de La Rampinsolle, oratorien, et M. de Chastillon, premier président
au siège présidial. On lit dans la notice consacrée à sa fille, Sœur Gabrielle-
Joseph de Chastillon, de la Visitation de Périgueux : « M. de Chastillon
s'adonnait surtout à la charité pour les pauvres. C'est par ses grandes
aumônes et ses soins qu'il a établi l'Hôpital Général de la Manufacture. Il
semblait qu'il s'oubliait des intérêts de sa propre famille pour soutenir ceux
de cet Hôpital, s'en étant rendu le protecteur et le solliciteur près de notre
Roi Louis XIV, pour en obtenir tous les privilèges dont il jouit présentement. » (Archives de la Visitation.)

pour y diriger une école gratuite en faveur des filles de Saint-Médard-de-Mussidan.

*
* *

La *Biographie bretonne* (1) attribue à Daniel de Francheville l'établissement de la Miséricorde à Périgueux. C'est une erreur. Elle remonte au moins à Guillaume Le Boux. Au nombre des legs particuliers faits par Louis de Chancel, sieur de Barbadaud, bourgeois de Périgueux, mort en 1695, suivant son testament dicté à Mᵉ Bordes, notaire royal en cette ville, le 18 janvier 1689, nous trouvons : « Donne et lègue led. testateur aux pauvres de la Miséricorde de la présente ville la somme de 50 livres ». Mgr de Francheville constitua sans doute, en confrérie régulière de la Miséricorde, les dames charitables qui se réunissaient dans « la maison acquise par ledit sᵉʳ abbé de Peyrouse et icelle donnée aux pauvres de la Miséricorde » pour distribuer aux malheureux des secours en nature et les visiter à domicile (2). L'œuvre jouit à Périgueux, jusqu'à la Révolution, d'une extraordinaire faveur. Les testaments de la plupart des nobles et bourgeois contiennent une clause au profit des « pauvres de la Miséricorde ». La confrérie avait à sa tête une directrice nommée par l'Évêque et, comme administrateur de ses biens, le curé de Saint-Front. Les noms des demoiselles de Lapeyre, Guillaumette Lagrange, Marie Faure et

---

(1) *Recueil des vies des personnages les plus illustres de la province de Bretagne.*

(2) 16 juin 1701. Acte par lequel messire Thibauld de La Brousse, sgr abbé de Peyrouse, chantre et chanoine en l'église cathédrale Saint-Étienne-Saint-Front de Périgueux, « comme s'il parlait à Mᵉ Jean Fournier, conseiller » enquêteur au siège présidial de lad. ville, lui a dit et remontré que led. » sᵉ Fournier a acquis certaine petite maison joignant celle acquise par led. » sgr abbé et icelle donnée aux pauvres de la Miséricorde, à laquelle maison » led. sᵉ Fournier a faict faire deux ou trois cheminées qui menacent de » ruine sur celle dud. sgr abbé, à raison de quoi il déclare aud. sᵉ Fournier » qu'en cas qu'elle vienne à tomber et se démolir sur celle dud. sgr abbé, » il proteste contre led. sᵉ Fournier de tous les événements et dommages que » cela lui pourrait causer et de tous les dépens qu'il pourrait souffrir pour » raison de ce... ».
Arch. dép. Minutes Mᵉ Paliet, 1701.

Marie-Jeanne Daumassip de La Céparie reviennent sans cesse dans les testaments du XVIII° siècle. Ce sont elles qui en qualité de « préposées par l'évêque pour le soin des pauvres de la Miséricorde de cette ville » héritent au nom des pauvres.

*
* *

Mgr de Francheville suscita à Bergerac une association de dames de charité qui, sous le nom d'hospitalières de Sainte-Marthe, mirent un grand dévouement au service de toutes les infortunes. L'antique hôpital du Saint-Esprit était réduit à la dernière misère quand la riche et vertueuse Mlle Lacoste vint le relever. Elle associa à son œuvre la fille du bailli de Bergerac, Anne de La Chapelle, et l'une des filles du maire, Jeanne Gontier de Biran, dont la sœur cadette entra aux Filles de la Foi, de Sarlat. Ainsi débuta la congrégation de Sainte-Marthe de Bergerac, émule en dévouement aux pauvres de son aînée, Sainte-Marthe de Périgueux, avec laquelle elle ne fait plus qu'une seule famille religieuse. La déclaration du Roi du 12 décembre 1698, portant règlement pour l'administration des hôpitaux vint, par l'établissement d'un bureau administratif des biens des pauvres, consacrer l'entreprise de ces pieuses personnes. Elles firent bâtir la maison où fut établi l'hôpital. C'est aujourd'hui l'école communale des filles. Un brevet royal du 5 décembre 1699 accorda à l'hôpital l'ancien cimetière des réformés qui fut converti en jardin (1).

L'Évêque de Périgueux approuva les statuts de cette communauté naissante par l'ordonnance du 12 juillet 1700. « L'amour que nous avons pour les pauvres qui sont les membres du Fils de Dieu — écrivait-il à Mmes de La Chapelle et Gontier de Biran — et l'affection paternelle que nous devons à ceux qui le servent en leurs personnes, principalement dans la maladie, nous fait bénir Dieu, notre Père qui, par son Esprit vous a appelées à cet incomparable ministère ».

____

(1) Élie de Biran. *Notes et documents inédits relatifs aux institutions de la ville de Bergerac avant 1789*. Périgueux, Imp. Dupont 1880, page 34.

Il appelle les Filles de Sainte-Marthe des « servantes en Jésus-Christ » parce qu'elles servent le Christ en ses pauvres. Il fait l'éloge de leur « ministère » au-dessus duquel il ne reconnait que le sacerdoce. « Il vous élève — leur dit-il — hors du monde, sur les deux ailes de la charité, celle de Dieu et celle du prochain ».

Ordonnance bien digne du **Père des Pauvres.**

En de telles mains, l'hôpital de Bergerac prospéra. Mlle Lacoste eut, avant de mourir, la joie de voir sa maison florissante, ses biens augmentés et mieux administrés et aussi la communauté qu'elle avait fondée croitre en nombre et en dévouement aux pauvres.

Une autre association de dames de charité, établie sous le nom de Miséricorde dans le faubourg de La Madeleine, prit dans le même temps une certaine extension.

Le 13 septembre 1699, le Roi gratifia les personnes chargées d'accomplir l'œuvre fondée, sept ans auparavant, par l'abbé Célier. En considération de leur dévouement aux pauvres et aux jeunes filles admises à leur petite école, il leur fit don d'une terre située dans le faubourg, qui avait jadis servi de cimetière aux huguenots. Sur cette même terre s'élève l'actuel hospice de La Madeleine.

Le service de la charité, ainsi organisé, suffit à tous les besoins. A l'exemple de l'Évêque, les sœurs de Sainte-Marthe de Bergerac prodiguèrent leur dévouement à tous les malheureux, sans distinction de religion.

*
* *

Lorsque Francheville arriva dans le pauvre diocèse de Périgueux, où le Roi l'envoyait à dessein parce qu'il le savait riche et charitable, la lutte contre la misère populaire avait déjà commencé. En général, ce furent les seigneurs qui en prirent l'initiative (1). Les marquis

---

(1) Antoine-Joseph de Fayolle de Mellet, marquis de Neuvic, adressa à Louis XIV un mémoire : *Remontrance faite à Sa Majesté touchant les misères publiques après la paix de Riswick en 1697*, pour le soulagement des misères de ses peuples. On y lit ceci : « Elles sont si grandes, Sire, qu'on

d'Hautefort avaient fondé dans leur terre un hôpital destiné à recevoir trente-trois pauvres, « en l'honneur des trente-trois années que N. S. Jésus-Christ a employées sur la terre à l'ouvrage de notre Rédemption ». A Montpon, plusieurs milliers de pauvres et de malades envahissaient les cours du château, la place et les rues de la petite ville au point qu'on avait de la peine à passer. Ils accouraient pour recevoir les aumônes de Susanne-Henriette de Foix, duchesse de Candale, surnommée la **Dame de Montpon** par cette même postérité reconnaissante qui a donné à Francheville le titre de **Père des Pauvres** (2). Bienfaisante jusque dans la mort, Henriette de Foix dota princièrement, par le legs de tous ses biens, l'hôpital qu'elle avait fondé. Aux fêtes de Pentecôte de la désastreuse année 1693, le pont du château de Montardy, paroisse de Brassac, se trouva tellement chargé de pauvres qu'il se rompit sous le poids. La charité du marquis d'Allemans les attirait de tous les pays voisins. Une des filles d'Armand Du Lau fut enveloppée sous les ruines. Elle eut une jambe cassée, « accident — dit un mémoire — qui sera une marque éternelle de sa charité envers les pauvres ». Mgr Le Boux, qui mourut le 6 août suivant, institua pour ses héritiers universels les pauvres et malades de la Manufacture et de l'hôpital de Sainte-Marthe, donnant ainsi un exemple que son successeur devait imiter.

Au livre d'or de la charité périgourdine, à côté d'Henriette de Foix, il faut inscrire aussi le nom de Madeleine de Barrière, issue de l'antique maison de Taillefer, revenue depuis une dizaine d'années

---

ne scauroit vous les représenter au vray sans se rendre suspect d'exagération... ». L'auteur attribue ces misères principalement aux fortunes scandaleuses des traitants, aux injustices commises par eux dans le royaume. Il demande « une nouvelle et commode manière de payer les tributs qu'on doit à César. « Il loue le Roi de tirer ses sujets « de l'oppression des partisans et de régler les impôts d'une manière que les riches n'en fussent point exempts comme ils sont, mais qu'ils fussent supportés également de tout le monde et suivant les revenus et facultés d'un chacun ».

Ce marquis de Neuvic est en avance d'un siècle sur son époque. Il partage les idées sociales de Fénelon et de Vauban. Il mourut célibataire en 1736, âgé d'environ 75 ans.

(2) Lire sur la **Dame de Montpon** : *Abrégé de la vie de Mademoiselle Susanne-Henriette de Foix de Candale, princesse de la Teste de Brach,* par son neveu l'abbé Belzunce, grand vicaire d'Agen. 1707. Pages 64 et suiv.

à la foi catholique. En 1695, Madeleine avait été nommée fille d'honneur de la duchesse d'Orléans, mère du Régent. Toute sa vie elle entretint avec elle une affectueuse correspondance. C'était une âme grande et pure. Fuyant la corruption de la Cour, elle se retira dans son château de Barrière, près de Villamblard où, imitant Catherine de Francheville, elle revêtit un costume austère et s'adonna aux bonnes œuvres. On la rencontrait dans tous les chemins portant des secours aux malheureux. Pour eux elle fonda à Villamblard un hôpital qu'elle confia aux Filles de la Charité. Elle fit démolir l'ancien temple protestant et ériger sur son emplacement l'église actuelle, secondant ainsi admirablement les desseins de son évêque. Mlle de Foix appréciait beaucoup Mlle de Barrière. Elle trouvait en elle « cet esprit de dévotion, de zèle et de ferveur que le Saint-Esprit inspire ».

Mention doit être faite de la belle fondation réalisée à Montagrier par les seigneurs du lieu. En 1683, Antoine d'Aydie, vicomte de Ribérac, avait légué aux pauvres des trois paroisses relevant de sa juridiction de Montagrier, une rente annuelle et perpétuelle de six cents livres. Il chargea la dame Renée-Antoinette de Gruel, son épouse, de convertir cette rente en fondation et de l'assigner sur partie des biens de sa succession. Le 13 juillet 1700 sa veuve, exécutant ses dernières volontés, fit au château de Montagrier, devant Me Révolte, notaire royal, en présence de Gérald Dufaux, curé de la paroisse, une fondation perpétuelle de la rente de 600 livres qu'elle assigna sur divers ténements de la terre : voulant que cette rente fut distribuée annuellement dans l'église du lieu, le 1er mercredi d'avril, par elle-même pendant son vivant et, après elle, par les trois curés de Montagrier, Brassac et Saint-Victor, aux pauvres de ces trois paroisses. Mgr de Francheville homologua cet acte de fondation. « Pour faire que lad. fondation durât, s'il se pouvait, jusqu'à la consommation des siècles » une plaque de marbre noir en perpétua le souvenir. Cette plaque est toujours « attachée et aggrafée » à l'un des murs de l'église de Montagrier. Son inscription rappelle encore la charité de la famille d'Aydie. Quant à la fondation, elle a été ponctuellement exécutée jusqu'en 1792. Il était réservé à la Révolution de détruire cette œuvre avec bien d'autres : à Montagrier comme à Montpon, l'ouragan révolutionnaire devait emporter le patrimoine des pauvres.

A Bourdeilles aussi l'hospice paraît avoir été fondé par les seigneurs. La rente annuelle d'une livre cinq sols, constituée en 1695 par le sr Claude Deconst, devant Me Chabert, notaire royal, est la première qui figure sur la liste des rentes servies jusqu'en 1790.

A Boulazac, Jeanne de Saulnier, dlle du Repaire, par testament reçu le 15 juin 94, par Me Rousseau, notaire royal à Périgueux, lègue aux pauvres de la paroisse le revenu de tous ses biens de l'année de son décès. Ce revenu sera employé en aumônes et en paiement des taxes de toutes sortes qui accablent les pauvres (1).

Les bourgeois s'unirent aux nobles dans cette vaste entreprise charitable pour l'amélioration du sort des classes populaires. Au premier rang apparaît ce maître ès-arts libéraux de Brantôme, Étienne Joussen. Par testament transcrit au contrôle le 25 novembre 1693, il légua les revenus de sa métairie de Puybartrop, paroisse de Cantillac, une partie pour l'entretien d'un maître chargé d'enseigner les humanités aux enfants de Brantôme, sous réserve de douze places gratuites, et le surplus pour le soulagement des pauvres. Ce testament appelait une fondation. Elle ne tarda pas à être réalisée par l'établissement d'un hôpital qui bénéficia de la libéralité d'Étienne Joussen et dont Mgr Pierre Clément, successeur immédiat de Mgr de Francheville, devait confier la direction aux Dames de la Foi. D'autres personnes allaient, par leurs bienfaits,

---

(1) La nécessité de secourir les pauvres, en ces malheureuses dernières années du xviie siècle, avait sans doute ralenti le zèle de la noblesse pour les fondations purement religieuses, mais ne l'avait pas éteint complètement. Témoin messire Adrien-Blaise de Saint-Aulaire, marquis de Fontenilles, La Rigale, Saint-Méard et Douchapt, demeurant au château de Fontenilles, paroisse de Saint-Méard. « Donne et crée en faveur de la chapelle de Notre-Dame des Vertus une rente annuelle et perpétuelle de 10 livres pour être employée annuellement à dire 20 messes, suivant l'intention du donateur, à l'autel de Notre-Dame de ladite église, payable le 8 septembre de chaque année au prêtre desservant icelle... »

Ce accepté par François Fournet, curé de Sanilhac et chapelain de ladite église de Notre-Dame des Vertus.

(Minute de Me Grandrieu, notaire, en date du 25 septembre 1700. Arch. dép.). Il ressort de la note ci-dessus qu'une livre représentait alors l'honoraire de deux messes.

« contribuer à la nourriture et subsistance des pauvres qu'on a coutume d'y recevoir et qui sont nourris aux dépens de cette miséricorde ».

*
* *

Au Moyen Age, l'Église avait fort bien organisé en France la charité. Les interminables guerres civiles issues de la Réforme ruinèrent l'unité religieuse de la France et le patrimoine des pauvres. A reconstituer ce dernier, saint Vincent de Paul employa son génie organisateur. Du grand mouvement charitable que son impulsion étendit à l'Europe, Francheville fut l'agent en Périgord. Il pratiqua la charité sous toutes ses formes, employant avec succès son crédit pour faire décharger ses curés des droits d'armoiries et les habitants de Périgueux de l'impôt si onéreux de l'ustensile, relatif au logement des gens de guerre. Il veillait, de concert avec l'Intendant, à l'équitable répartition de la capitation qui, dans sa nouveauté, effrayait les populations. Il s'efforçait de faire lever les entraves qui s'opposaient à la libre circulation des grains et gênaient le ravitaillement du pauvre Périgord.

Mais l'amour de son peuple ne lui faisait pas perdre de vue les grands intérêts de l'État. Au début de la guerre de la Succession d'Espagne il écrivit à Louis XIV pour lui offrir, tant que dureraient les hostilités, la moitié de ses revenus (1). Le Roi refusa, devinant sans doute que l'acceptation serait au détriment des pauvres.

Quatre ans auparavant, la nouvelle de la paix de Ryswick avait été accueillie à Périgueux avec de grands transports de joie. A cette occasion — 8 décembre 1697 — le *Te Deum* fut chanté dans la cathédrale Saint-Front, en présence de l'Évêque, du Chapitre, des communautés religieuses, des officiers du présidial, du maire et des échevins de la ville. Mgr de Francheville fit faire, ce jour-là, de grandes libéralités. Il régala le peuple d'une fontaine de vin qui

---

(1) Fait affirmé par le P. Dubois dans l'oraison funèbre du prélat. Il ajoute : « J'ai vu la lettre et la réponse ». Il est bien regrettable que de si précieux documents se soient perdus.

coula sans discontinuer jusqu'à la nuit devant la porte de sa demeure (1). En s'associant de la sorte à l'allégresse générale il était encore le **Père des Pauvres.**

CHAPITRE IX

Mort de Mgr de Francheville.

L'Évêque de Périgueux avait à peine dépassé la cinquantaine. Sa vie — semble-t-il — aurait dû se prolonger longtemps encore. Mais chez lui les années comptaient double. La manière dont le pasteur remplissait son rôle ne permettait pas au troupeau de longs espoirs à son sujet. Deux fois l'an il partait en tournées pastorales. L'évêque se faisait alors missionnaire avec toutes les fatigues que comporte ce mot. Il catéchisait les enfants, confessait les gens de la campagne, au besoin baptisait les nouveaux-nés, portait le Saint Viatique aux mourants. Comme chez sa tante Catherine, le travail n'interrompait pas la mortification. Pendant le carême de 1702, il n'usa presque que de légumes. Ce fut pour beaucoup une des causes qui abrégèrent sa vie. Quand son entourage lui représentait qu'il devait se ménager il répondait : « Qu'importe que je meure pourvu que mon peuple vive ! Le pasteur est fait pour le troupeau et non le troupeau pour le pasteur ». Dans la grande idée qu'il s'était faite de l'épiscopat, il se rencontrait avec son lointain successeur Mgr Baudry qui, après avoir refusé le siège de Vannes, prenait possession de celui de Périgueux, en s'écriant : « Etre évêque c'est appartenir à tous et ne plus s'appartenir à soi-même ».

---

(1) *Mercure Galant,* journal de janvier 1698, page 17.

.·.

Mgr de Francheville allait avoir la mort qu'il souhaitait en recevant le coup mortel au cours d'une tournée pastorale. Au début de mai 1702. il était parti visiter les paroisses des archiprêtrés de Vanxains et de Pithac. Le 16. il portait la Sainte Eucharistie à un malade sous un soleil brûlant quand il fut frappé d'insolation. Il tombe : on s'empresse autour de lui. On trouve sous ses vêtements un cilice. Cette découverte édifia beaucoup mais n'étonna personne. Le lecteur se souvient qu'il avait fait promettre au P. Lacoste, son confesseur ordinaire, de ne jamais rien révéler de ses mortifications comme des faveurs particulières qu'il recevait du ciel.

L'état paraît si grave qu'on ramène aussitôt le vénérable malade à Périgueux. Ce retour s'opéra au milieu de la désolation générale dont le P. Dubois nous a conservé le tableau : « Tous les yeux pleurent, toutes les entrailles sont émues : une foule incroyable de pauvres, mais qui, grâce à sa charité, ne sont plus dans l'indigence, pousse autour de son palais des cris lamentables qui fendent les airs. Le citoyen n'y répond que par un morne silence et par ses larmes. L'adorable Sacrement est exposé : toute la ville, toute la campagne accourt, importune le ciel et ne le fléchit pas : on craint, on espère par intervalles : le malade seul, sans craindre la mort, n'espère plus rien de la vie... »

Tous les médecins de la ville sont à son chevet : Mourcin de Meymy et Eymar, ses médecin et chirurgien ordinaires, les docteurs Mathurin Devaulx. Mourcin père, Sicaire Fournier et Pierre Gontier. Les remèdes qu'ils prescrivent sont aussitôt préparés par le maître apothicaire François Buffenoux. Aux paroles qui veulent se faire rassurantes le malade répond : « Les médecins se flattent. Il faut que la poudre retourne en poudre. Il me semble avoir ouï la voix du Juge qui m'a dit : « *Dispone domui tuæ*, mets ordre à ta conscience ». Aussi demanda-t-il lui-même les derniers sacrements qu'il reçut avec grande édification.

On était au 21 mai. Après les affaires spirituelles, il règle les temporelles. Le juge ordinaire de la ville est mandé à l'hôtel de

Verteillac. C'est Pierre Dufaux, sr de Borie-Paris, gendre de Gontier de Biran, dont il a épousé la fille Marie ; au rapport de Chevalier de Cablanc « l'un des plus vertueux et honnêtes hommes de la province ». L'Évêque a grande confiance en lui. Trop faible pour écrire, il dicte à ce magistrat le testament suivant :

« *In nomine Patris et Filii et Spiritus Sancti. Amen.*

» L'heure de la mort étant incertaine et la prudence chrestienne demandant que tout chrétien y soit préparé à tous les moments de sa vie, nous, Daniel de Francheville, par la miséricorde de Dieu évêque de Périgueux, faisons pour n'être pas surpris le présent testament clos et solemne.

» Je veux être enterré dans la chapelle de la Visitation de la Cité. Je deffends d'employer plus de cent livres aux frais de mon enterrement. Je laisse mes biens de patrimoine et autres qui sont en Bretaigne à mes héritiers pour les partager aux termes de la coutume de Bretaigne. Je fais mon héritier universel monsieur Coignet, mon vicaire général, chanoine de l'église cathédrale de Périgueux, en payant mes debtes que je peux avoir contracté en Périgord, et à la charge d'employer mon hérédité, selon que je luy ay prescrit et recommandé ; et c'est mon testament et dernière volonté, que je veux et entends valoir par forme de testament, codicille, donation à cause de mort ou autre meilleure forme qu'il pourra valoir, cassant, révoquant et annulant toutes autres dispositions que je pourrois avoir fait cy-devant, quand il y en auroit qui contiendroit quelque clause dérogatoire dont je n'ay pas de mémoire, et, si je m'en souvenois, je les revoquerois expressément. Et n'ayant pu écrire commodément mon présent testament à cause de mon indisposition, j'ay prié le sieur Dufaux, juge ordinaire de ladite ville, de l'écrire et souscrire avec moy ; et, après l'avoir leu et releu, je déclare que c'est ma dernière volonté.

» En foy de quoy j'ai signé, dans l'hôtel de Verteillac, à la cité de Périgueux, avec le dit sieur Dufaux, le vingt-uniesme may mil sept cens un.

» (Signé) : Daniel, évêque de Périgueux, testateur ; Dufaux, pour avoir écrit et souscrit le présent testament à la prière de Mgr l'Évêque de Périgueux, testateur. »

Le lendemain, M⁰ Vigier, notaire royal, dressa l'acte de suscription de ce testament mystique en présence de six témoins, les sieurs : Léonard Desmaisons, bourgeois de la ville ; Raymond Dupuy, bourgeois et marchand ; Jean Fournier, s⁰ de La Rousselie ; Bernard Peyredieu et Hélie Coulaud, maîtres cordonniers, et Martin-Antoine Dauriac, maître tailleur.

Daniel de Francheville avait institué, pour la forme seulement, l'abbé Coignet légataire de ses biens du Périgord. La mission de ce dernier était de les transmettre aux hôpitaux de Sainte-Marthe et de la Manufacture. Le principe qui avait présidé, toute sa vie, à l'administration de sa fortune inspira son testament : c'est que ce qui venait de la famille pouvait retourner à la famille, mais ce qui venait de l'Église devait retourner à l'Église dans la personne des pauvres. Il fit plusieurs legs particuliers, notamment ceux de mille francs aux Visitandines, d'un fauteuil à la sœur de Bar, infirme, du couvent de Saint-Benoît, etc...

Tout étant réglé, l'Évêque de Périgueux attendit la mort. Elle arriva le dixième jour de la maladie, 26 mai 1702. Sa longue agonie fut admirable et révéla la foi profonde, l'espérance invincible et l'ardente charité qui remplissaient son âme. Quand on lui apprit que le Saint-Sacrement était exposé dans toutes les églises et chapelles de Périgueux et que partout on faisait des prières publiques pour sa guérison : « Ne demandez pas à Dieu que je vive — répondit-il — mais que je meure mieux que je n'ai vécu ». Il ne cessait de se recommander à la Vierge Marie et d'invoquer le nom de Jésus.

Sentant la fin approcher, il admit dans sa chambre les chanoines, ses aumôniers, ses neveux, ses amis, ses domestiques. Il leur fit de touchants adieux, remerciant avec affection ceux qui l'avaient servi et demandant pardon au diocèse des mauvais exemples qu'il aurait pu donner. Puis il les bénit une dernière fois. Comme on lui soulevait la tête : « Ne vous fatiguez pas à soutenir ma tête chancelante — dit-il — mon Sauveur n'eut pas en mourant où reposer la sienne. Faut-il que le pécheur meure plus à son aise que le Juste ? » Voyant pleurer son auxiliaire, l'ancien évêque de Xantes, il ajouta : « Consolez-vous, Monseigneur, de ma mort ; je n'étais pas digne de

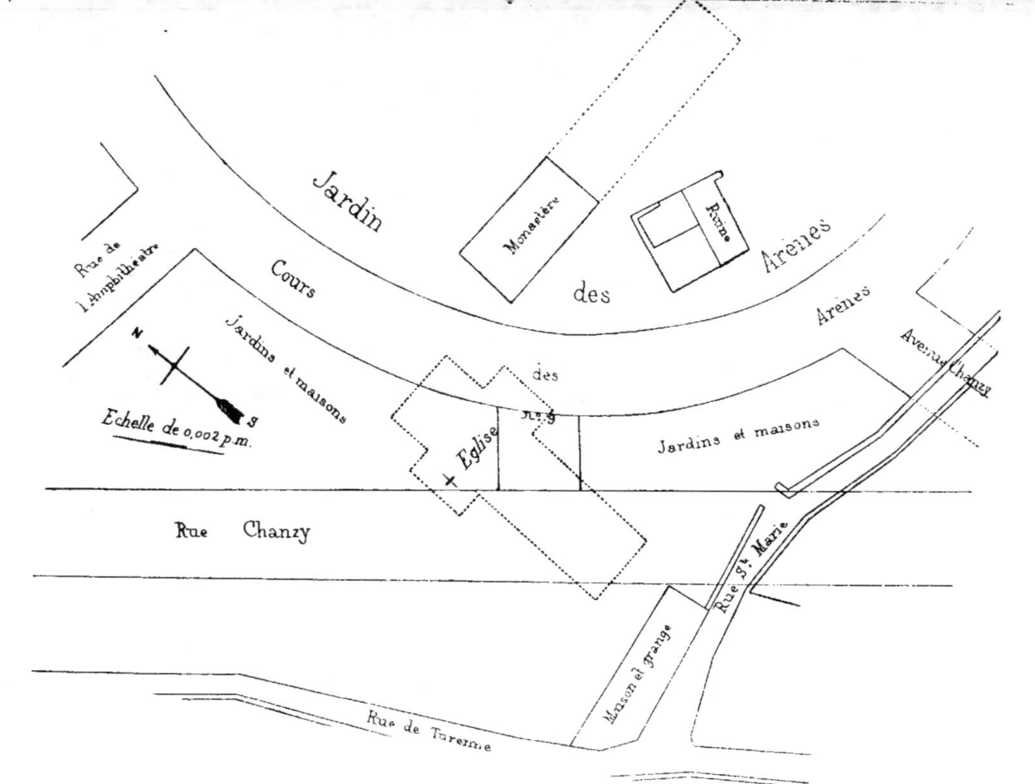

Emplacement de l'ancienne Visitation (église et monastère)
dans le quartier actuel des Arènes.

vivre ». Premier apôtre en Périgord de la dévotion au Sacré-Cœur, il expira en invoquant le divin Cœur de Jésus. C'était le vendredi après l'Ascension, à 4 heures de l'après-midi, en la fête si populaire de saint Mémoire (1).

.·.

Aussitôt les sonneries des cloches de Saint-Silain et de Saint-Front annoncèrent à la ville la triste nouvelle. Nulle part elle ne fut ressentie plus vivement qu'au monastère de la Visitation. Une des plus anciennes religieuses, originaire de la Marche, sœur Gabrielle-Angélique de Luchat, tomba, en l'apprenant, frappée d'apoplexie.

Le corps, revêtu de l'aube donnée par le supérieur de la Mission et des habits pontificaux, fut mis dans la bière, œuvre du menuisier Larue. Le 27, tout Périgueux défila devant lui. Le dimanche 28, il fut porté dans le chœur de la cathédrale. Après un service solennel auquel assistèrent tous les corps séculiers et réguliers, le convoi se dirigea vers la Visitation. Les arènes romaines, dont le monastère occupait l'emplacement, n'avaient certainement point vu affluer dans leur enceinte une pareille multitude depuis que les habitants de l'antique Vésone s'y ruaient aux combats des gladiateurs. De quels spectacles autrement édifiants ces lieux étaient devenus les témoins, maintenant que les dignes filles de sainte Chantal les purifiaient par leur présence des souvenirs sanglants du paganisme ! Cet immense concours d'un peuple accouru pour pleurer son bienfaiteur constitue un des plus beaux triomphes de la charité chrétienne.

Daniel de Francheville fut enterré — comme il l'avait demandé —

---

(1) Extrait du registre des Pénitents bleus de Périgueux :
« Le 26ᵉ du dit mois (mai), à 3 heures après midy, est décédé messire Daniel de Francheville, nostre evesque, dans la maison de Monʳ l'abbé de Peyrouse, à la Cité. Le même soir la Compagnie a fait sonner pour luy et, les confrères estant assemblés dans notre tribune, y ont chanté le *De Profundis*... Nous avons assisté à son enterrement avec les autres Compagnies et ensuite nous avons chanté le *De Profundis* à son tombeau. »

en l'église de la Visitation, dans cette chapelle que la Mère Brulart avait fait élever en l'honneur de la divine Providence. Sur la dalle qui le recouvrait on grava cette inscription, sublime dans sa simplicité :

Hic jacet Daniel, episcopus Petrocorensis, in resurrectionis expectatione.

Ci-gît Daniel, évêque de Périgueux, dans l'attente de la résurrection (1).

Suprême témoignage d'affection au cher monastère de la Visitation de la part du prélat qui avait choisi son église comme lieu de son repos. Aussi, par lettre circulaire (2), les Visitandines de Périgueux invitèrent-elles tout l'Institut à partager leur deuil et à unir ses prières aux leurs. Elles écrivent dans leur *journal* : « Nous eumes la douleur de voir faire les funérailles de nostre grand prélat, Mgr de Francheville, dans nostre église, lui qui nous avoit donné tant de consolation, lorsqu'il bénit les fondements et posa la première pierre de nostre chœur ! Nous ne scaurions dire les bontés qu'il nous faisoit paroitre toutes les fois que nous étions honorées de sa visite, ni le regret que nous avons eu de sa perte. Il fit choix de

---

(1) Voici l'acte mortuaire dressé par M. Rossignol, curé de la cathédrale :
« Le vint et sixième du mois de may mille sept cent deux est décédé dans son palais épiscopal, messire Daniel de Francheville, seigneur evesque de Périgueux, après avoir reçu les sacrements ; et, après que son corps a esté porté le vint et huictiesme du présent mois dans le cœur de l'église cathédrale, et, le service fini, a esté enterré dans l'église des religieuses de la Visitation de cette ville, en présence des soubsignés. (Signé) : Bertin, Rossignol, Laroche, Rossignol prêtre. ».

(Extrait du registre de catholicité pour l'an 1702 déposé à la mairie de Périgueux.)

(2) Voici un extrait de la circulaire de la Mère Madeleine-Agnès de Lambertie, du 26 mai 1702 :
« ... Notre douleur est incompréhensible et rien ne scaurait nous consoler de cette incomparable perte que la vue de la volonté de celui qui nous a donné ce rude coup et qui a voulu se hater de récompenser ce digne prélat d'une infinité de bonnes œuvres et de grandes actions qu'il a faites en faveur de son diocèse et surtout des pauvres dont il était le véritable père... C'est même dans l'exercice actuel de ses visites où il a toujours été fort exact et infatigable qu'il a pris la maladie dont il est mort... ».

notre église pour sa sépulture et où il fut, en effet, inhumé. Il décéda le 26 may 1702 ».

Après les funérailles, les vicaires généraux adressèrent la lettre suivante « à tous les ecclésiastiques du diocèse de Périgueux » :

« Messieurs,

» La vie de notre illustre prélat, Daniel de Francheville, que le ciel, inflexible aux vœux et aux désirs de tout le monde, vient de nous ravir douloureusement, est si belle et si glorieuse, qu'on peut dire qu'en peu de jours que nous avons eu le bonheur de le posséder, il a rempli l'espace de plusieurs années et trouvé l'extrême vieillesse à l'âge de 54 ans. L'éclat de ses vertus a fait tant de bruit que les provinces les plus éloignées ne les ignorent pas et qu'elles lui avaient attiré l'estime et l'admiration de notre grand monarque. Le zèle qu'il a toujours eu pour le règlement de son diocèse l'a exposé à des fatigues insupportables à tout autre ; il ne faut pas presque douter qu'il n'y ait succombé et fini le cours de sa vie dans ce pénible exercice. Il serait difficile de connaître sa vertu dominante, parce qu'il les pratiquait toutes dans la dernière perfection, et remplissait si bien tous ses devoirs que chacun en particulier semblait lui être propre. Les pauvres disent hautement par la douleur qu'ils ont témoigné à sa mort, par leurs cris et par leurs larmes, qu'il en était le père, et tout le monde y a pris tant de part qu'elle a causé une consternation publique et l'on peut dire que chacun y a perdu quelque chose... »

La lettre se termine par une demande de messes et de prières en faveur du défunt (1).

Le plus bel éloge que la perte du grand évêque ait alors inspiré est celui que l'abbé Chereau crut devoir, pour l'édification de ses successeurs, insérer dans les registres paroissiaux de sa cure de

---

(1) Elle est signée : A. Dejay ; T. Vincenot ; P. Martin ; Georges Daubuisson chanoines et vicaires généraux, le siège vaquant.
Elle est datée : A Périgueux, ce dernier may 1702.

Coursac. Il contient des détails d'autant plus précieux, comme le fait observer M. Villepelet qui l'a fait connaître (1), « qu'ils nous viennent d'un témoin et d'un ami de la maison épiscopale ». C'est le premier document où Francheville nous apparaît décoré de ce glorieux surnom de *Père des Pauvres*, que la postérité devait ratifier :

« Le vingt-sixième may 1702, à quatre heures du soir, écrit le pieux aumônier, messire Daniel de Francheville, évêque de Périgueux, abbé du Tréport, conseiller d'honneur aux parlements de Bretagne et de Bordeaux, est mort dans la maison de Messieurs de La Brousse de Vertelhac, cité de Périgueux, après une maladie de dix jours, qu'il avait contractée dans le cours d'une visite qu'il faisait dans les archiprêtés de Vanxains et de Pilhac ; il a été enterré dans l'église des filles de la Visitation, le 28 may 1702. Il est regretté universellement de tout son diocèse ; *c'était le père des pauvres*. Il a gouverné ce diocèse pendant huit années avec un zèle et une attention singulière ; il s'y est signalé par des retraittes qu'il a fait faire dans sa maison à Messieurs les curés, à Messieurs les gentilshommes et officiers de justice. Sa maison était une maison d'oraison. J'ai eu l'honneur d'être son aumônier, et précepteur de Messieurs ses neveux pendant six ans ; j'ai eu la consolation de le servir dans le cours de sa maladie, dans laquelle il a toujours été d'une patience admirable ; il a demandé pardon à tout son diocèse du mauvais exemple qu'il lui avoit donné, mais jamais évêque ne fut plus saint et plus zélé que luy. Il avoit des desseins et des veuës très apostoliques : il a réformé beaucoup d'abus et fait venir dans leurs devoirs quantité d'ecclésiastiques qui l'avaient oublié. Si Dieu eut jugé à propos de nous le laisser encore quelque temps, il aurait fait revivre la piété et la vertu dans ce diocèse : mais Dieu nous l'a osté à cause de nos péchés. Je prie le seigneur d'être luy-même sa récompense, et tous les jours de ma vie, dans le saint sacrifice de la messe, je le luy recommanderay. Je luy dois cette reconnaissance

---

(1) *Bulletin* de la Soc. Hist. et Arch. du Périgord, XII, p. 366, *loc. cit.*

pour tous les biens qu'il m'a fait, et pour la bonté singulière dont il m'honoroit.

> » CHEREAU, *curé de Coursac, et cy devant aumônier*
> *de Mgr de Francheville, évêque de Périgueux.* »

.
. **.**

Laissons le peuple de Périgueux honorer — comme il convenait — les restes mortels de Mgr de Francheville. Voyons maintenant les gens de la justice profitant de la mort pour assouvir leur rancune contre l'intrépide défenseur du seigneur d'Allemans injustement condamné par eux. Son corps était à peine refroidi que Dominique de Montozon, sᵍʳ de Léguillac-de-Lauche, lieutenant particulier, civil et criminel en la cour de la sénéchaussée de Périgueux, accompagné de Léonard de Montozon, sieur de la Chabane, avocat du roi, arrivait à l'hôtel de Verteillac pour l'apposition des scellés. Ils se trouvent en présence du chanoine Thibaut de La Brousse et du vicaire général Jacques Coignet. L'un et l'autre déclarent s'opposer formellement aux projets des magistrats. Ceux-ci assurent qu'ils passeront outre, car la conservation des droits de Sa Majesté et des effets dépendant dudit évêché exigent l'apposition des scellés d'abord, l'inventaire ensuite.

Le lendemain, 27 mai, les abbés Coignet et de La Brousse renouvellent leur protestation. On leur oppose toujours « l'intérêt du Roy et de l'Église ». Les opérations se poursuivent en leur présence et sous la conduite de Pierre Cercilly, qui avait succédé au chanoine Antoine Bureau dans les fonctions de secrétaire du défunt évêque.

Le 28, « quoique soit un jour de dimanche » et les obsèques du bienfaiteur de la cité, les magistrats, avec leurs adjoint-greffier et huissier, retournent à la maison en deuil et continuent de mettre tout sous scellés. Ils visitent les appartements occupés par le petit séminaire, par le sʳ Villot, maître ès-arts, et par l'abbé Freyssinet, l'un des aumôniers de l'Évêque, les chambres du feu P. Moreau, de l'Oratoire, ancien vicaire général de Guillaume Le Boux, et de Jean Guichard, procureur fiscal de la châtellenie d'Agonac.

Le 29, les gens de la justice se transportèrent à Château-l'Évêque, dont ledit Guichard avait les clefs en sa qualité de fermier.

Le 30, ils revinrent à l'hôtel de Verteillac procéder cette fois à l'inventaire, malgré une nouvelle protestation de l'abbé Coignet. Notons, en passant, que dans la sacristie de la chapelle se trouvait un tableau représentant le Bon Pasteur.

Le 31, l'abbé Coignet proteste encore contre la conduite odieuse des magistrats. Ces derniers, non contents d'inventorier la succession épiscopale, font annoncer, par des affiches posées sur les places du Codere, de la Clautre et du Greffe, une prochaine adjudication du carosse, des chevaux, du blé, du vin et du bois dépendant de ladite succession, en faveur du plus offrant et dernier enchérisseur.

La vente eut lieu, en effet. Le carosse, avec deux chevaux et deux juments et leurs harnais, fut adjugé, moyennant 380 livres, en faveur d'Adrien de Saint-Aulaire, marquis de Fontenilles, seigneur de Saint-Méard. On adjugea ensuite un cheval gris, pour 240 livres, à Mathurin Bonnet, l'ancien maître d'hôtel de l'évêché ; une jument noire, pour 55 livres, au sieur Chevalier, etc.

La vente achevée l'inventaire continua. Dans la chambre mortuaire très simple on relève deux tableaux à cadre doré représentant Louis XIV et le Dauphin. Les habits et ornements épiscopaux, dont prenait soin le sieur Marchier, bedeau de Saint-Front, sont à l'unisson du mobilier. Une partie en avait été donnée à Cercilly. Il y avait trois mitres : la première d'une étoffe d'argent à broderie d'or et soie rouge ; la seconde, de pareille étoffe avec broderie d'or et d'argent, et parsemée de nacle de perle ; la troisième, d'une étoffe de soie à lames d'or.

Voici les principaux ouvrages de la bibliothèque : *Sénèque le Tragique*, traduction de l'abbé de Marolles ; *L'État de la France* ; les *Histoires du Calvinisme et de l'Arianisme*, par le P. Maimbourg ; *Traité de la controverse*, par le même ; *Instructions pour les nouveaux convertis* ; *Traité du jardinage* et autres ; *Recueil des ordonnances* du diocèse de Périgueux ; *Les Statuts synodaux* de Vannes ; *Les Sentiments sur la retraite* ; *Vies des fondateurs des retraites* ; *De la retraite pour les religieux et religieuses* ; *De la retraite pour les prêtres* ; *Rituel des retraites* ; *Cérémonial des*

*évêques : Traité du devoir des évêques : L'idée du bon pasteur ;
Traité de l'Eucharistie : L'Imitation de Jésus-Christ : les OEuvres
poétiques* du P. Frizon (1) : *l'Histoire des Variations,* de Bossuet ;
Les Aventures de Télémaque, etc.

La composition de la bibliothèque répondait bien aux deux
préoccupations dominantes de l'Évêque : la sanctification des
catholiques par les retraites et la conversion des hérétiques. La
présence des *Variations* de Bossuet et du *Télémaque* de Fénelon,
récemment parus, indiquent un esprit ouvert à toutes les nouveautés.

Tous les volumes portaient sur les plats les armoiries du
propriétaire.

Un volume recouvert de parchemin contenait la pancarte du
diocèse.

Rien n'est éloquent comme l'ameublement de la chambre que
Daniel de Francheville s'était réservée au château de plaisance des
évêques, paroisse de Preyssac : un petit lit en noyer, planchéié en
haut et en bas et deux chaises ! Voilà tout le confort de la pièce où
il venait parfois se reposer. Château-l'Évêque a conservé le souvenir
de son séjour : un pont jeté par ses soins sur le ruisseau qui traverse
les prairies du château est encore appelé dans le pays *Pont Francheville.*

L'inventaire et l'état des lieux se poursuivirent dans les divers
domaines dépendant de l'évêché (2). La dernière vacation porte
la date du 11 juillet. Toutes les pièces relatives aux formalités
judiciaires et à la liquidation de la succession épiscopale forment un
dossier intéressant auquel cette biographie doit beaucoup (3).

La brutalité apportée par les magistrats dans l'apposition des
scellés et dans l'inventaire, leur ingérence abusive avaient soulevé
l'unanime réprobation du clergé et de la société périgourdine.

-----

(1) Jésuite et périgourdin. Originaire de Brantôme.
(2) L'inventaire fut fait aussi en Bretagne, notamment à Château-Gaillard,
de Vannes, ainsi qu'en témoigne le dossier conservé aux archives du département du Morbihan.
(3) Archives départementales de la Dordogne, série B, 251, layette.

L'indignation contre eux durait encore quand arriva dans le diocèse le successeur de Daniel de Francheville, Pierre Clément, vicaire général de Rouen. Celui-ci, pour n'être pas victime à sa mort de pareils procédés, donna dans son testament aux gens de la justice ce sévère avertissement : « J'avertis Messieurs de la justice, et cela devant Dieu, de n'en pas user pour mon inventaire comme on a fait pour le passé. Je scay qu'il n'est pas permis d'entrer dans les secrets des jugements de Dieu ; mais, après avoir vu ce que j'ay vu, et voyant les désordres et les afflictions qui sont arrivés, je ne saurais croire que Dieu n'aye permis tout cela en partie pour châtier cette injustice qui paraît si criante. Dieu nous fasse à tous miséricorde dans l'éternité. Il faut pour cela marcher dans les voyes de la vérité et de la justice. »

∴

M. Coignet était donc légataire universel de Mgr de Francheville en Périgord. Sa mauvaise santé, ses fonctions de vicaire capitulaire ne lui permettaient guère d'apporter tous les soins désirables à la liquidation d'une succession fort embarrassée. Aussi écrivit-il aux frères de l'Évêque, les priant d'assumer cette charge. Cédant à ses instances réitérées, le comte Gervais de Francheville, seigneur de Lamothe, Olivet, Truscat, Borissier et autres places, demeurant au château Gaillard, paroisse Sainte-Croix, à Vannes, et Pierre de Francheville, conseiller du roi en ses conseils et son avocat général au Parlement de Bretagne, arrivèrent à Périgueux le 16 juillet 1702.

Ils cherchèrent tout d'abord à faire accepter l'hérédité par les directeurs des hôpitaux de la Manufacture et de Sainte-Marthe, suivant les intentions de leur frère transmises par M. Coignet. Ces négociations, particulièrement laborieuses, durèrent près de deux mois. Le 4 septembre suivant ils firent au greffe un acte séparé pour déclarer qu'ils n'acceptaient l'hérédité que sous bénéfice d'inventaire, n'entendant faire aucune confusion de leurs biens propres avec ceux provenant de la succession de leur frère et qui sont situés dans la province de Bretagne. Hommes d'honneur, ils manifestaient ainsi qu'ils préféraient l'intérêt des créanciers au leur et qu'ils avaient à cœur de les satisfaire tous.

Ils ne se laissèrent arrêter par aucune opposition ni par les procés déjà engagés devant la chambre ecclésiastique. M. Dalvy, procureur à Périgueux, les assista dans leurs diverses procédures. Ils commencèrent par faire rentrer toutes les sommes dues à l'évêché, rentes et fermages. La principale affaire qu'ils eurent à régler fut celle des réparations à effectuer aux propriétés dépendant de l'évêché et à l'évaluation des dégradations que ces mêmes propriétés avaient subies. Guillaume Le Boux avait reçu du roi, lors de son arrivée en Périgord — 1667 — 10.000 livres pour le rétablissement du palais épiscopal, et 14.000 sur l'hérédité de Cyrus de Villers, son prédécesseur, pour réparer le Château-l'Évêque, un autre château de la Cité et diverses églises du diocèse. A sa mort, il n'avait fait effectuer aucune réparation, ni à Château-l'Évêque dont il fit, au contraire, démolir l'une des tours, ni aux églises dépendant de l'évêché. Aussi Mgr de Francheville fit-il faire, dès sa nomination, par l'intermédiaire de François du Cluzel de La Chabrerie, président de l'élection, par acte du 5 octobre 1693, opposition à la main-levée sur les biens de l'évêché, avec défense formelle à tous débiteurs, fermiers et tenanciers de payer, jusqu'à ce qu'il en fût autrement ordonné par la justice. Il avait touché ainsi des héritiers de Le Boux la somme de 10.000 livres pour les réparations non effectuées, les dégradations et détériorations arrivées sous son épiscopat.

Mgr de Francheville passa si rapidement sur le siège de Périgueux ! Durant ce court passage, il eut tant à dépenser pour secourir ses diocésains malheureux qu'il lui fut impossible de faire l'emploi régulier de cette somme de 10.000 livres. Il négligea même l'entretien de ses domaines, et plus d'un s'en autorisa pour commettre des usurpations : tel ce Guy Flamenc de Bruzac qui, sans aucun droit, fit de grosses démolitions dans les appartenances du vieux château épiscopal d'Agonac. M. de La Bourdonnaye, intendant de Guyenne, vint de Bordeaux à Périgueux afin d'amener un accord entre M. de La Chabrerie, fondé de pouvoirs du nouvel évêque, Mgr Clément et MM. de Francheville. Ces derniers, sous la médiation de l'Intendant, signèrent avec M. de La Chaberie un traité, devant Me Paliet, notaire royal, le 6 octobre 1702, en présence de Pierre Dufaux, juge ordinaire de la ville, et Jean Guichard, procureur d'office de la juridiction d'Agonac. Le montant des réparations à faire à l'évêché, au Château-l'Évêque, aux murailles du jardin et à la couverture de la grange, le moulin, les métairies, les fours à bans et, généralement, toutes autres à faire aux domaines et églises dépendant de l'évêché, fut fixé à 3.000 livres qui, jointes aux 10.000 livres venant des héritiers Le Boux, forma un total de 13.000 livres. MM. de Francheville acquittèrent cette somme au moyen de diverses délégations, partie sur le produit du droit des lots et ventes des échanges des paroisses Saint-Martin d'Agonac, Preyssac, Eyvirat, Saint-Front-d'Alemps, Lempzours, Négrondes, Biras, Puy-de-Fourches, Cornille, Coursac, Plazac et Bassillac, dont leur frère s'était rendu acquéreur en 1700 et 1701 ; partie sur les fermes des dimes de Coursac, Champagne, Saint-Senac, Fontaneau, Daille, Preyssac, Boulanger, les Gondies, l'Enclave du Moulin, Agonac et Manet et sur les rentes de quelques paroisses ; enfin, partie sur le produit des offices d'économe-sequestre, et le surplus en numéraire.

MM. de Francheville eurent encore à traiter avec Cereilly, co-acquéreur des offices, pour ses droits dans l'hérédité qui furent fixés à 6.175 livres. Ils payèrent aussi en argent les mille livres léguées à la Visitation, sauf cent livres pour lesquelles ils cédèrent une portion de créance due par le s^r Pierre Chaumel, maître apothicaire, de Périgueux : ce qui fut accepté le 4 décembre 1702 par la supérieure du monastère, Mère Magdeleine-Agnés de Testard de Lambertie, assistée de Jeanne-Pacifique Plantif, Catherine-Joseph Alexandre, Anne-Catherine Dandaldéguy et Marie-Léonor Chancel, religieuses professes. Ils payèrent ensuite de nombreuses dettes, ainsi qu'en témoigne une multitude de notes jointes au dossier des archives de la Dordogne, aux divers fournisseurs de l'évêché, aux tailleur, serrurier, maçon et couvreur. Le domestique Guimard accepta des meubles en paiement de son legs de cent livres. L'abbé Cereilly, prieur de Sainte-Aulaye, reçut également des meubles et hardes, quelques reliques, les portraits du roi et de Mme de Maintenon, et des livres dont deux bréviaires, l'*Imitation de Jésus-Christ* et les œuvres poétiques du P. Frizon, de Brantôme.

MM. de Francheville tinrent à acquitter avant leur départ jusqu'aux moindres dettes de la succession dont ils avaient assumé les charges.

Ils eurent fort à faire. Comme la plupart des héros de la charité, l'Évêque avait dépensé sans compter, employant à soulager le peuple ses ressources présentes et aussi les futures. Le fermier du Tréport lui avait fait des avances considérables. Les héritiers durent lui en tenir compte.

Mgr de Francheville fut loin d'être prodigue pour ses funérailles. Il avait prescrit qu'on distribuât, ce jour-là, cinquante livres aux pauvres, mais défendu qu'on dépensât, pour lui, plus de cent livres. Compte ne fut pas tenu de cette défense puisque les frais funéraires à la Cathédrale et à la Visitation s'élevèrent à plus de huit cents livres. De même il fut passé outre à son refus de tout éloge funèbre. « On a cru devoir au public — dit son panégyriste — l'unique chose que cet aimable prélat ait été capable de lui refuser ».

*
* *

Presque au lendemain de la mort — 2 juin 1702 — Bergerac fit célébrer un service solennel pour le repos de l'âme de l'évêque défunt. Le duc de La Force assista, avec les officiers du roi, les maire et consuls, à cette cérémonie qui se fit au milieu d'un grand concours de peuple, dans l'église paroissiale de Saint-Jacques. On remarqua la présence de nombreux protestants. « Le curé, M. du Bernard, prononça l'oraison funèbre avec beaucoup d'éloquence ». Le greffier du consulat mentionna sur les registres la perte de « M. de Francheville, seigneur-évêque de Périgueux, très digne prélat et charitable aux pauvres, fort regretté de tout son diocèse ».

MM. de Francheville avaient été les témoins des honneurs funèbres extraordinaires que Vannes, à la nouvelle de la mort de leur frère, avait rendu à son illustre bienfaiteur (1). Ce leur fut une consolation, dans leurs ennuis de toutes sortes, d'assister à Périgueux aux deux services de quarantaine célébrés dans les églises de la Visitation et de la Manufacture.

---

(1) Le lecteur se souvient que Mgr de Francheville, n'étant encore que vicaire général de Vannes, avait fait reconstruire l'hôtel-Dieu de cette ville, à moitié démoli par une inondation.

« La Mère Madeleine-Agnés — écrivent les Visitandines dans leur livre-journal — fit faire la quarantaine dans notre église le plus solennellement qu'il luy fut possible. On dressa un mausolée dans le milieu et l'on tendit de noir, depuis la naissance des voûtes jusques en bas, avec un luminaire prodigieux. Messieurs de la Mission dirent les vigiles des morts et chantèrent la grand'messe, après laquelle un R. P. capucin fit l'oraison funèbre du défunt, en présence d'une foule de peuple telle qu'à peine pouvait-on y avoir place ni se remuer. M. le comte de Francheville et M. l'advocat-général du Parlement de Rennes, frère de ce saint prélat, eurent la consolation d'entendre prêcher ce digne panégyriste qui fit merveille à nous dire les actes héroïques et les vertus que ce digne prélat avoit pratiquées, et surtout sa charité, pour avoir luy-mesme, en personne, fait conduire du bled, ayant dans une famine quasi-universelle sauvé la vie à plus de cent mille personnes, selon le témoignage de beaucoup de personnes qui en ont eu connaissance. Nous nous estimons heureuses d'avoir le dépôt de son corps dans notre église, comme un gage précieux de ses bontés pour notre communauté à laquelle il lègue mille livres par son testament ».

Un ancien maire de Périgueux, François de Simon, seigneur de Châtillon, premier président de l'élection, organisa une cérémonie semblable dans l'église de la Manufacture, le mardi 18 juillet 1702. Gilles de La Baume, l'ancien évêque de Nantes, présidait. Le P. Dubois prononça le discours. Il prit pour texte ces mots de l'apôtre saint Jean : *Bonus pastor dat animam suam pro oribus suis*. Aucun texte ne pouvait mieux convenir à Mgr de Francheville. Tout indique de sa part la volonté de reproduire en lui le Bon Pasteur, et le livre de sa bibliothèque intitulé : *L'Idée du Bon Pasteur*, et le tableau placé dans la sacristie de sa chapelle représentant le Bon Pasteur. Comme les premiers chrétiens, il ne voyait Jésus que sous l'image du Bon Pasteur.

MM. de Francheville furent touchés de la manière dont l'orateur parla de leur frère et des allusions qu'il fit à leur famille, surtout lorsqu'il montra son héros « trouvant dans ses seuls ancêtres toutes les vertus à imiter ». Un exemplaire de cette oraison funèbre imprimée (1) à Périgueux, chez Dalvy, a été conservé par l'abbé Lespine (2). Document précieux qui a transmis à la postérité une admirable histoire. Sans les révélations du P. Dubois il eut été fort difficile d'écrire la vie de Mgr de Francheville.

Un peu confus et sans plan bien arrêté, ce discours renferme cependant quelques passages éloquents. Le mauvais goût y abonde aussi. On ne peut lire sans sourire la comparaison du futur évêque refusant un parti avec Joseph fuyant la femme de Putiphar, et l'apostrophe au soleil qui causa la mort du prélat : « Soleil, qui portes la lumière au monde, ne t'es-tu levé, en ce jour fatal, que pour éteindre le nôtre ?... »

Une autre cérémonie — plus intime et non moins touchante — eut lieu dans l'église de Coursac. « Le huitième juin 1702 — écrivait le curé M. Chéreau — j'ai fait un service pour feu Mgr notre Évêque. Messieurs les curés de Saint-Paul, de Chalagnac, de Notre-Dame-des-Vertus et M. son vicaire, de Razac, de Marsac, de Montrem, m'ont fait le plaisir d'y assister ; nous avons chanté tout l'office et la grande messe que j'ay célébrée ; avant la cérémonie, j'ai fait une espèce d'oraison funèbre ; je devais tout cela à la mémoire de feu mgr ; j'avais un beau luminaire ; M. le curé de Chalagnac a fait le diacre et M. le curé de Marsac le sousdiacre. Toute la paroisse a assisté à ce service ; j'avais fait sonner à deüil huit jours auparavant à mes dépens, ensuite j'ai donné à dîner à tous ces messieurs et à Monsieur de La Feuillade et à Monsieur de Manou. »

A l'abbaye du Tréport, autre domaine de l'Évêque de Périgueux, le deuil fut le même qu'en Périgord. La visite promise et jamais effectuée n'avait pas empêché les religieux d'apprécier leur abbé. Sa seule correspondance lui avait conquis leur estime. Voici en

---

(1) Oraison funèbre de Monseigneur Daniel de Francheville, evesque de Périgueux, conseiller du roy en tous ses conseils, prononcée dans l'eglise de la Manufacture, le 18 juillet 1702, par le P. Jean Dubois, de la compagnie de Jésus, docteur en théologie ; à Périgueux, par Pierre Dalvy, imprimeur du roy, du diocèse et du collège, petit in-4º de 39 pages, aux armes de Mgr de Francheville.

(2) Bibliothèque nationale, manuscrits. Fonds Périgord, tome XXIIᵉ, folios 218-38.

quels termes ils mentionnent sa mort dans le livre-journal déjà cité : « C'étoit un saint et très vertueux prélat, très charitable envers les pauvres, et d'une grande honnêteté envers ses religieux, au moins comme il paroit par ses lettres, n'ayant presque pas eu d'occasion de nous en donner d'autres marques ».

Dom Coquelin, dans son *Histoire de l'abbaye de Saint-Michel du Tréport* (1), a ajouté qu'il était mort « laissant sa mémoire en bénédiction et de grands exemples de toutes les vertus épiscopales à imiter à ses successeurs ».

*
* *

Mgr de Francheville étant mort, rien ne retenait plus l'ancien évêque de Nantes en Périgord. Il se retira auprès de André-Daniel de Beaupoil de Saint-Aulaire, ancien vicaire général de Francheville, créé évêque de Tulle. Il fit profession chez les Jésuites de cette ville et y mourut à 93 ans, d'une attaque d'apoplexie, le 9 juillet 1709. Il fut enterré dans leur église et loué aussi par le P. Dubois. Mgr Gilles de Beauvau, son neveu et successeur à Nantes, avait été pourvu par le roi de l'abbaye du Tréport le même jour que Pierre Clément de l'évêché de Périgueux (3 juin 1702).

Quant à MM. de Francheville, ils repartirent en décembre pour la Bretagne. Les enfants du comte — en Périgord depuis sept ans — suivirent leur père. Ils n'oublièrent jamais les leçons et les exemples reçus auprès de leur oncle. L'aîné, Jean-Baptiste-Joseph de Francheville, fut aussi avocat général au Parlement de Bretagne. Devenu président à mortier au même Parlement, il sacrifia sa charge à la défense des franchises bretonnes (2). Rétabli plus tard

---

(1) Rouen, Lestringent, 1879 à 1888, tome I, p. 55.

(2) La famille de Francheville s'est toujours fait remarquer par son attachement aux franchises bretonnes et leur énergique défense. En 1719, la royauté voulut confisquer quelques-unes de ces franchises au mépris du traité d'union. Aussitôt le Parlement de Rennes se dressa contre les empiétements de la royauté. Pour son indépendance, le président de Francheville fut *démis* de sa charge et exilé à Narbonne.

(P. CHEVALIER, *Archives du Parlement de Bretagne*).

dans ses fonctions, le président de Francheville rebâtit le château de Truscat et fit construire l'hôpital de Sarzeau, qu'il entretint et dota de revenus suffisants.

En 1793, Toussaint-Guillaume de Francheville, ancien officier de marine, retraité pour blessures graves, est choisi comme chef par les paysans morbihannais. Il prit part à tous les combats de la chouannerie. Bien que sa tête eût été mise à prix par Prieur de la Marne, il s'efforça toujours après la victoire d'empêcher ses paysans de massacrer les républicains. Il périt glorieusement, les armes à la main, le 3 prairial an IV.

En 1815, après Waterloo, quand les Alliés voulurent pénétrer en Bretagne, un petit-neveu de l'Évêque, le comte Gabriel-Toussaint de Francheville, commandait l'armée royale. Il s'était déjà distingué à la bataille d'Auray. Il déclara aux envahisseurs que, s'ils continuaient d'avancer, ils se heurteraient aux soldats royalistes. La province dut à sa fière déclaration de n'avoir pas été violée par les armées de la Coalition.

Enfin, en 1915, au cours de la grande guerre, un autre Francheville, qui s'appelait Daniel comme son grand-oncle, s'engagea à 18 ans. Quelques mois après, il était officier et recevait la croix d'honneur.

Ainsi les petits-neveux de Mgr de Francheville n'ont pas dégénéré. Ils restent fidèles à l'antique devise de la famille : Honneur et Bienfaisance. L'âme de l'Évêque plane toujours sur leur foyer chrétien. Dociles à ses inspirations ils ne veulent connaître que deux sentiments : l'amour de la France et de l'Église et le culte de la charité (1).

CHAPITRE X

La place Francheville

La bibliothèque municipale de Périgueux possède une chronique manuscrite intitulée : *Histoire des évesques du Périgord*. L'auteur, resté inconnu, arrête son récit quelques mois avant la mort de

---

(1) Le chef actuel de la famille est Pierre, comte de Francheville. Il habite le château du Plessis, commune de Saint-Carreuc, et continue dignement les traditions des ancêtres.

Francheville. « Il a — dit-il — exercé ses libéralités envers notre communauté par mille dépenses qu'il a fait pour elle et, entre autres, par le don qu'il a fait du *Cours Francheville*, situé entre les deux villes, lequel mériterait bien du moins qu'on y élevât une pyramide où sa munificence fut escrite sur des tables d'airain.

» *In perpetuam rei memoriam* ».

Encore plus que les bienfaits répandus sur ses contemporains malheureux, la place qu'il a donnée à la ville et qui porte toujours son nom, contribue à perpétuer le souvenir de Francheville en Périgord. Les générations qui se succèdent ont si peu conscience de la solidarité qui les unit ! Les fils oublient bien vite celui qui sauva leurs pères. La terre, au contraire, est toujours là, dans son immobilité, évoquant le nom de son donateur.

*
***

On connaît le plan à vol d'oiseau des deux villes de Périgueux, le Puy-Saint-Front et la Cité, imprimé en 1575 par le cosmographe Belleforest. Ce plan atteste l'existence, entre les deux anciennes communes, d'un terrain vague sur lequel est édifié le bâtiment du Jeu de Paume. C'est là que, comme en un champ clos, se vidaient les fréquentes querelles qui s'élevaient entre les habitants des deux villes. Cet emplacement était resté profondément inculte. On y extrayait çà et là de la pierre. Au XVIIe siècle, l'entre-deux-villes avait été mis en culture et formait un pré et deux jardins (1).

Le pré était la propriété de la chapellenie de Saint-Barnabé, située près de la porte d'entrée de la cathédrale, sur la place de la Clautre. Un des jardins appartenait à la famille d'Anglard. Elle le

______

(1) Il divisait encore la ville en deux parties parfaitement distinctes. Voici comment la représente un voyageur contemporain : « Périgueux est situé en plate campagne, mais environné de tous costés de coteaux et de collines couvertes de vignobles ; il est divisé en deux villes distantes l'une de l'autre de cent pas, dont l'ancienne qui est la demeure de l'evesque est appelée la cité et l'autre la ville. » (*Le Gentilhomme étranger royageant en France*, par le baron G. D. N., Leyde, 1699, p.p. 93 et suivantes.)

tenait par succession du s^r Chilhaud, seigneur des Fieux et de La Chapelle ; l'autre, situé au nord-ouest, fut vendu en 1846, par M. Michelet. Une partie en fut réunie à la place. Ce pré et ces jardins constituaient dans leur ensemble une sorte de grand carré coupé par trois chemins. L'un, dit *chemin d'entre-les-deux villes*, partait de la porte de Taillefer et aboutissait à la Cité. L'autre allait de ladite porte de Taillefer au couvent des Cordeliers. Le troisième reliait le couvent des Cordeliers à l'église de Saint-Pierre-ès-Liens, récemment démolie.

Le 20 juillet 1697, à l'hôtel de Verteillac, Daniel de Francheville acquit, devant Me Vigier, notaire royal, le pré de Saint-Barnabé du titulaire de la chapellenie de ce nom, Nicolas d'Alesme, archidiacre et chanoine en l'église cathédrale. Il fit cet achat avec le consentement de Léon de Saint-Astier, seigneur du Lieu-Dieu, paroisse de Boulazac, patron laïque de la chapellenie de Saint-Barnabé. Ce pré est ainsi désigné dans le contrat d'acquisition (1) :

« Joignant, d'un costé, le cours public planté d'ormeaux, entre la ville et la cité ; d'austre costé, joignant le jardin des héritiers du sieur de La Chapelle des Fieux, d'austres parts à l'enclos des Pères Cordeliers le chemin entre deux, et d'austres parts un jardin du nommé Foncroze, contenant le dit pré, un journal et deux tiers de journal ». L'intention de l'acquéreur y est clairement exprimée : « Ledit seigneur evesque auroit thesmoigné audit sieur Dalesme se vouloir accommoder dudit pré, à tel effet de le donner à MM. les maire et consuls, seigneurs de Périgueux, et en leur nom à toute la ville, pour en faire une promenade publique et accroistre ainsi l'ancienne promenade ou cours sus-nommé ». Le prix fut fixé à la somme de six cents livres « pour estre employée en un fond produisant trente livres de rante ».

Pour la décharge de son clergé, l'Évêque avait acheté de Jean Arnault, intéressé dans les affaires du roi, demeurant à Bordeaux, les offices de notaire apostolique, économe et greffier des insinuations et garde-conservateur des registres des baptêmes, mariages et

---

(1) Archives de l'hôtel-de-ville de Périgueux, série DD. 13.

sépultures du diocèse. Les six cents livres furent payées entre les mains du sr Arnault. Dans le synode suivant le service de la rente annuelle de trente livres fut accepté par le clergé. Cette rente serait versée au receveur ordinaire des dîmes, avec charge pour lui de la payer aux possesseurs de la chapellenie de Saint-Barnabé.

Le notaire rédacteur, après avoir mentionné la destination donnée au pré par l'Évêque, termine son acte par l'expression de la reconnaissance de la municipalité. « MM. les maire et consuls, seigneurs de Périgueux, ont déclaré agréer et accepter la dicte donation et ont promis veiller avec soin à la conservation des plans d'arbres qui y seront mis ; et, au nom de toute la ville, ont fait leurs remerciements audit seigneur evesque ».

Après le pré, les jardins.

Par acte du 17 février 1699, reçu par Me Villepontoux, notaire royal, les srs et delles d'Anglard, seigneurs d'Andrivaux, vendirent à Jean-Élie de Chillaud, seigneur de Charcuzat, leur cousin, entre autres immeubles, le jardin attenant au pré donné par l'Évêque à la ville de Périgueux. Voici quelles étaient ses désignations et confrontations : « Un jardin fermé de murailles, y ayant une petite maison et un puy, situé dans le lieu appelé Entre-les-deux-villes, confrontant au chemin par lequel on va de la porte de Taillefert de la dicte ville de Périgueux a la Citté, d'un costé, et au chemin par lequel on va de la dicte porte au couvent des révérends pères Cordeliers d'autre, et un autre chemin par lequel on va dudit couvent vers la chapelle de Saint-Pierre, d'autre, et au pré ou plassage appartenant à la communauté de la dicte ville par le don qui en a esté faict par ledit seigneur evesque ». Ce jardin était de la fondalité du Chapitre cathédral qui, par acte capitulaire du 30 avril 1700, en concéda à l'Évêque le droit de prélation. C'est le droit qu'avait un seigneur de retirer un héritage vendu dans l'étendue de sa seigneurie en remboursant l'acquéreur. Le 1er février 1696, Daniel de Francheville avait cédé un droit identique au marquis d'Ans d'Hautefort, sur une petite garenne située aux appartenances de Lestang.

« Ledit seigneur evesque auroit fait connoistre audit seigneur de Charcuzat qu'il prétendait se servir du droit de prélation pour rettraire ledit jardin, pour en faire don à la ville et communauté de

Périgueux pour servir de promenade de mesme que le susdit plassage ».

Élie de Chilhaud, ayant accepté la proposition, revendit ce jardin à l'Évêque, au prix convenu de douze cents livres. Acte en fut passé à l'hôtel de Verteillac, devant Me Vigier, notaire royal, le 12 mai 1700. Le prix fut délégué au s^r Bureau, marchand de Périgueux, pour le payer de pareille somme de 1200 livres qui lui était due par la famille d'Anglard, précédemment propriétaire.

Le sieur de Charcuzat s'était réservé la jouissance du jardin jusqu'à la Toussaint suivante. Le 12 janvier 1701, devant Me Vigier, « Messire Daniel de Francheville, evesque de Périgueux, abbé du Tréport en Normandie, conseiller du roi en ses conseils et conseiller d'honneur au parlement de Bretaigne et de Guyenne », en fit donation à la ville représentée par Jean-Baptiste Duchesne, comte de Montréal, juge mage et lieutenant général, maire perpétuel de Périgueux ; Jean Martin, seigneur de la Chateignouze, avocat du roi au siège présidial, premier consul ; Hélie Desmaison, avocat ; Martial, seigneur de Boisset, et François Dumazeau, s^r de Coularède, consuls.

« Ledit seigneur evesque — est-il dit dans cet acte — déclare en faire don auxdits habitants de la ville et banlieue de Périgueux, pour eux acceptans M. le maire et MM. les consuls de ladicte ville, à condition que ledit jardin dont ledit seigneur evesque a fait abattre les murailles, sera à perpétuité, avec le pré ci-devant acquis et donné auxdits habitants par ledit seigneur evesque par contrat du 20 juillet 1697, employé à servir de promenade aux habitants de ladicte ville et banlieue ».

Le donateur eut soin de faire stipuler que les immeubles abandonnés par lui à la ville pour servir de promenade publique ne pourraient jamais recevoir une autre destination sous peine de révocation du don : « Et arrivant qu'on voulût faire servir à d'autres usages, ledit seigneur evesque déclare audit cas faire don tant dudit pré acquis ci-devant que dudit jardin à Messieurs du chapitre cathédral de Périgueux ».

Trois copies de cet acte, signées par les parties, furent délivrées sur parchemin, l'une pour le trésor des archives de l'hôtel-de-ville, l'autre pour celles du Chapitre et la troisième pour l'Évêque lui-même. Aucune de ces copies n'est parvenue jusqu'à nous. Nous n'en connaîtrions point la teneur si le greffier du consulat n'avait pas transcrit en entier l'acte sur les registres mémoriaux.

Le 9 mars 1701, Daniel de Francheville fit notifier au palais, par Me Hélie Bouchier, son procureur, sa double donation à la ville de Périgueux, dans l'audience tenue par Dominique de Montozon, seigneur de Léguilhac-de-Lauche, lieutenant particulier, civil et criminel, en la cour de la sénéchaussée (1).

*
* *

La municipalité fit aussitôt approprier la nouvelle promenade. Les murs de clôture du pré et du jardin furent démolis. On nivela tant bien que mal le terrain et l'on y planta des arbres qui furent renouvelés en 1722. Désormais cette place qui servait d'agréable trait-d'union à deux villes jadis ennemies reçut le nom de *Cours Francheville*. Au début du xixe siècle elle était encore à peu près dans son état primitif lorsqu'elle fut rendue plus régulière au moyen d'un échange de terrain avec M. Jacques Michelet. Ce dernier abandonna la pointe de son enclos à la ville, qui lui céda en retour une égale étendue de terrain (2). On procéda alors à un nouveau nivellement et à de nouvelles plantations d'arbres. Des prisonniers prussiens furent employés à ces travaux. D'où le nom de *Place de Prusse* qui remplaça quelque temps, sur les lèvres des Périgourdins oublieux de leur bienfaiteur, le nom de *Place Francheville*.

L'échange avec M. Michelet ne l'avait pas agrandie. La partie distraite du cours primitif devint l'enclos du sr Deschausses dit La Blonde. La place continua à servir de marché aux porcs, plus tard de marché aux bœufs. Le 12 janvier 1840 un arrêté du maire de Périgueux la désigna pour les exécutions capitales au lieu de la petite place du Coderc. Enfin, des arrangements effectués en 1843

---

(1) D'après le *Livre Rouge* de l'hôtel-de-ville de Périgueux (folios 123, 139 et 141).

(2) Acte du 16 juillet 1803, le Dr Vidal étant maire de Périgueux.

et 1847 l'ont mise dans l'état où nous l'avons vue avant l'installation des tramways.

La cession à **M.** Michelet de quelques mètres de terrain constitua une première violation de la volonté du donateur. L'abandon aux tramways du tiers de la place en constitua une seconde beaucoup plus grave. Le Chapitre cathédral aurait pu se prévaloir de l'inexécution des conditions imposées en 1701. Il préféra garder le silence. Seuls quelques journaux protestèrent contre le sans-gêne d'édiles aussi étrangers à la localité qu'ignorants de ses traditions, incapables de respecter la volonté d'ancêtres dont ils ne soupçonnent même pas l'existence. N'a-t-on pas osé écrire que la *Place Francheville* tirait son origine de la neutralité du terrain qui jadis séparait les deux villes ? Cette dénomination n'est que l'expression de la reconnaissance des Périgourdins envers le **Père des Pauvres.**

Il est un endroit cependant où Mgr de Francheville n'était pas oublié. Le lecteur l'a déjà nommé : c'est le monastère de la Visitation. Les religieuses, sœurs de sainte Marguerite-Marie, gardaient pieusement le souvenir et le tombeau du premier apôtre du Sacré-Cœur en Périgord. En 1764, grâce à la munificence du chanoine Lollière(1), elles restaurèrent la chapelle de la Divine Providence. Elles l'allongèrent, lui donnèrent du jour par le percement de deux fenêtres, la fermèrent avec une élégante grille, l'ornèrent de sculptures dorées, de façon à la rendre — dit la sœur annaliste — « bien propre à réveiller la piété des fidèles ». Ainsi le cadre était plus digne du tombeau et du mort illustre que la dalle recouvrait.

Moins de trente ans après c'était la Révolution. On vit alors quelques descendants dégénérés, de ceux que Francheville avait comblés de ses bienfaits, s'acharner sur le monastère de la Visitation. Les derniers vestiges du tombeau épiscopal disparurent avec la chapelle de la Divine Providence. Les décombres du petit sanctuaire restauré par la Très Honorée Mère de Meymy (2) furent répandus à

---

(1) Vicaire général de Mgr Machéco de Prémeaux.
(2) Périgourdine. Supérieure du monastère de la Visitation de Périgueux lors de la restauration de la chapelle de la Divine Providence en 1764.

l'entour comme pour recouvrir davantage les restes oubliés de l'Évêque. La rage des démolisseurs fut extrême. Un ancien chanoine de la Cathédrale (1) a pu écrire à cette occasion : « Tout cela a été détruit non par les Huns et les Vandales, mais *ab inquilinis domus Domini* ». Les ruines du monastère, qui abritait depuis cent cinquante ans une admirable floraison de lys, furent entassées sur les ruines de l'amphithéâtre où le paganisme assouvissait jadis ses plus sauvages instincts.

Dans ces ruines, plus tard, fut créé le square des Arènes. Au lieu de dégager les restes du monument romain, on apporta des terres pour dessiner un jardin. Il fallait déblayer : on remblaya. C'était l'affaire des archéologues : on n'eut recours qu'à des horticulteurs. Aussi des trésors sont enfouis sous les pas des paisibles promeneurs qui admirent ces débris deux fois millénaires, émergeant à peine de la verdure et des fleurs. Parmi ces trésors cachés, le plus précieux, et non le moins ignoré, est sans contredit le corps du prélat, insigne bienfaiteur de la ville de Périgueux.

L'art et la science ne sauraient perdre leurs droits à jamais. Un jour viendra où le jardin des Arènes recevra son déblaiement définitif. Les premiers coups de pioche devront alors porter sur l'emplacement de l'église de la Visitation. Nul doute qu'on ne découvre bientôt, à quelques mètres de profondeur, la dalle funéraire recouvrant les restes de Mgr Daniel de Francheville.

« Il est regrettable — écrivait le chanoine René Bernaret — que les cendres de ce grand prélat ne soient plus à l'ombre d'un autel » (2).

Ce regret si légitime recevra satisfaction. Aussitôt après la découverte du tombeau, le cortège du 28 mai 1702 se reformera de lui-même. Remontant des Arènes à Saint-Front, le peuple de Périgueux, en une marche triomphale, rapportera ces cendres à l'ombre de l'autel de la Cathédrale. Elles y reposeront en une paix plus assurée que dans le plus aimé des cloîtres. A défaut du

---

(1) M. Laulanié du Grézeau.
(2) *Semaine Religieuse*, n° du 19 octobre 1872, page 836.

monument que les contemporains avaient eu l'idée d'élever à leur bienfaiteur sur la place due à sa munificence, qu'on lui accorde du moins une plaque dans l'intérieur de la Cathédrale. Il suffira d'y graver les mots par lesquels les frères de Sainte-Marthe ont résumé sa vie et qui constituent son plus bel éloge :

« *Vir pietate conspicuus fuit, tantâ in pauperes beneficentiâ et liberalitate præditus ut eorum pater merito fuerit nuncupatus* (1). Mgr Daniel de Francheville, prélat très pieux, fut d'une telle charité qu'il mérita d'être surnommé le **Père des Pauvres** ».

----

(1) *Gallia Christiana*, tome II, col. 487.

APPENDICE

I

Note complémentaire à la page 38

Les Litanies de l'Amour divin

Le lecteur a vu que Mgr de Francheville récitait chaque jour les litanies de l'Amour divin. Ces litanies faisaient partie d'un recueil de prières intitulé *Pratique de l'Amour de Dieu*, publié par le P. Vincent Huby, chez Michallet, à Paris, en 1672. Le P. Huby a-t-il composé lui-même ces litanies ou bien les a-t-il simplement recueillies et répandues parmi les nombreux fidèles qu'il a évangélisés ? Je pose la question sans la résoudre. Il nous suffit de savoir qu'elles étaient chères à la piété du vénérable P. Huby pour nous expliquer le soin de Daniel de Francheville, son fils spirituel, à les réciter chaque jour.

Voici ces litanies :

Litanies des Saints pour demander l'Amour divin

Seigneur, ayez pitié de moy.
Jésus, ayez pitié de moy.
Seigneur, ayez pitié de moy.
Jésus, écoutez-moy.
Jésus, exaucez-moy.
Père celeste qui estes Dieu, donnez-moy vostre Saint amour.
Fils, Rédempteur du monde, qui estes Dieu, donnez-moy vostre Saint amour.
Esprit Saint, qui estes Dieu, donnez-moy votre Saint amour.

Trinité Sainte, qui estes un seul Dieu, donnez-moy vostre Saint amour.

Sainte Marie, demandez pour moy le Saint amour de Dieu.

Sainte Mère de Dieu, demandez pour moy le Saint amour de Dieu.

Sainte Vierge des Vierges, demandez pour moy le Saint amour de Dieu.

Saint Michel, demandez pour moy le Saint amour de Dieu.

Saint Gabriel, demandez pour moy le Saint amour de Dieu.

Saint Raphaël, demandez pour moy le Saint amour de Dieu.

Saints Anges et Saints Archanges, demandez tous pour moy le Saint amour de Dieu.

Saints Ordres des esprits bien-heureux, demandez pour moy le Saint amour de Dieu.

Saint Jean-Baptiste, demandez pour moy le Saint amour de Dieu.

Saints Patriarches et Saints Prophètes, demandez tous pour moy le Saint amour de Dieu.

Saint Pierre, demandez pour moy le Saint amour de Dieu.

Saint Paul, demandez pour moy le Saint amour de Dieu.

Saint André, demandez pour moy le Saint amour de Dieu.

Saint Jacques, demandez pour moy le Saint amour de Dieu.

Saint Jean, demandez pour moy le Saint amour de Dieu.

Saint Thomas, demandez pour moy le Saint amour de Dieu,

Saint Philippe, demandez pour moy le Saint amour de Dieu.

Saint Barthélémy, demandez pour moy le Saint amour de Dieu.

Saint Mathieu, demandez pour moy le Saint amour de Dieu.

Saint Simon, demandez pour moy le Saint amour de Dieu.

Saint Thadée, demandez pour moy le Saint amour de Dieu.

Saint Matthias, demandez pour moy le Saint amour de Dieu.

Saint Barnabé, demandez pour moy le Saint amour de Dieu.

Saint Luc, demandez pour moy le Saint amour de Dieu.

Saint Marc, demandez pour moy le Saint amour de Dieu.

Saints Apôtres et Saints Évangélistes, demandez tous pour moy le Saint amour de Dieu.

Saints Disciples du Seigneur, demandez tous pour moy le Saint amour de Dieu.

Saints Innocents, demandez tous pour moy le Saint amour de Dieu.

Saint Étienne, demandez pour moy le Saint amour de Dieu.

Saint Laurens, demandez pour moy le Saint amour de Dieu.

Saint Vincent, demandez pour moy le Saint amour de Dieu.

Saint Fabien et Saint Sébastien, demandez tous pour moy le Saint amour de Dieu.

Saint Jean et Saint Paul, demandez tous pour moy le Saint amour de Dieu.

Saint Cosme et Saint Damien, demandez tous pour moy le Saint amour de Dieu.

Saint Gervais et Saint Prothais, demandez tous pour moy le Saint amour de Dieu.

Saints Martyrs, demandez tous pour moy le Saint amour de Dieu.

Saint Sylvestre, demandez pour moy le Saint amour de Dieu.

Saint Grégoire, demandez pour moy le Saint amour de Dieu.

Saint Ambroise, demandez pour moy le Saint amour de Dieu.

Saint Augustin, demandez pour moy le Saint amour de Dieu.

Saint Jérôme, demandez pour moy le Saint amour de Dieu.

Saint Martin, demandez pour moy le Saint amour de Dieu.

Saint Nicolas, demandez pour moy le Saint amour de Dieu.

Saints Pontifes et Saints Confesseurs, demandez tous pour moy le Saint amour de Dieu.

Saints Docteurs, demandez tous pour moy le Saint amour de Dieu.

Saint Antoine, demandez pour moy le Saint amour de Dieu.

Saint Benoist, demandez pour moy le Saint amour de Dieu.

Saint Bernard, demandez pour moy le Saint amour de Dieu.

Saint Dominique, demandez pour moy le Saint amour de Dieu.

Saint François, demandez pour moy le Saint amour de Dieu.

Saints Prestres et Saints Lévites, demandez tous pour moy le Saint amour de Dieu.

Saints Religieux et Saints Hermites, demandez tous pour moy le Saint amour de Dieu.

Sainte Magdeleine, demandez pour moy le Saint amour de Dieu.

Sainte Agathe, demandez pour moy le Saint amour de Dieu.

Sainte Luce, demandez pour moy le Saint amour de Dieu.

Sainte Agnès, demandez pour moy le Saint amour de Dieu.

Sainte Cécile, demandez pour moy le Saint amour de Dieu.

Sainte Catherine, demandez pour moy le Saint amour de Dieu.

Sainte Anastasie, demandez pour moy le Saint amour de Dieu.

Saintes Vierges et Saintes Veuves, demandez toutes pour moy le Saint amour de Dieu.

Saints et Saintes de Dieu, demandez tous pour moy le Saint amour de Dieu.

Prière

Dieu Tout-puissant et tout bon, qui avez tant d'amour pour nous, et qui désirez tant que nous vous aimions : Nous vous prions très humblement par l'amour que vous portez aux Anges et aux Saints, et par l'amour qu'ils vous portent, et par les prières qu'ils vous font en notre faveur qu'il vous plaise de nous donner à tous votre Saint amour, amour pur, amour fort, amour parfait, amour confiant, afin que vous ayant aimé en ce monde, selon que vous nous commandez, et que nous désirons, de tout notre cœur, de toute notre âme, de toutes nos forces et de tout notre esprit, nous allions après la mort, vous aimer à jamais dans le Ciel, avec tous les Bienheureux : Nous vous en prions par Jésus-Christ notre Seigneur, qui vit et règne avec vous en l'unité du Saint-Esprit, durant tous les siècles des siècles. Ainsi-soit-il.

Le P. Huby n'enseigne rien moins que huit manières de réciter ces litanies :

La *première* manière consiste à les dire telles qu'elles sont ci-dessus, sans aucun changement.

La *seconde* consiste à supprimer le mot *donnez* ou *demandez* et dire seulement : Père Éternel, votre Saint amour. Sainte Mère de Dieu, le Saint amour, etc...

La *troisième* est encore plus simple. Elle se borne à prononcer le nom de la personne invoquée sans parler expressément de ce qu'on demande. Père Éternel, Sainte Mère de Dieu, etc... Après quoi l'on s'arrête en disant de cœur : Vous savez bien ce que je vous demande.

La *quatrième* renverse l'ordre des mots, par exemple : Votre Saint amour, Père Éternel. L'amour divin, Sainte Mère de Dieu, etc.

La *cinquième* est de faire sa prière par interrogation : Qui me donnera le Saint amour de Dieu ? Sera-ce vous, Père Éternel ? — Qui demandera pour moi le Saint amour de Dieu ? Sera-ce vous, Sainte Mère de Dieu ? etc...

Dans la *sixième* manière on s'adresse au cœur des personnes invoquées comme à la source de l'amour qui les sanctifie : Cœur du Père Éternel, donnez-moi votre Saint amour. — Cœur de Marie demandez pour moi le Saint amour, etc...

La *septième* manière est d'ajouter à l'invocation des Personnes divines et des Saints quelques motifs par forme de médiation, par exemple : Père Céleste, source de l'amour divin, etc. Marie, Mère du Saint amour, etc. Saints Martyrs qui avez perdu la vie pour le Saint amour, etc...

La *huitième* et dernière manière consiste, tout en gardant le silence, à arrêter son regard intérieur sur chaque saint, dans le désir et la confiance d'obtenir de lui le Saint amour.

Mgr de Francheville a sans doute utilisé ces huit manières de réciter les litanies de l'amour divin. Sans doute aussi — selon le conseil du P. Huby — il se plaisait à les allonger en invoquant son saint patron le prophète Daniel, les patrons de sa chère Bretagne, sainte Anne et saint Vincent Ferrier, les saints de la Compagnie de Jésus à laquelle il devait tant et nos saints périgourdins, à commencer par saint Front.

L'Église n'avait encore approuvé que les litanies des Saints, les litanies du Saint Nom de Jésus et les litanies de Notre-Dame de Lorette. Pour toutes les autres litanies — les règles, aujourd'hui si précises, concernant la prière publique et le gain des indulgences n'étant pas en jeu — la piété des fidèles pouvant se donner libre cours en modifiant à son gré ces mêmes litanies.

II

Note complémentaire à la page 12

Différend entre le Comte de Ribérac et les Chanoines de la Collégiale de cette ville.

Le présent volume était sous presse quand a paru dans le *Bulletin de la Société historique et archéologique du Périgord,* livraison de juillet-août 1922, un article sur cette question, signé

13

par le Dr Émile Dussolier. Le différend avait sans doute pris naissance dans le mur élevé par le Comte, malgré les chanoines, entre l'église collégiale et la chapelle de Saint-Antoine et dans les voies de fait avec lesquelles les gens du Comte avaient accueilli les protestations des chanoines.

Des documents produits par le Dr Dussolier, il résulte que « led. seigneur, pendant dix ans, a travaillé continuellement pour les obliger à servir dans l'esglize de leurs fondations et où ils sont obligés de servir, qui est celle où ses ancêtres sont enterrés. Il les y a fait obliger par des arrêts contradictoires et leurs a fait quatre ou cinq monitions ou davantage pour les y faire aller et les y faire faire leur devoir, sans en pouvoir venir à bout... ».

Cela était écrit en 1704. Donc depuis 1694 le culte avait à peu près cessé dans l'église collégiale de Ribérac. Les chanoines l'avaient désertée, emportant le mobilier cultuel, afin de célébrer ailleurs leurs offices.

En 1698, le comte de Ribérac, Messire Joseph-Henri d'Aydie, pour briser la résistance, avait fait nommer chanoine de la collégiale, par l'archevêque de Bordeaux, le prêtre Pierre de Bourbon, « bachellier en théologie, natif du diocèze d'Angoulesme ». C'était un homme tout dévoué à la cause du Comte ainsi que le sieur Guiot, également chanoine. Ils voulurent célébrer de nouveau les offices dans l'église Notre-Dame ; mais elle était dépouillée de tout, et leurs collègues persistérent à s'abstenir.

Mgr de Francheville avait pris parti pour les chanoines contre le Comte. Visitant l'église de Ribérac, le 12 octobre 1698, il n'hésita pas à interdire publiquement « de toutes ses fonctions » le sieur Guiot « pour avoir célébré la saincte messe dans la chapelle intérieure du chasteau de la présente ville.... parce que lad. chapelle estoit interdite il y a quatre ans ansat... Led. seigneur evesque, s'estant tourné vers monsieur son official, il luy auroit dict : Monsieur, faites sinifier aud. s[r] Guiot son interdiction dés demain... ».

A la porte mûrée de la chapelle de Saint-Antoine s'ajoutait une autre cause de conflit : l'état de délabrement dans lequel le Comte laissait l'église collégiale que ses ancêtres avaient fondée. Les chanoines « protestérent qu'il y avait un danger de leur vie en allant à l'esglize destinée pour eux et, par cette cause, ils firent un acte au seigneur pour lui faire cognaistre qu'ils l'abandonnaient pour cette raison... ».

Les chanoines prétendaient sans doute que les réparations de l'église Notre-Dame incombaient au Comte. Le Comte voulait en laisser la charge aux chanoines. D'où rancunes et représailles mutuelles. Les documents exhumés des archives notariales par le Dr Dussolier en citent quelques-unes fort plaisantes :

Si l'ânesse d'un chanoine vient à s'égarer dans le bois ou le pré du Comte, elle est aussitôt enfermée dans « le parc de justice », et son propriétaire ne la recouvre qu'après avoir acquitté le droit de prévôtage, de garde et de nourriture, réparé le dommage et payé l'amende. Sinon, le pauvre animal est vendu « en plein marché par ordre de justice ».

Durant tout ce conflit, Mgr de Francheville soutint les droits de ses prêtres contre les prétentions du seigneur laïque. Pour ramener ce dernier à la raison il n'hésita pas même à interdire le culte dans la chapelle intérieure du château et à frapper le chanoine qui s'était séparé de ses collègues pour embrasser le parti du Comte.

III

Note complémentaire à la page 76

La Confrérie du Sacré-Cœur de Jésus au monastère de la Visitation de Périgueux.

Les 22, 23 et 24 février 1695 — quatre ans seulement après la mort à Paray-le-Monial de sainte Marguerite-Marie — dans la chapelle du monastère de la Visitation de Périgueux, furent célébrées les premières solennités en l'honneur du Sacré-Cœur. Le lecteur n'a pas oublié l'éclat que revêtit dès son début parmi nous cette dévotion. En cette année 1695, avec la permission de Mgr de Francheville, une confrérie du Sacré-Cœur fut établie dans la chapelle du monastère avec les mêmes pratiques qu'à Dijon. (C'est à la Visitation de Dijon que, sous l'impulsion de sœur Jeanne-Madeleine Joly, avait été érigée la première confrérie du Divin Cœur). Un très grand nombre de personnes de la province donnèrent aussitôt leur nom. Ces noms furent envoyés à Dijon pour être inscrits sur le registre ouvert à la Visitation de cette ville.

En 1696 un livre fut publié à Périgueux, chez Pierre Mazeau, sous ce titre : *La dévotion au Cœur de Jésus-Christ establie dans l'église des Religieuses de la Visitation Sainte-Marie*. Répandu dans le diocèse, il aida puissamment à l'apostolat du Sacré-Cœur. Au témoignage de la Mère Anne-Catherine d'Andaldéguy « il ne se passe point de semaine que quelqu'un ne se fasse enrôler dans la confrérie du Sacré-Cœur de Jésus ». Aussi pensa-t-on bien vite à constituer la confrérie d'une manière indépendante pour n'avoir plus à envoyer les noms à Dijon. Des démarches dans ce sens furent faites auprès du Saint-Siège, au nom de la Visitation de Périgueux, par l'entremise de la Visitation de Rome. Une bulle du Souverain Pontife Innocent XII, donnée à Sainte-Marie Majeure, le 15 mai 1700, accorda ce que l'on demandait, c'est-à-dire de nombreuses indulgences plénières et partielles à perpétuité. En vertu de cette bulle, la confrérie fut solennellement érigée le 6 mai 1701. Un registre, distinct désormais de celui de Dijon, fut ouvert au monastère de Périgueux.

Ce premier registre existe toujours. Les Visitandines le conservent comme une relique parce qu'il est vraiment pour elles et pour le diocèse comme le livre d'or du Sacré-Cœur de Jésus. A la première page s'inscrivirent Mgr de Francheville — il choisit 9 heures du matin, le premier jeudi de carême, pour faire son heure d'adoration dans la chapelle du monastère —; Mgr Gilles de La Baume Le Blanc, ex-évêque de Nantes; Gervais comte de Francheville et Pierre de Francheville, frères du prélat; Martial-Joseph de Verthamon et Gabriel La Blanchardière, de la Compagnie de Jésus : puis les membres du clergé séculier et régulier du Périgord, chanoines de Saint-Front, missionnaires diocésains, chanoines réguliers de l'abbaye de Chancelade et de la commanderie de Saint-Antoine-les-Aubeterre, jésuites, frères mineurs, cordeliers, recollets ; toutes les communautés de femmes résidant à Périgueux, les dames de Saint-Benoît, de Sainte-Claire, de Sainte-Ursule avec leurs pensionnaires,

les Dames de la Foi : les communautés de Limoges, d'Agen et de
beaucoup d'autres villes ; les pensionnaires de la maison royale de
Saint-Cyr ; enfin, des fidèles par milliers dont un grand nombre
appartenant à la plus haute noblesse de France. Et il en fut ainsi
jusqu'à la Révolution.

Parmi les inscrits de 1791, nous relevons le nom de sœur Anne-
Catherine Delord. C'est la novice visitandine exécutée sur la place
de la Clautre, le 21 juillet 1794. Elle avait à peine vingt ans. Pour
adorer le Sacré-Cœur, au lieu d'une heure, elle a désormais
l'éternité et, au témoignage de son virginal amour, elle ajoute celui
de son sang généreux et pur.

En 1792, les Visitandines recrutent encore des adorateurs au
Cœur de Jésus. Les inscriptions de cette année qui vit la dispersion
de la communauté — 1er octobre — sont au nombre de trente-
quatre. Seule la Terreur était capable de mettre une sourdine à leur
zèle pour le Sacré-Cœur, car dès 1800 les inscriptions reprennent,
régulières. Nous lisons à la date du 4 mars 1803 : « La confrérie du
Sacré-Cœur de Jésus a été transférée à la paroisse de Saint-Front, à
la chapelle dédiée à son honneur. Il y a indulgence plénière le jour
de la fête, le jour que l'on est reçu de la confrérie en faisant la
sainte communion à cette intention et tous les premiers vendredis
du mois ». La confrérie du Sacré-Cœur hors de la Visitation ! C'était
un exil qui ne pouvait être que temporaire. La pieuse association
avait hâte de retourner, dans la mesure du possible, à son lieu
d'origine en suivant les Visitandines dans leurs demeures succes-
sives. « L'ancienne confrérie du Sacré-Cœur de Jésus — lisons-
nous à la date de 1825 — érigée dans notre ancienne église depuis
le 6 mai 1701, a été réunie le 13 avril 1825 à la confrérie de Sainte-
Marie *in Capella* établie à Rome dans ladite église de Sainte-Marie,
par notre Saint-Père le pape Pie VII, enrichie d'un grand nombre
d'indulgences. Ces deux confréries réunies qui ne font qu'un corps,
les anciens confrères et ceux qui entreront à l'avenir participeront
auxdites indulgences. L'ancienne confrérie ainsi réunie a été
canoniquement transférée dans notre nouvelle église le vendredi
d'après l'octave du St-Sacrement de l'année 1825, par Mons[gr] Alexandre
de Lostanges, notre digne évêque ».

Et le registre continue à recevoir les inscriptions jusqu'en 1867 où il se clôt sur « Marie Montet, entrée dans la confrérie du Sacré-Cœur de Jésus le 8 avril 1867, prenant une heure d'adoration dans la chapelle de la Visitation de Périgueux le jour de l'Ascension, si elle le peut ».

En 1921, Mgr Légasse, évêque de Périgueux, a choisi le monastère de la Visitation pour siège de l'œuvre de *l'Intronisation du Sacré-Cœur de Jésus dans les familles*. Le successeur de Mgr de Francheville a ainsi donné comme une nouvelle forme et une nouvelle vie à la confrérie du Sacré-Cœur. Un second registre a été ouvert. Plus heureux que son aîné qui a mis près de deux siècles à se remplir, puisse-t-il se couvrir en quelques années de noms de familles périgourdines consacrées au Sacré-Cœur de Jésus !

IV

Note complémentaire à la page 78

**Prix fait pour une chapelle de la Visitation
et deux sacristies (3 mai 1662).**

« En la Cité de la ville de Périgueux et au parloir du Mo^{re} des dévotes filles les religieuses de la Visitation Ste Marie de lad. Cité, après midy le 3e jour du mois de may 1662..... ont esté personnellement constituées les dévotes Mère Marie-Pacifique Collet, supérieure, Rose-Angélique d'Angennes assistante, Marie-Gabrielle des Serpents de Gondras, Marie-Catherine Donjac, et Jeanne-Marg. Coulaud, religieuses professes du Mo^{re}, en présence de MM. Simon Courgent pbre baschelier en thgie sieur curé de lad. Cité, leur père spirituel de leur gré et volonté ont donné à prix fait Tempoure m^e masson habitant dud. P^x et présent stipulant et acceptant, scavoir est de bastir une chapelle et deux sacristies que lesd. desvotes religieuses prétendent faire construire à costé gauche de l'autel de leur église et au lieu où est à pnt la sacristie d'icelle ; laquelle chapelle et sacristies led. Tempoure sera tenu de faire de pareille largeur quest à pnt lad. église ou plus s'il leur est marqué par les fondements que lesd. devotes religieuses fairont creuser pour quoy faire led. Tempoure sera tenu de rompre de fonds a syme la muraille qui fait séparation de lad. eglise et sacristie, et au lieu de lad. muraille bastir deux arcades de pierre de taille portées par un pillier aussy en quartellage de bonne et suffisante force pour porter les murailles qui seront sur lesd. arcades. Laquelle chapelle et une des sacristies led. Tempoure sera tenu d'élever d'une estage haulte et pour faire l'autre sacristie demeurera à une estage basse dans laquelle led. Tempoure sera tenu de faire un rabasjour pour donner jour et une porte pour y entrer aussy en quartellage et changer la porte qui est dessubs la chambre de la mere supérieure et faire dans le bas de lad. chapelle trois fenestres ou rabasjours pour donner jour dans icelle pareils à ceux qui sont dans lad. eglise du coté de la rue ; comme aussy faire dans le bas de la sacristie deux fenestres ou rabasjours pour donner jour dans icelle avec une ouverture propre à contenir le tour qui est a pnt dans lad. sacristie ; lad. ouverture de quartellage et joignant led. tour une petite fenestre en carré aussy de quartellage ; sera aussy tenu de faire une porte de quartellage au coing de lad. chapelle pour entrer dans lad. sacristie, et au bas de lad. chapelle une fenestre qui servira de grille aux religieuses pour entendre la messe dans lad. chapelle, et faire aussy dans la haulte estage une porte pour entrer de lad. sacristie dans lad. chambre haulte et portera les deux croisées qui se trouvent sur lesd. arcades du costé du jardin du mor*e* pour donner jour à lad. chambre haulte, et au lieu où sont à pnt lesd. croisées y faira faire deux jambages de cheminée avec l'autre ?? croisées, et une porte de cartelage pour entrer dans lad. chambre qu'on prétend faire dans celle qui est sur lad. église. Comme aussy faira dans le hault de lad. sacristie deux fenestres pour donner jour dans icelle avec une cheminée ou chaufe pied ; le tout de quartellage et pour pouvoir plus commodément entrer par le degré dud. mor*e* dans lad. chambre neufve led. Tempoure sera tenu de faire une porte de quartellage avec le degré nécessaire pour monter dans lad. chambre ; comme aussy sera tenu de faire led. Tempoure la muraille desd. chapelle et sacristies de l'espaceur de deux pieds et demy dedans le fonde-

ment et le restant de deux pieds jusqu'au créneau de lad. chambre
et sacristie et icelle muraille bastie scavoir : les coing^ts, portes et
fenetres de quartellage et le reste à pierre menue en bon père de
famille. Pour faire laquelle besoigne lesd. religieuses seront tenues
de luy fournir tous maltériaux nécessaires et les luy faire conduire
sur la place sans que led. Tempoure soit tenu de fournir autre
chose que sa main et celle de ses ouvriers et se pourra servir led.
Tempoure de tous les matériaux de lad. démolition comme fenestres, portes et parfrains. Laquelle besoigne led. Tempoure sera tenu
d'avoir rendu preste dans trois mois à conter de ce jourd'huy à
peyne de tous despans dommages intérests. Moyennant quoy lesd..
dévotes religieuses seront tenues de faire creuser les fondaments de
lad. chapelle et sacristies de fournir les boys pour faire les eschaf-
faudages et appuis nécessaires et en oultre donner aud. Tempoure
pour chaque brasse de muraille tant plain que vuide la somme de
trois livres quinze sols sur le..... duquel prix faict lad. Mére
Supérieure a fait bailher et délivrer par la dévote sœur Magdeleine-
Jéronime Taillefer, économe dud. mo^re la somme de 32 livres en
louis d'argent et autre bonne monnoie, faisant lad. somme de
32 livres et par led. Tempoure prinse et emportée en notre présence,
dont s'en est contententées d'icelle que led. monastére et le restant
au « prorata » de ce que led. besomgne s'avancera : et pour ce que
dessus faire et tenir lesdd. parties ont obligé et hypotéqué scavoir
lad. Supérieure en put dud. Sr Courgent leur père spirituel tous les
biens temporels dud. monastére etc...

> *Signé :* Sr Marie-Pacifique Collet Supérieure.
>
> Sr Rose-Angelique d'Angennes.
>
> Sr Marie-Gabrielle Desserpens.
>
> Sr Marie-Catherine Donjàt.
>
> Sr Jeanne-Marguerite Poulard.
>
> Sr Madgeleine-Jeronime de Tolefer, œconome.
>
> Maigne, notaire royal. »

(Communiqué par M. le chanoine Joseph Roux).

V

Note complémentaire à la page 82.

Acquisition par les Visitandines de Périgueux du collège des Jésuites de Tulle en vue d'y établir un monastère de leur Ordre (6 novembre 1644).

Saichent tous qu'il app^{dra} que en la Cité de la ville de P^x et au parloir des dévotes religieuses de filles de la Visitation Ste-Marie. heure après midy le 6me jour du mois de novembre 1644 par devant le not. roy. soubs. a..... a esté pnt et personnellement constitué R. Pere Pierre Ravine p^{br} religieux de la Compagnie de Jésus sindic du Collège de la pnt ville. Lequel en vertu de la procuration expresse à luy envoyée par les RR. Peres Jacques Ythier de Tulle en datte du 28 septembre dernier l'original de laquelle aux fins d'en délivrer copie est inséré au pied des presentes et auxquels Reverands Peres Ithier et Maumactin (?) a promis faire ratiflier ces présentes dans un moys prochain venant à peine de tous despans dommaiges et interest de son bon gré et volonté a vendu cédé et quitte à perpétuité et à jamais transporté par ces présentes à dévote Françoise-Gasparde de la Grave, superieure dud. monastère de la Visitation et sœurs Rose-Angelique Dangenne assistante, Marie-Gabrielle de Gondras. Claire-Françoise de Montagnac économe et Helene-Angelique Pourat conseilhéres professes du monastère. tant pour elles que pour les autres sœurs professes dud. monastère y presentes et acceptantes scavoir est : une maison. chambres, basse-cour, jardin et aysines joignant ensemble app^{ant} aud. collège de Tulle sise et située en lad. ville de Tulle en la paroisse de St-Pierre confrontant à lad. eglise et sacristie d'icelle pour le devant d'une part et à la maison presbiterale de lad. Eglise St-Pierre, la grand rue allant de St-Pierre à St-Julien entre deux et à la maison du s^r Jausten s^r du Perer d'autre et par le dernier avec la maison de Anthoyne Laval et autres ses confrontations et app^{res} quelconques sans y soy rien reserver par led. Pere Ravine aud. nom. icelle maison vulgairement appelée de Glanie avec les bassecours jardins

et auttres app^{ces} et dépendances, ensemble les meubles y estant ou
qui ont esté retirés et sont encore en nature dans led. collége,
suivant la bonne foy dud. pere Recteur de Tulle. Et a esté faicte
lad. pnt vendition pour et moyennant le prix et somme de 6000
livres ts, payable lad. somme savoir deux cents livres avant entrer
en lad. maison, et deux mille quatre cents livres à l'acquist et
descharge dud. collège de Tulle débiteur de lad. somme de laquelle
lesd. religieuses s'obligent de rapporter quittance... etc...

(Suit le mode de paiement en sept ans).

Et a esté dit et arresté que led. R. Pere Recteur du collège de
Tulle exécutera le prix fait qu'il a bailhé au m^e ardoysier et recou-
vreur pour la couverture de lad. maison du Glanic et le paiement à
ses propres frais et dépens ; de laquelle maison et biens en despen-
dants cy-dessus désignés et vendus led. Pere Ravine aud. mo^{re}.
s'est desmi et devestie et d'iceux investie lesd. religieuses se
constituant les tenir au nom d'icelles à tiltre de propriétaires jusques
à ce qu'elles en aient pris la realle actuelle possession qui leur sera
loisible prendre quand bon leur semblera, etc...

P. Ravine.

Sr Françoise de Lagrave superieure.

Sr C. f. de Montaignact, sup^{re}.

Sr Rose-Angelique Dangenne.

Sr Marie-Gabrielle de Gondras.

Sr Helene-Angelique Pourat.

Maigne not. roy.

(Communiqué par M. le chanoine Joseph Roux.)

VI

Note complémentaire à la page 124

Deux Sonnets des Lanternistes

A la fin du XVIIe siècle une association se fonda à Toulouse,
connue sous le nom de *Lanternistes*, parce que ses membres se
réunissaient le soir et circulaient, une lanterne à la main, dans les

— 203 —

rues de la cité de Clémence Isaure. Assemblés ils procédaient à des lectures et s'occupaient de questions littéraires et scientifiques. Ils proposèrent des bouts rimés et établirent des concours qui leur valurent une certaine notoriété jusqu'en Périgord. Les lauréats recevaient une médaille portant une étoile et ces mots *Lucerna in nocte* qui servaient de devise à l'association.

Quelques pièces de vers, envoyées par des auteurs périgourdins aux Lanternistes de Toulouse, ont été conservées. Voici d'abord un sonnet du Marquis de Neuvic avec les bouts rimés proposés en 1700 :

Pour Mgr de Francheville, évêque de Périgueux.

Climat ou le soleil ne produit point d'*olive*
Mais qu'ont rendu fameux des prélats *éclatants*
Francheville surtout que l'on voit en tout *temps*
Signaler pour son Dieu une ferveur *active*.

Ville de Périgueux que tu sois *attentive*
A ce bonheur qui rend tes citoyens *contents*
De voir par ton prélat détruire les *titans*
Dont la fureur jadis t'avait faite *captive*.

Oui ton digne prélat prend si bien sa *saison*
Pour les anéantir sur tout notre *horizon*
Qu'il ne leur a laissé ny force ny *barrière*.

Les intérêts du ciel peut-on mieux *soutenir* ?
Retraites, missions couronnant sa *carrière*
Vont des fruits de son zèle étonner l'*avenir*.

PRIÈRE

Seigneur, conservez-nous notre illustre prélat
Dont la vertu ne peut jamais être surprise,
Qui remplit ses devoirs avec le même éclat
Qu'il fait triompher votre Église.

Voici maintenant un autre sonnet sur les mêmes bouts rimés. Il est l'œuvre de Pierre Robert, avocat à Périgueux :

Pour Mgr le duc de La Force.

L'Europe, avant jouir des douceurs de l'*olive*
Admiroit chaque jour les succès *éclatants*
Du Roy qui se couvroit de lauriers en tous *temps*
Et faisoit tout plier par sa valeur *active*.

Mais, le calme venu, la France est *attentive*
A rendre par ses lois tous ses sujets *contens*
Et s'occupe avec soin à punir les *titans*
Qui tenoient autrefois notre Église *captive*.

Caumont, qui s'est soumis dans la bonne *saison*
Aux dogmes de la foy, va sur notre *horizon*
Renverser l'hérésie, en rompre la *barrière*.

La Force ne sauroit son nom mieux *soutenir*
S'il est plein de gloire, entrant dans sa *carrière*,
A quoy ne peut-il pas prétendre à l'*avenir* ?

PRIÈRE

Dieu qui seul des mortels pouvez changer le cœur,
Daignez changer celuy des peuples de La Force
Et donnez votre grâce à ce Duc qui s'efforce
De rendre votre nom en tout lieu le vainqueur.

SENTENCE

Les grands ne doivent pas moins imiter la sagesse que la valeur des
roys.

(*Ex musœo Petri Robert in sup. cur. adi. Petrochorâ oriundi,
sed jam ducatus Forcœi incola.* — De la muse de Pierre Robert,
avocat en la cour supérieure, né à Périgueux, mais actuellement
habitant du duché de La Force).

INDEX ALPHABÉTIQUE

des noms propres de personnes et de lieux contenus dans le volume.

(Les chiffres renvoient aux pages).

Q

R

S

TABLE DES MATIÈRES

CHAPITRE I

La Famille. — Le Magistrat

CHAPITRE II

L'Évêque de Périgueux

CHAPITRE V

**Mgr de Francheville et les communautés religieuses.
Débuts du culte du Sacré-Cœur**

CHAPITRE VI

Mgr de Francheville et l'œuvre des retraites

CHAPITRE VII

Mgr de Francheville et les Protestants

CHAPITRE VIII

Le « Père des Pauvres »

APPENDICE

.*.

FIN

Périgueux. — Imprimerie Périgourdine, place Francheville.